제국주의의 최근 동향

노동사회과학 21

차 례

편집자의 글

노동자 · 인민대중의 고통이 저들의 선전 · 선동을 압도할 때까지

처절하고 애절한 노동자 · 인민대중의 삶의 고통이 끝없이 계속되고 있다.

일곱 개의 모든 글에는, 노동자계급의 사상 · 이론적 혼란의 극복을 통한 혁명적 전진의 의지를 담았다. 자본주의 착취체제 자체에 대한 "노동자 · 인민대중의 과학적 인식과 투쟁을 방해하고 무력화하는 주장", 즉 지배계급의 그러한 선전 · 선동은 물론이고, 맑스-레닌주의의 이름을 달고까지 난무하는 그러한 선전 · 선동을 박살내기 위한 노력의 결과물들이다. 그래야만 끝없이 처절하고 애절한 노동자 · 인민대중의 삶의 고통을 끝낼 수 있기 때문이다.

처음 3편의 글, "우크라이나 전쟁과 제국주의의 본질", "제국주의의 다극화, 혹은 다극의 제국주의에 대하여", 그리고 "다극적 제국주의와 중동에서의 패권 경쟁"은 현재 전개되고 있는 제국주의의 구조변화와 대립상을 분석하면서, 그 구조변화와 대립의 성격에 대한 몰이해, 주관적 · 소망적 해석을 비판하고 있다. 그 다음 2편, "올바른 변혁 전망을 잃지 말자 — 쏘련 사회주의의 역사적 교훈"과 "민주주의와 부르주아 민주주의"는 자본주의 지배계급의 선전 · 선동으로 묻혀있는 "스딸린과 쏘련 사회주의의 진실"을, 그리고 역시나 철저하게 거짓으로 위장되어 있는 "민주주의와 부르주아 민주주의"의 실체를! 명쾌히 보여주면서, 그 진실 · 실체 파악이 노동자계급에게 얼마나 중요한지를! 강조하고 있다. 열독(熱讀)을 바란다. 그 다음 "환경문제와 노동자계급"은 노동자계급의 관점에서 기후위기를 포함한 환경문제에 관한 소부르주아적 관점을 비판하면서 문제 해결의 방향을 제시하고 있고, 노벨 문학상 수상작 ≪소년이 온다≫에 대한 논평은 보편적 휴머니즘에 입각하여 그것을 강조하는 의의를 높이 사면서도, 다른 한편에서는 항쟁하는 광주의 인민대중에 대한 국가의 폭력이 본질적으로 계급적대성에 기초한 것임이, 물론 작가의 사회과학적 인식의 한계 때문이겠지만, 아무튼 은폐되고 있는 점을 비판적으로 지적한다.

따라서, 모든 글은 자본주의라는 착취체제 자체가 세계의 모든 노동자 · 인민대중의 모든 고통의 근본 원인임을 명확히 하면서 "하루빨리 자본주의를 극복하고 노동자 국가를 수립하여 계획경제 · 계획생산으로 나아가야 한다"는 절박함을 노동자계급에게 요구하고 있다. 7편 모든 글을 반드시 정독해 주시고, 각 글, 각 주제의 풍부한 자료와 해석, 그리고 그것을 관통하는 핵심 주장들까지 모두 자신의 것으로 획득해 주시길 바란다. 편집자의 글에서 좀 더 언급해야 하는데도 능력이 많이 부족하다.

"노동자계급은, 자본과 국가의 ... 지배하에서 가혹해지는 자신들과 인민대중 일반의 삶의 고통이 저들의 선전 · 선동을 압도할 때까지는 해방의 전망을 상실한다." 너무 슬프고 아픈 분석이지만, 동시에 희망과 전망이 담겨있는 진실이다. 저들 지배계급의 선전 · 선동과 맑스-레닌주의의 탈을 쓴 온갖 잡사상의 선전 · 선동에서 벗어나면 해방을 쟁취할 수 있다는 뜻이기 때문이다. "빠리의 노동자들은, 자기 자신의 계급적 지배자들을 후려침으로써 외적을 쳤으며, 만국의 노동자의 전위의 지위를 전취함으로써 국경을 제거했다."는 역사적 사실을 뼈에 새겨보자. 패배했고 다시 전진했고 다시 패배했지만 다시 전진할 것이다. 인간의 사회와 역사는 으레 그렇게 변화·발전하는 것이기 때문이다.

2023년에는 ≪노동사회과학≫ 제20호를 발간했으나 여러 문제가 발견되어 폐기했고, 2024년에는 발간하지 못했다. 올해도 애초의 발간 목표 시기를 훌쩍 넘겨 이제야 제21호를 발간한다. 대부분의 글이 10월 초까지는 이미 완성되었고, 제국주의의 다극화에 관한 글은, 2024년에 ≪정세와 노동≫에 3회에 걸쳐 게재된 글들을 하나로 묶어 다시 실었다. 아주 중요한 글이기 때문이다. 그 글은 뒤로 갈수록 더 중요한 내용이 많이 있다. 꼭 정독·재독해 주시길 바란다. 애초에 기획하였으나 싣지 못한 글들은 다음 호에 실을 수 있기를 바란다.

2025년 12월 20일

연구위원장 심미숙

우크라이나 전쟁과 제국주의의 본질
— 일부 논객들의 현대 제국주의 논란과 관련하여

심미숙 | 연구위원장

반혁명으로 쏘련(쏘비에트 사회주의공화국 련방)이 해체되고, 러시아, 우크라이나 등의 자본주의 국가들이 생겨난 지도 어언 30년이 훌쩍 넘었다. 그런데 쏘련 시대에는 사회주의 형제 국가들이었던 저 두 자본주의 국가들이 지금 벌이고 있는 전쟁, 통칭 우크라이나 전쟁은 자본주의와 제국주의의 특성, 그 본성을 새삼 다시 생각하게 한다.

자본주의 사회의 경제적 운동법칙을 어느 정도라도 알고 있다면, 레닌의 제국주의론에 대해서도 대략이라도 알고 있다면, 우크라이나 전쟁을 제국주의 전쟁이라고 규정하는 데에 주저하지 않을 것이다. 그리고 우크라이나 전쟁의 실제 원인은 부르주아 국가인 우크라이나와 러시아의 정부가 겉으로 내세우는 그것이 아니라, 양국의 독점자본들, 그리고 그 배후에 있는 미제와 나토(NATO) 등의 독점자본들 간의 이윤을 위한 다툼이라는 것도 쉽게 유추할 수 있을 것이다.[1)]

그런데, 이 두 자본주의 국가 러시아와 우크라이나 간의 전쟁

1) "이 전쟁에서는, 미국과 나토가 이끄는 국가들의 국제 자본주의 동맹과 러시아 국가독점 자본이 이끄는 국가들의 국제 자본주의 동맹이라는, 세계 자본의 두 제국주의 집단이 충돌하였다." (우크라이나 공산주의자 연합, "전쟁과 노동계급의 임무에 대해서", ≪정세와 노동≫ 제182호(2022년 7·8월), p. 107. <http://lodong.org/wp/archives/17403>)

을 제국주의 전쟁이 아니라면서, 이 우크라이나 전쟁을 제국주의 전쟁이라고 규정하는 데에 대하여 심지어는 "서방 제국주의의 야만성을 전가하기 위한 신흥 프로파간다"라고 주장하는 사람까지도 있다.[2] 그것도 레닌을 억지 전거로 삼으면서! ― 그렇다면, 민주당 정부의 반노동자성을 규탄하면, 과연 국민의힘의 반노동자성을 전가하는 신흥 프로파간다인가? 별의별 끔찍한 일이 다 일어나고 별의별 황당한 주장이 다 난무하는 자본주의 사회라서, 크게 놀랄 일은 아닐 수도 있지만.

사회주의 쏘련의 "쓰라린 패배"의 결과는 자본주의 착취체제의 부활이었다. 쏘련을 구성했던 공화국들 내의 타락한 상층 특권관료 계층은 자신들의 관리(管理) 역할을 생산수단에 대한 사적소유로 전환하려고 노력했고, 이들은 자본가계급을 형성하여 자신들의 이권을 지키기 위해서 민족 국가의 창설에 관심을 가졌다. 그리고 그 공화국들 각각에서 민족 부르주아지가 쏘련의 노동자・인민 대중에 의해서 건설된 거대한 생산시설과 생산수단들을 장악・탈취했다.[3]

---

2)예컨대, 백철현, "현대 제국주의의 성격과 21세기 타도 제국주의 ―반제국주의의 요체는 여전히, 앞으로도 반미이다―", 현대사상연구소 편, ≪현대사상 제28호, 제국주의≫, 2023, p. 225.; 참고로, 백철현선생님은 이 글에서, 1944년 7월에 브레튼우즈 협정의 일부로 설립되어 1945년에 29개 회원국이 협정에 서명함으로써 공식기구가 되고, 1947년 3월 1일에 공식적으로 업무를 시작한 국제통화기금(IMF)을 가리켜, "1944년 미제국주의 시대를 본격적으로 알린 브레튼우즈 협정에 의거해 1961년에 설립된 국제통화기금(IMF) 역시 …"(p. 211.) 운운하신다! 그만큼 사실에 충실하신 분이다.

3) "뻬레쓰뜨로이까 동안의 반혁명은 하룻밤 사이에 이루어진 것이 아니었다. 첫째로, 이윤과 화폐에 의한 자극의 역할이 증대했다. 공유재산 내의 집단 요소가 강화되었다. '시장 사회주의'를 시도했지만, 아니나 다를까 실패했다. 마침내 자본주의를 완전히 부활시키는 방향으로 나아

그런데 그렇게 사회주의 쏘련을 해체하고 쏘련의 노동자·인민 대중에 의해 건설된 산업을 탈취하여 성립한 부르주아 국가들 중의 하나인 러시아가, 우크라이나 전쟁의 한 당사자로서 수백만의 사상자를 내고 있는 올리가르히(олигархи; oligarchy) 독점자본의 그 러시아가 어떻게 제국주의가 아닐 수 있는가?

그런데도 러시아가 제국주의임을 한사코 부정하니, 특히 레닌의 통칭 ≪제국주의론≫, 정확히는 ≪제국주의, 자본주의의 최고 단계. 평이한 개요≫(1917)에 의해 제국주의의 (경제적) 본질이 독점임이 규명되었음에도 불구하고 그러하니, 제1·2차 제국주의 세계대전의 끔찍한 참상을 겪고도 그러하니, 새삼 다시 질문하지 않을 수 없다. 제국주의란 무엇인가?

제국주의는 독점자본주의이다

러시아 자본주의는 쏘련을 해체한 반혁명으로부터 출현한 특수성 때문에 짧은 시간에 독점단계로 바로 진입했다.

> 러시아의 자본주의는 발달한 여타 자본주의 국가들의 경제보다

갔다. 쏘련방을 구성했던 공화국들 내에서 (자신들의 관리(管理) 역할을 생산수단에 대한 사적소유로 전환하려고 노력했던 타락한 상층 특권관료 계층으로부터) 형성되는 자본가계급은 자신들의 이권을 지키기 위해서 민족 국가를 창설하는 데에 관심을 가졌다. 중앙 통치가 붕괴되고, 쏘련방이 무너졌다. 이전 쏘비에트 사회주의 공화국들의 각각에서는, 민족 부르주아지가 쏘련방의 노동자 대중에 의해서 건설된 산업을 장악했다." (러시아 혁명적 공산청년동맹(볼쉐비끼), "제국주의: 러시아연방의 경우 (2)", ≪정세와 노동≫ 제207호(2025년 2·3월), pp. 111-112. <http://lodong.org/wp/archives/21629>)

> 매우 고도화된 자본의 집적과 집중으로 특징지어진다. 이러한 용어들을 사용하기 꺼려 하는 부르주아 경제학자들도 강력한 "경제의 독점화와 과점화"에 주목한다. (150억 루블, 즉 구매력 평가 지수로 환산하면 미화 7억-7억 5천만 달러 이상의 매출액을 가진) 400개의 주요 기업들은 2014년에 GDP의 41%를 생산했고, 그중 수많은 기업들은 독점체들(가쓰쁘롬, 노릴쓰끼 니켈, 러시아 철도, 아에로플로트, 뜨란쓰네프쯔)이거나 각 산업 부문의 주요 과점체들(루크오일, 로쓰네프쯔, 쓰베르방크, 로쓰쩰레꼼, 메가폰)이었다. …
>
> 이는 러시아 자본주의가 반혁명으로부터 출현한 특수성에 따른 산물이다. 러시아 부르주아지는 집적과 집중의 장기적 과정을 통해 자본주의의 독점적 단계에 도달해야 했던 것이 아니라, 쏘련의 거대한 생산시설들에 대한 사유화, 즉 이전의 국영 재산을 소수의 신흥 자본가들의 수중에 흔히 불법적으로 또는 반쯤 합법적으로 이관시키는 과정을 통해 형성됐다.[4] (강조는 인용자)

이처럼, 사회주의 쏘련의 거대한 생산시설들을 소수의 신흥 자본가들의 수중으로 사유화시키는 과정을 통해, 러시아 자본주의는 자본 일반이 거치는 집적과 집중의 과정을 거치지 않고 바로 독점단계에, 독점자본주의로, 말하자면, 비약했다.

사실이 이러한데도, 어떤 자칭 맑스-레닌주의자는 독점자본주의와 제국주의를 분리하면서, 독점자본주의이더라도 제국주의가 아닐 수 있다고 강조·강변한다. 러시아는 독점자본주의이지만 제국주의는 아니고, 그래서 러시아가 벌이고 있는 우크라이나 전

---

4) 타나씨스 스파니디스, "현대 제국주의의 경제학에 대하여 -- "제국주의 피라미드"의 개념과 그것의 비판자들 (3)", ≪정세와 노동≫ 제195호(2023년 10월), pp. 153-154. <http://lodong.org/wp/archives/19343>

쟁은 제국주의 전쟁이 아니라고 목소리를 높인다. 이렇게,

> 독점은 제국주의의 경제적 기초이지만 독점이 곧 제국주의는 아니다. 독점을 기초로 하지 않은 제국주의는 없어도 독점이 곧 제국주의는 아니다. 독점이 곧 제국주의라면 브라질, 멕시코, 한국, 인도, 인도네시아, 남아공 등 자유경쟁 단계를 벗어난 대개의 자본주의 국가가 다 제국주의 국가가 된다. 실제 이를 근거로 독점자본주의인 한국을 제국주의 체제로 규정하는 진보단체도 있다.
>
> 따라서 우리는 독점체에 있어서도 세계에서 차지하는 독점체의 규모, 위상을 살펴봐야 하고 자본수출에 있어서도 "현저한 중요성"을 가지고 있는지 살펴봐야 한다. 가장 중요한 것은 독점체가 성장해서 금융적으로 세계를 약탈하고 지배하는지 봐야 한다.[5](강조는 인용자)

우선, "독점은 제국주의의 경제적 기초이지만 독점이 곧 제국주의는 아니다."? "독점을 기초로 하지 않은 제국주의는 없어도 독점이 곧 제국주의는 아니다."? "독점이 곧 제국주의라면 ...."? ― 참으로 뛰어난 말재주, 글재주다. 아니 말장난, 글장난을 통한 사실상 비열한 모략이다. 왜냐하면 그는 우리 연구소를 포함하여, 러시아를 제국주의로 규정하는 사람들이 마치 "독점이 곧 제국주의다."라는 식으로 주장하고 있다는 듯이 쓰고 있기 때문이다. 그런 모략이 아니라면, 독점이 곧 독점자본주의라는, 다른 사람은 흉내내기 어려운 백 선생님 특유의 엄밀한 사고의 표현?

아무튼, 이들 말장난 끝에 백철현선생님이 말씀하시고자 하는 것은, "독점이 곧 제국주의라면 브라질, 멕시코, 한국, 인도, 인

---

5) 백철현, 같은 글, p. 218.

도네시아, 남아공 등 자유경쟁 단계를 벗어난 대개의 자본주의 국가가 다 제국주의 국가가 된다."의 뒷 부분, 즉 표현된 그대로 말하자면, "자유경쟁 단계를 벗어난 대개의 자본주의 국가가 다 제국주의 국가가 된다."는 명제는 말도 안 된다는 것이다. 다시 말하면, '자유경쟁 단계를 벗어난 ... 자본주의 국가', 즉 독점자본주의(국가)이더라도 어떤 조건들을 충족하지 않으면 제국주의 국가가 아니라고 주장하는 것이다.

과연 그럴까?

천하 희대의 맑스-레닌주의자 백철현은 '맑스-레닌주의자'답게, 방금 인용한 주장을 펼치기 전에 레닌의 ≪제국주의론≫을 끌어와 자신의 주장을 뒷받침한다. 이렇게,

> 현대 제국주의론의 분석도 역시 제국주의에 대한 고전적 저작인 레닌의 『제국주의론』으로부터 출발할 수밖에 없다. 레닌은 『제국주의론』의 5가지 표지(특징)를 제시[6]하고 있다.
>
> 첫째, 생산과 자본의 집적이 고도의 단계에 달해, 경제생활에서 결정적 역할을 수행하는 독점체를 형성. 둘째, 은행자본이 산업자본과 융합하여 '금융자본'을 이루고, 이를 기초로 하여 금융과두제가 형성. 셋째, 상품 수출과는 구별되는 자본 수출이 특별한 중요성. 넷째, 국제적 독점 자본가 단체가 형성돼 세계를 분할. 다섯째, 자본주의 거대 열강에 의한 전 세계의 영토적 분할이 완료.

---

6) [인용자 주] "레닌은 『제국주의론』의 5가지 표지(특징)를 제시"? – "레닌은 ≪제국주의론≫에서 제국주의의 5가지 표지(특징)를 제시"한 것이 아니고? 사소하긴 하지만, 이 역시 타인의 주장의 옳고그름을 따지는 데 엄격한 그다운 엄밀한 사고의 표현이다.

> 레닌의 제국주의론 표지는 제국주의의 기본적인 특징을 밝히고 있는 지표이다. 레닌은 이러한 지표가 절대적인 것이 아니라 "조건적이고 상대적인 측면"이라고 밝혔다. 그럼에도 레닌은 이 5가지 표지를 통해 제국주의의 성격을 밝히고 당시 진행되고 있는 전쟁의 원인, 제국주의적 성격을 밝혔다. 레닌은 이를 근거로 제국주의는 자유경쟁 자본주의 단계에 비해 독점자본주의 단계의 산물[7]이라는 점을 밝혔다. 레닌은 제국주의를 최고의 발전단계, 쇠퇴하는 자본주의 최후의 단계라고 규정하였다. …
>
> 레닌은 "제국주의란, 독점체와 금융자본의 지배가 확립되어 있고, 자본수출이 현저한 중요성을 가지고 있으며, 국제 트러스트들 간의 세계분할이 시작되고, 자본주의 거대 열강에 의한 지구상의 모든 영토분할이 완료된 발전단계에 있는 자본주의"라고 규정하고 있다.
>
> 레닌은 5가지 표지를 개별적으로 나눠서 살펴본 것이 아니라 통일적인 관점으로 제국주의를 보았다.[8]

백철현이 이렇게 "레닌은 ≪제국주의론≫의 5가지 표지(특징)를 제시" 운운하고 나서는 것은 물론 그 5가지 지표를 모두 충족시키지 않는 한, '독점자본주의 단계의 자본주의이더라도 제국주의는 아니다'라고 주장하기 위해서이다. 이는 위 인용문 뒷부분에서도, 즉, "레닌은 '제국주의란, 독점체와 금융자본의 지배가

---

7) [인용자 주] "제국주의는 … 독점자본주의 단계의 산물"? 독점자본주의 단계 그 자체가 아니고? "레닌은 제국주의를 최고의 발전단계, 쇠퇴하는 자본주의 최후의 단계라고 규정하였다."는 자신의 바로 뒷 문장과도 충돌하는, "**<u>독점자본주의 단계의 산물</u>**"이라는, 카우츠키의 제국주의론스러운 사고 역시 그다운 엄밀한 사고의 표현이다. 아, 아닌가?! "최고의 발전단계, 쇠퇴하는 자본주의 최후의 단계"는, 독점자본주의 단계 그 자체가 아니라, "독점자본주의 단계의 산물"인가?!

8) 백철현, 같은 글, pp. 217-218.

확립되어 있고, 자본수출이 현저한 중요성을 가지고 있으며, 국제 트러스트들 간의 세계분할이 시작되고, 자본주의 거대 열강에 의한 지구상의 모든 영토분할이 완료된 발전단계에 있는 자본주의'라고 규정하고 있다."거나, 특히 "레닌은 5가지 표지를 개별적으로 나눠서 살펴본 것이 아니라 통일적인 관점으로 제국주의를 보았다."라고 말하고 있는 것으로도 명백하다. 그리고 이는 '러시아 등은, 설령 독점자본주의이더라도 제국주의는 아니다'라는 그의 주장의 주요하고도 가장 강력한 '논거'이다.

그러면 과연 그는, 레닌이 ≪제국주의론≫에서 제시한, 제국주의의 5가지 지표를 참으로 "개별적으로 나눠서 살펴본 것이 아니라 통일적인 관점으로" 살펴본 것일까?

레닌은 ≪제국주의론≫의 "제1장 생산의 집적과 독점체들"에서 이렇게 말한다.

> 독점체들의 역사의 주요한 단계들은 다음과 같다:
>
> (1) 1860-1870년대 – 자유경쟁이 절정에 달한 단계. 독점체는 거의 눈에 띄지 않는, 맹아 단계. (2) 1873년의 공황 이후, 카르텔들이 장기간 발전했지만, 그것들은 아직 예외적이며, 지속적이지 못하고, 과도적(過渡的)인 현상이다. (3) 19세기 말의 호경기와 1900-03년의 공황. 카르텔들이 경제생활 전체의 기초의 하나가 된다. 자본주의는 제국주의로 전화되었다.(Capitalism has been transformed into imperialism.; Der Kapitalismus ist zum Imperialismus geworden.)[9]

---

9) V. I. 레닌 저, 남상일 역, ≪제국주의론≫, 1988, 백산서당, p. 49. (다만, 남상일의 번역과 반드시 일치하지는 않으며, ≪제국주의론≫으로부터의 인용은 아래에서도 그렇다.)

"19세기 말의 호경기와 1900-03년의 공황"을 계기로 "카르텔들이 경제생활 전체의 기초의 하나가" 되자 "자본주의는 제국주의로 전화되었다."! — 이런 맙소사! 제국주의의 5가지 지표(특징)가 모두 충족되었는지 어떤지 "통일적인 관점으로 살펴"보지도 않고, "카르텔들이", 즉 독점체들이 "경제생활 전체의 기초의 하나가" 되었다고 해서 "자본주의는 제국주의로 전화되었다."? 원 세상에 이런 망발이 ...!(라고 하실 것만 같다.)

그런데도 레닌은 ≪제국주의론≫ 속에 분명히 그렇게 썼다! 도대체 어떻게 된 영문일까?

아니, 위 인용문 속의 백철현처럼 "≪제국주의론≫의 5가지 표지(특징)"를 나열하는 것, 그것만으로, 즉 그 5가지 지표들 간의 상호관계를 고려하지 않고 그것들을 나열하는 것만으로 그 5가지 지표를 "개별적으로 나눠서 살펴"보는 "것이 아니라 통일적인 관점으로" 살펴보는 것일까? 제국주의를 특징짓는 그 5개 지표들 간의 상호관계를 고려하지 않고 그렇게 나열하는 것만으로, 그리고, 예컨대, 현재의 러시아 경제가 그러한 지표들을 충족시키고 있는지 여부를 사실은 엄밀히 규명하지도 않았으면서도, 말하자면, '5가지 지표를 통일적으로 살펴보지도 않은 채, 독점자본주의라고 해서 제국주의라고 규정하는 것은 틀렸다'는 식으로 단언할 수 있는 것인가?

"독점이 곧 제국주의라면 브라질, 멕시코, 한국, 인도, 인도네시아, 남아공 등 자유경쟁 단계를 벗어난 대개의 자본주의 국가가 다 제국주의 국가가 된다."는 백철현의 비아냥을 다시 들여다보자면, 재차 말하는 것이지만, "자유경쟁 단계를 벗어난 ..." 운운하는 데에서도 명백한 것처럼 그가 "독점이 곧 제국주의라면" 이라고 할 때, 그것은 분명 "독점자본주의가 곧 제국주의라면"이라는 의미이다. 그리하여 그가 저렇게 비아냥댈 때에 그 비아냥이 전제하고 있는 것은, 독점자본주의이더라도 예의 "5가지 표지(특징)"를 모두 충족시키지 못하는 경우가 대부분이며, 그 때문에 그들 대부분은 제국주의가 아니라는 것이다. 이는, 레닌이 ≪제국주의론≫을 집필했던 1916년으로부터 100년도 훨씬 더 지난, 그리하여 자본주의가 발달한 대부분의 나라가 이제는 독점자본주의, 즉 제국주의인 오늘날인데도 그가 곳곳에서 "한 줌의 …"(a handful of …)를 강조해대는 것에서도 명백하다.

그러나, 그가 저렇게 "독점이 곧 제국주의라면 브라질, 멕시코, 한국, 인도, 인도네시아, 남아공 등 자유경쟁 단계를 벗어난 대개의 자본주의 국가가 다 제국주의 국가가 된다."고 비아냥댈 때, 이는, 그가 제국주의의 저 "5가지 표지(특징)"들의 상호관계를, 따라서 제국주의 그 자체를 이해하고 있지 못하다는 것을 드러낼 뿐이다.

왜냐하면, 저 "5가지 표지(특징)"들은 유기적인, 즉 서로 떼려야 뗄 수 없는 관계의 것들이어서, 레닌이 첫 번째로 들고 있는 지표가 확립되면, 혹은, 백철현의 표현대로 적자면, "첫째, 생산과 자본의 집적이 고도의 단계에 달해, 경제생활에서 결정적 역할을 수행하는 독점체를[10] 형성"되면, 나머지 4개의 표지(특징)들, 즉, 역시 백의 표현대로 — 물론 그의 표현들은 엄밀하지는 않지만 — 적자면, "둘째, 은행자본이 산업자본과 융합하여 '금융자본'을 이루고, 이를 기초로 하여 금융과두제가 형성. 셋째, 상품 수출과는 구별되는 자본 수출이 특별한 중요성[을 획득: 인용자]. 넷째, 국제적 독점 자본가 단체가 형성돼 세계를 분할. 다섯째, 자본주의 거대 열강에 의한 전 세계의 영토적 분할이 완료."라는

10) [인용자 주] 정확히는, "독점체들이".

표지(특징)들은 당연히 형성되는 것이기 때문이다.

이는 레닌이, ≪제국주의론≫의 제7장의 서두에서 다음과 같이 얘기할 때에도 명백하다.

> 제국주의는 자본주의 일반의 근본적 특징들의 발전 및 직접적 연속으로서 등장했다."[11] …
>
> 제국주의를 가장 간략하게 정의할 필요가 있다면, 제국주의는 자본주의의 독점단계(the monopoly stage of capitalism; das monopolistische Stadium des Kapitalimus)라고 말하지 않으면 안 될 것이다. 그러한 정의는 가장 중요한 것을 포함하고 있는바, 왜냐하면, 한편에서, 금융자본은, 산업가들의 독점 단체들의 자본과 융합된, 소수의 아주 거대한 독점적 은행들의 은행자본이기 때문이고, 다른 한편에서, 세계의 분할은, 아직 어떤 자본주의 강국에 의해서도 장악되지 않았던 영토들로 아무런 방해없이 확장되어 왔던 식민 정책으로부터, 남김없이 분할돼 버린 세계의 영토의 독점적 점유라는 식민 정책으로의 이행이기 때문이다.[12]

레닌은 이렇게, "제국주의는 자본주의의 독점단계이다"라는 정의는 그것 속에 이미 제국주의에 의한 세계의 분할까지를 포함하고 있다고 명확히 얘기하고 있다. 그리고 레닌이, 제2, 제3, 제4, 제5의 지표들을 아직 언급조차 하지 않은 채, "19세기 말의 호경기와 1900-03년의 공황. 카르텔들이 경제생활 전체의 기초의 하나가 된다. 자본주의는 제국주의로 전화되었다."고, ≪제국주의론≫의 제1장에서 이미 단언하는 것도 바로 그 때문이 아니

11) V. I. 레닌 저, 남상일 역, 같은 책, p. 121.
12) 같은 책, p. 122.; 이상은 물론 ≪제국주의론≫으로부터 제시할 수 있는 수많은 논거 중의 일부에 불과하다!!!

겠는가?!

사실이 이러한데, 백철현이나, 그를 그가 자칭하는 대로 맑스(-레닌)주의자라고 믿으며 그의 주장들을 신봉하는 분들의 명석하기 그지없고 과학적이기 그지없는 두뇌 속에서가 아니고도, 즉 역사와 현실 속에서도 독점자본주의인데도 문제의 제2, 제3, 제4, 제5의 지표(특징)들이 존재하지 않을 수가 있겠는가?

위에 지적한 백철현의 비아냥은 "실제 이를 근거로 독점자본주의인 한국을 제국주의 체제로 규정하는 진보단체도 있다."고 이어지는데, 즉 그는 그렇게 우리 연구소를 비아냥거리는데, ― 그렇다. 우리 연구소는, "그리스공산당을 비롯해 국제공산주의 진영의 상당수"가 그렇게 규정하는, 백의 표현을 빌리면, 그러한 "인식에 사로잡혀 있"는 것처럼,[13] 독점자본주의인 한국도 당연히 "제국주의 체제"라고 규정한다!

자, 얘기가 이쯤 되면, "우리는 <u>독점체에 있어서도 세계에서 차지하는 독점체의 규모, 위상을 살펴봐야</u> 하고 <u>자본수출에 있어서도 "현저한 중요성"을 가지고 있는지 살펴봐야</u> 한다."거나, "<u>가장 중요한 것은 독점체가 성장해서 금융적으로 세계를 약탈하고 지배하는지 봐야</u> 한다." 따위의, 놀랍도록 독창적인 주장들

---

13) "현대 제국주의 체제를 미중 간 제국주의 경쟁, 미러 간 제국주의 경쟁과 대립으로 보는 관점은 ... 심지어 국내 맑스레닌주의를 자처하는 일부 진영(노사과연이 이를 대표하고 있다), 그리스공산당을 비롯해 국제공산주의 진영의 상당수도 이러한 인식에 사로잡혀 있다." (백철현, 같은 글. p. 216.); 우리 연구소와 "그리스공산당을 비롯해 국제공산주의 진영의 상당수"가 "사로잡혀 있"다는 "이러한 인식"에 대해서는, 타나씨스 스파니디스(Thanasis Spanidis)가 쓰고, 우리 연구소의 김병기 편집위원과 김의진 전 회원이 번역하여 6회에 걸쳐 연재한, "현대 제국주의의 경제학에 대하여 ― '제국주의 피라미드'의 개념과 그것의 비판자들"(≪정세와 노동≫ 제193호-제198호)를 꼭 참조바란다!

에 대해서는 사실상 별로 논급할 필요가 없는데, 한 가지에 대해서만 간단히 얘기해 두자. 다름 아니라, '자본수출'에 대해서.

여기에서 구태여 번잡스럽게 출처들을 찾아 적시하진 않지만, 몇몇 글에서 그는 어떤 나라의 자본수출은 '잉여노동 · 잉여가치의 착취를 위한 것이 아니라, 그 자본을 수입하는 나라와의 호혜와 협력을 위한 것'이라는 식으로 얘기한다.

'자본을 수입하는 나라와의 호혜와 협력을 위한 것'? ― 그렇다. 나도 그렇게 인정한다. 그러나 그 자본수출이 '잉여노동 · 잉여가치의 착취를 위한 것이 아니다'라는 주장은 참으로 천하 희대의 맑스-레닌주의자다운 망언이다!

왜냐?

나라, 즉 국가란 지배계급, 현대에는 (독점)자본가계급의 그것이어서, 그들 자본을 수입하는 나라의 지배계급, 직접적으로는 그것을 수입하는 국가나 독점자본가들과의 호혜와 협력인 것은 맞지만, 그 자본수출은 명백히 그 수입국 노동자들의 잉여노동 · 잉여가치의 착취를 위한 것이기 때문이다!

한편, 총명하기 그지없고, 말재주 뛰어나기 그지없는 백철현은, "제국주의는 자본주의 일반의 근본적 특징들의 발전 및 직접적 연속으로서 등장했다"는, 레닌으로부터의 우리의 인용과 관련하여, '오늘날의 러시아 자본주의는 자본주의 일반의 근본적 특징들이 발전한 것도, 그것들의 직접적 연속도 아니지 않느냐?'고 항변하고 나설지도 모르겠다. 형식적으로만 본다면, 실제로 그것은, 자본주의로부터 직접적 · 연속적으로 발전한 것이 아니라, 사회주의 쏘련을 해체한 결과이자 사회주의적으로, 즉 노동자 · 인민대중이 집단적으로 공유했던 사회적 생산수단들을 소수의 권력자 등이 약탈하고, 감언이설로 절취한 결과이기 때문에!

그런데 그렇다고 해서 오늘날 널리 올리가르히(олигархи)로 불리는 러시아 독점자본들의 행동 양태, 노동자 착취 양태가 과연 “자본주의 일반의 근본적 특징들의 발전 및 직접적 연속으로서”의 제국주의 국가들의 독점자본들의 그것들과 다르고, 러시아 독점자본주의의 성격과 그 행동·착취 양식 또한 제국주의로서의 여타 독점자본주의의 그것들과 다른 것일까?

‘러시아 혁명적 공산청년동맹(볼쉐비끼)’이 지난해에, 러시아는 레닌이 ≪제국주의론≫에서 규정하고 있는 제국주의의 전형임을 구체적인 자료·통계들을 통해 상세하게 입증한 “제국주의: 러시아연방의 경우”[14]를 통해서, 러시아 독점자본주의의 실상, 그 규모와 위상의 대강을 한번 보자.

> 현대 러시아 자본주의의 또 다른 독특한 특성은 그것의 최고 단계, 즉 제국주의의 형성 과정이다. 경쟁과 합병 그리고 상대적으로 작은 기업들의 성장을 통해서 거대 산업 집단들이 서서히 등장했던, 19세기에서 20세기로의 전환기의 자본주의의 변화와는 달리, 거대 기업들이 중앙집중화된 쏘비에트 경제의 일부로서 형성되어 있었다. 쏘련의 해체에 따른 민영화 시기에 그들 기업이 사적 소유로 넘겨졌다. 그리하여 사실상 자본주의 발전의 자유 경쟁 단계를 건너뛰고, 거의 즉각적으로 고도로 독점화된 경제가 형성되었다. … 주목해야 할 점은 쏘련의 폐허 위에 형성된 시장 경제는 제국주의 단계의 자본주의 체제에 진입했으며, 그리하여 자본 조직의 주요 형태로서의 독점체들에 기반했

14) Revolutionary Communist Youth League of Russia(Bolsheviks); RKSM(b)), “Imperialism: The Example of the Russian Federation”, *In Defense of Communism*, 2024. 10. 19. <https://www.idcommunism.com/2024/10/imperialism-the-example-of-russian-federation.html?m=1>.

다는 것이다. …

석유와 가스. … 2023년에 석유와 가스 산업은 국내총생산(GDP)의 16.5%를 점했다. 로쓰네프트와 쑤르구트네프쩨가쓰, 가쓰쁘롬, 루크오일, 뜨란쓰네프트가 가장 큰 회사들이다. … 2020년에 가쓰쁘롬은 러시아 국내 천연가스 생산량의 65%를 점유했다. 2021년 현재 가쓰쁘롬은 알려진 세계 천연가스 매장량의 15%를 소유했고, 세계 천연가스 생산량의 12%를 점유했다. … 뜨란쓰네프트는 국가 송유관을 운영하고 있다. 이 회사는 러시아 석유 생산량의 85%를 수송하고, 세계 최대 송유관 회사이다. … 석유와 가스 독점체들은 그 영업이 단지 천연자원에만 국한되어 있지 않다. 그들은 자신들의 금융기관들을 가지고 있고, 러시아와 해외의 수십 개 자회사를 지배하고 있다. …

군산복합체. 깔라쉬니꼬프 꼰쩨른은 러시아에서 소형 무기의 약 95%를 생산하여, 전 세계 27개 이상의 국가에 공급하는, 러시아 최대 총기 제조업체이다. 특히, 회사 주식의 75%를 단 3명의 개인 투자자들이 소유하고 있는 반면에, 그 나머지는 가장 큰 국영 기업의 하나인 로쓰체호의 재산이다.[15] (강조는 인용자)

이 외에도, 러시아에서는 기계공학, 원자력 발전, 모바일통신, 인터넷 관련 생산물들과 써비스 등의 여러 부문에서 독점체들이 활약하고 있다. 러시아의 은행들 역시 독점화되어 있으며, 독점화된 은행자본은 산업자본과 결합하여 금융자본을 형성하고, 러시아 국가 경제의 기능에 필수적일 정도까지 국가 기능을 지배하고 있다. 그리고 이러한 금융자본은 독립국가연합(CIS) 국가들, 즉 쏘련 시대에는 형제국이었지만 반혁명으로 각각 분리되어 자

15) 러시아 혁명적 공산청년동맹(볼쉐비끼), 조명제 역, "제국주의: 러시아 연방의 경우 (3)", ≪정세와 노동≫ 제208호(2025년 4·5월), pp. 136-143. (위의 주 14에 적시한 글의 제3회 번역·연재분으로부터의 인용이다.)

본주의화된 국가들로는 물론 아프리카 대륙과 그 너머 다양한 지역으로 그 활동을 확장하고 있다.[16] 그 활동의 예를 극히 소수만, 그리고 극히 간단히 · 제한적으로만 들자면,

러시아 부르주아들은 여전히 CIS 국가들에서 직접투자의 절대 다수를 차지하고 있다. 유라시아개발은행(EDB)의 2023년 보고서에 명시된 것처럼, 러시아는, 그 보고서가 유라시아 지역으로 규정하고 있는 곳에서, 즉 아제르바이잔, 아르메니아, 벨라루스, 조지아, 카자흐스탄, 키르기스스탄, 몰도바, 러시아, 타지키스탄, 투르크메니스탄, 우즈베키스탄 그리고 우크라이나에서 최대의 직접투자 수출국의 지위를 유지해 왔다. 2016년 이래 그 지역에서의 러시아 직접투자의 최소 점유율은 78.9%였다.[17] (강조는 인용자.)

서방 자본가들이 강요하는 제재들을 피하기 위해서 인도와 이란, 튀르키예와 급속히 증가하고 있는 무역과 함께, 비(非)상품 형태의 러시아 자본도 이들 국가로 활발히 팽창되고 있다. … 러시아 자본은 이란의 금융 부문으로 확장되고 있다. 2023년에 이란과 러시아 은행들이 그들의 금융 씨스템을 통합한다고 발표 …

더욱이, 러시아 자본은 이란의 핵과 군사 부문에까지 영향력을 확대했다.[18]

러시아 제국주의 부르주아는, 중동의 이 지역에 확고한 경쟁자인 미국과 이스라엘, 유럽의 독점기업들을 약화시키는 것 외에도, 물류적 관점에서도 이 지역에 관심이 많다. EU가 가한 제

16) 같은 글, pp. 144-158 참조.
17) 러시아 혁명적 공산청년동맹(볼쉐비끼), 조명제 역, "제국주의: 러시아 연방의 경우 (4)", ≪정세와 노동≫ 제209호(2025년 6월호), p. 76.
18) 같은 글, pp. 89-90.

재로 말미암아 러시아로부터 중부 및 서부 유럽 국가들로의 직통 루트가 한층 더 제약을 받고 있기 때문에, 러시아 부르주아지는 대개 더욱더 방향을 아시아와 아프리카로 돌리고 있고, …[19)]

러시아 자본은 다극 체제와 식민주의 근절이라는 슬로건 하에 아프리카로 팽창해 가고 있다. … 아프리카에서 활동하는 기업들 가운데 가장 눈에 띄는 것은 로쓰아똠(Rosatom)인데, 핵 산업이라는 성격 때문이다. …

<u>러시아 자본은 그들의 이익을 증진시키기 위해 군사적 팽창을 수행하고 있다.</u> 2024년 현재, 러시아는 아프리카 30개국과 군사-기술 협력에 관한 협약을 맺고 있다. 2023년 말 국방성은 아프리카 군단을 만들기 시작했다.[20)] (강조는 인용자.)

사태가 이렇게 진행되고 있는데도, 러시아는 독점자본주의일지언정 제국주의는 아니다?

저 앞에서도 인용했던 백의 말씀, "자유경쟁 단계를 벗어난 대개의 자본주의 국가가 다 제국주의 국가가" 되는 게 아니라, … "우리는 독점체에 있어서도 세계에서 차지하는 독점체의 규모, 위상을 살펴봐야 하고 자본수출에 있어서도 "현저한 중요성"을 가지고 있는지 살펴봐야 한다."는, 그리고 "가장 중요한 것은 독점체가 성장해서 금융적으로 세계를 약탈하고 지배하는지 봐야 한다."는 백철현 특유의 말씀에 비추어 보더라도 러시아는 무엇 하나 손색없는 제국주의 국가이지 않은가?

그런데도, 사회주의 쏘련을 반혁명으로 해체하고 등장한 독점자본주의 러시아가 결코 제국주의가 아니라고 주장하고 나서는 이유가 무엇일까? "반미"를 위한 것인가? "반제국주의의 요체는

19) 같은 글, p. 94.
20) 같은 글, p. 97.

여전히, 앞으로도 반미"[21]이기 때문인가?

하지만, 앞에서 본 것처럼, 레닌은 ≪제국주의론≫ 제1장 "자본의 집적과 독점체들"에서 "카르텔들이", 즉 독점체들이 "경제생활 전체의 기초의 하나가" 되자, "자본주의는 제국주의로 전화되었다"고 언명했다. 소수의 독점체가 절대다수의 사람들에게 씌우는 멍에가 한층 무거워지고 가혹해져 견디기 힘들게 되는 것이 제국주의임을, 그리고 그것은 자본주의 경제에서 법칙이며 필연이라는 것을 거듭 강조하고 명시했다.

그리고, "가장 중요한 것은 독점체가 성장해서 금융적으로 세계를 약탈하고 지배하는지 봐야 한다."니까 하는 말이지만, 레닌은 제5장 "자본가단체들 간의 세계분할"에서는, 다양한 자본가단체들, 즉 국제적 독점체들 간의 "투쟁의 **형태들**은 비교적 특수하고 일시적인 다양한 원인들에 따라 변화할 수 있고 또 끊임없이 변화하고 있지만", "다양한 자본가단체들 간의 투쟁의 **목표**", 즉 보다 많은 이윤의 획득이라는, "투쟁의 **본질**, 그 계급적 **내용**은 계급들이 존재하는 한 전혀 변**할 수 없다**"고 강조한다. 그러면서, "자본가들이 세계를 분할하는 것은, 어떤 특별한 악의에서가

21) "[백철현의 맑스주의로 세상보기] : 현대 제국주의 성격과 21세기 타도 제국주의1", ≪통일시대≫, 2023. 01. 03. <https://www.tongiltimes.com/news/articleView.html?idxno=1345>.; 그런데, 그토록 엄밀함을 내세우는 글에서 반미? — 그러한 글에서 반미, 반일 등은 국가주의일 뿐이다. 국제주의에 입각한 노동자들의 투쟁은 반미·반일 등이 아니라, 반미제(反美帝)·반일제(反日帝) 등이어야 한다. 아참! 어딘가서 불세출의 희대의 맑스-레닌주의자는 "반미는 반미제국주의의 대중적 표현"!!! 이라고 하셨다! — 그러나 "반미는 반미제의 대중적 표현"이라고 해서 '반미' 선전, 선동이 정당화될 수는 없다. 그것은 분명 어디까지나 노동자 국제주의를 몰각한, 그리하여 미국의 노동자·인민대중까지를 적대하는 몰계급적 국가주의 구호이고, 그 국가주의를 강화하는 구호이기 때문이다.

아니라, 지금까지 도달한 집적의 정도가 이윤을 획득하기 위해서 이러한 방법을 취하도록 강제하기 때문"이며, "상품생산과 자본주의 하에서는 어떤 다른 분할 방법이 있을 수 없기 때문에 그들은 '자본에 비례하여', '힘에 비례하여' 세계를 분할"하는데, 그 "힘은 경제적 · 정치적 발전의 정도와 함께 달라진다."고 말하고 있다.[22] (강조는 레닌.)

레닌의 이러한 ≪제국주의론≫ 어디에 어떤 국가는 독점자본주의이지만 제국주의는 아니며, 우크라이나 전쟁은 제국주의 전쟁이 아니라고 강변할 수 있는 여지가 있겠는가?!

맑스는 ≪자본론≫ 제1권 서문에서 이렇게 말했다.

> 자본주의적 생산의 자연법칙들로부터 생기는 사회적 적대관계의 보다 높거나 보다 낮은 발전 정도는 그 자체로서는 문제가 아니다. 이들 법칙 그 자체, 철의 필연성으로 작용하며 자신을 관철하는 이 경향이 문제인 것이다. ... 설령 한 사회가 그 운동의 자연법칙을 찾아냈다 하더라도 ―그리고 근대 사회의 경제적 운동법칙을 밝히는 것이 이 저작의 궁극적 목적이다― 그 사회는 자연적인 발전단계들을 뛰어넘을 수도, 법령에 의해 그것을 제거할 수도 없다. 그러나 산고(産苦)를 단축하고 완화할 수는 있다.[23]

무슨 설명이 더 필요할까?! 제국주의는 독점자본주의의 경제적 본질과 그 운동법칙 자체, 철의 필연성으로 작용하며 자신을 관철하는 경향이고 그 표현인데도, 자본주의적 생산의 자연법칙들로부터 생기는 사회적 적대관계의 보다 높거나 보다 낮은 발전

22) V. I. 레닌 저, 남상일 역, ≪제국주의론≫, pp. 106-107.
23) 칼 맑스, ≪자본론≫, 제1권 제1분책, 채만수 역, 2018. pp. 15-17.

정도를 부당하게도 유달리 주목하면서, 독점체의 "규모"와 "위상"을 살펴봐야 한다는 등의 대궤변(大詭辯)으로 독점자본주의 국가 러시아 등을 사실상 옹호하는 것은, 천하 불세출의 자칭 맑스-레닌주의자 자신이 주장하는 "타도 제국주의"가 아니라, '타도 맑스-레닌주의'이자 '수호 제국주의 · 자본주의'일 뿐이다!!!

≪제국주의론≫의 목표는 경제분석이 아니었다?

레닌은 ≪제국주의론≫의 서문(1917년 4월 26일)을 이렇게 끝맺고 있다.

> 나는 독자가 근본적인 경제문제, 즉 제국주의의 경제적 본질의 문제를 이해하는 데에 이 소책자가 도움이 되기를 바란다. 왜냐하면 그것을 연구하지 않으면 현대의 전쟁과 현대의 정치를 전혀 이해하고 평가할 수 없을 것이기 때문이다.[24)]

그리고 1917년 10월 사회주의 대혁명 후인 1920년 7월 6일자의 "불어판 및 독일어판을 위한 서문"에서는 이렇게도 얘기한다.

> 러시아어판의 서문에서 언급한 것처럼, 이 소책자는 1916년에 짜리즘의 검열을 감안하면서 썼다. 나는 지금 그 전문(全文)을 고쳐 쓸 수 없을 뿐 아니라, 어쩌면 이는 바람직하지 않을지도 모르는데, 왜냐하면 이 책의 주요한 목적은 20세기 초에, 즉 제1차 제국주의 세계대전의 전야에, 국제적 관계 속의 자본주의 세계 체제의 **<u>총체적 모습</u>**이 어떠했는가를 모든 나라의, 다툼의

---

24) V. I. 레닌 저, 남상일 역, 같은 책, p. 30.

여지가 없는 부르주아 통계들의 요약된 자료들과 부르주아 학자들의 고백에 기초하여 보여주는 것이었고, 지금도 여전히 그러하기 때문이다.[25)]

레닌의 이러한 서술들은 명백히, "근본적인 경제문제, 즉 제국주의의 경제적 본질의 문제를" "연구하지 않으면 현대의 전쟁과 현대의 정치를 전혀 이해하고 평가할 수 없을 것이기 때문"에 "독자가" 이 "근본적인 경제문제, 즉 제국주의의 경제적 본질의 문제를 이해하는 데에 … 도움"이 되도록 하는 것이 ≪제국주의론≫을 저술한 목적이라는 뜻이며, 그 목표는 달성되었다는 뜻이다.

결국, ≪제국주의론≫에서의 레닌의 목표는, '경제분석이 아니었다'가 아니라, 경제분석이었다! 독점자본주의, 즉 제국주의의 철저하고 세세하고 풍부한 경제분석이었다!! 제국주의의 경제적 본질을, 근본적인 경제문제를 연구하고 이해해야만 현대의 전쟁과 정치를 이해할 수 있기 때문에 그 경제를 분석한 것이었다!!!

그런데도 말재주 뛰어난 '타도 맑스-레닌주의'자 백철현은 굳이 이렇게 얘기한다;

> **<u>레닌은 『제국주의론에서』</u>** 제국주의의 경제적 기초를 보여주고 있지만, **<u>경제분석이 목표가 아니라</u>** 이를 통해 "현대의 전쟁과 현대의 정치"를 이해하고자 했다. 레닌은 나중에 저자 주에서[26)]

25) 같은 책, p. 31.

26) [인용자 주] "나중에 저자 주에서"? ― 레닌이 백철현만을 위한 ≪제국주의론≫을 따로 써 두었을 만큼, 역시나 천하 불세출의 맑스-레닌주의자이다! 레닌이 "차리즘의 검열을 의식하면서" 저술했다고 밝히고 있는 곳은, '이 천하 불세출의 책을 제외한'(?) 다른 모든 책에서는 1917년 4월 26일자의 "서문"(남상일 역, p. 29.)이고, 또 1920년 7월 6일자의 "불어판 및 독일어판을 위한 서문"(남상일 역, p. 31.)이기 때문에 하는

"차리즘의 검열을 의식하면서" 제국주의에 대한 정치적 분석과 폭로를 마음껏 하지 못하고 은유적인 말로 대신했다고 밝혔다. 레닌은 경제분석을 기초로 해서 제국주의 체제의 반동적인 정치적 성격을 밝히려고 했던 것이었다[27](강조는 인용자)

굳이 "제국주의의 경제적 기초를 보여주고 있지만, 경제분석이 목표가 아니라" 운운하는 이유, 레닌의 ≪제국주의론≫을 그렇게 왜곡하는 이유는 과연 무엇일까?

그것은 혹시 "경제분석"을 통해서 본 어느 나라의 경제 발전 단계가 독점자본주의일지라도 반드시 제국주의인 것은 아니라는 자신의 주장에, 그리고 나아가서는 다음과 같은 주장, 아니 모략에 설득력을 부여하려는 것은 아닐까?

제국주의의 사악한 이데올로기가 진보진영에게까지 파고든다. 심지어 오늘날 혁명을 외치는 공산주의 진영 내에서조차 제국주의 이데올로기의 영향을 받고 있다.

러시아, 심지어 사회주의 중국이 제국주의라는 주장은 미제를 비롯한 서방 제국주의의 침략과 약탈, 범죄상을 은폐하고 전가하려는 신종 제국주의 이데올로기다. 중국이 일대일로(一帯一路)로 '신제국주의'라는 주장은 서방 제국주의자들의 아시아, 아프리카, 남미 등 전 세계에서의 천연자원 약탈과 노동력 착취, 심지어 대량학살과 내전 야기, 침략, 정권교체 기도 등 천인공노할 반인류 강도범죄를 물타기 하려는 주장에 불과하다.[28]

말이다.

27) 백철현, 같은 글, pp. 217-218.

28) 전국노동자정치협회, "제국주의가 현대자본주의의 산물일진대, 왜 '현대'제국주의인가?", ≪맑스주의와 현대 제국주의≫, 2023. 8. 27. pp. 10-11

≪제국주의론≫에 대한 참으로 어이없는 왜곡 혹은 무지요, 자신과 견해를 달리하는 사람들에 대한 악독한 모략 아닌가?

제국주의 피라미드론은 진실이다

'제국주의 피라미드론'에 대해서는 앞에서도 언급했는데,[29] 독일의 9개 도시에 주요 조직을 두고 있는 공산주의 조직(Kommunistische Organisation)은 현재의 제국주의 세계 체제를 '제국주의 피라미드론'으로 설명하고 있고, 그리스 공산당(KKE)을 비롯한 여러 공산당 및 노동자당이 이 '피라미드론'을 적극 지지하고 있으며, 우리 연구소 역시 이 '제국주의 피라미드론'을 지지하고 있다.

이 '제국주의 피라미드론'은, 우선, 레닌이 ≪제국주의론≫에서 "한 줌의 강도들(a handful of robbers)"이라고 불렀던 미제(美帝)나 서유럽의 영국 · 프랑스 · 독일, 그리고 일본 등만을 지금도 제국주의로 간주하는 것은, 그 동안의 자본주의의 발전으로 수많은 국가가 독점자본주의 단계에 진입한 현재에는 "제국주의를 독점자본주의로서, 따라서 새로운 질(質)의 자본주의적 생산 · 분배 관계로서 이해하는 레닌의 견해와의 단절"이라고 규정하며, 독점자본주의 단계에 진입한 모든 국가를 제국주의 국가로 파악한다. 그리고, "제국주의의 올바른 분석은, ... 제국주의 세계 체제를 상호적인 그러나 비대칭적인 의존국들의 위계적 질서로서, 즉 정상(頂上)뿐만이 아니라 중간적인 위치들 역시, 밑바닥으로 갈수록 정도가 감소하면서도, 자본주의의 제국주의 시대의 특징들을 드러내며 전리품의 분배에 참여하는 제국주의적 피라미드

29) 특히 각주 13 참조.

로서 이해하는 그것"이라고 한다.[30]

그런데 백철현은 이 '제국주의 피라미드론'을 엉터리라고 주장한다. 앞에서 본 것처럼, "한 줌도 안되는" 운운하면서, 그리고 '제국주의의 5가지 표지(특징)를 개별적으로가 아니라 통일적으로 이해해야' 운운하면서.

'제국주의의 5가지 표지(특징)를 통일적으로 이해해야' 운운에 대해서는 저 앞에서 이미 지적했으므로, 여기에서는 "한 줌도 안되는" 운운에 대해서만 간단히 언급하자.

레닌은 ≪제국주의론≫의 "제7장 자본주의의 특수한 단계로서의 제국주의"에서 이렇게 말한다.

> 자본주의는 식민지들과 해외 국가들에서 가장 급속히 성장하고 있다. 그 해외 국가들 중에서 **새로운** 제국주의 강국들(예컨대, 일본)이 등장하고 있다. 그리고 세계 제국주의들 간의 투쟁은 더욱 격심해지고 있다. 가장 수익성 높은 식민지 기업들과 해외 기업들로부터 금융자본이 강탈하는 공물(貢物)은 증대하고 있다.[31] (굵은 글씨에 의한 강조는 레닌. 밑줄은 인용자.)

이렇게 레닌은, "자본주의는 식민지들과 해외 국가들에서 가장 급속히 성장하고 있다"고, "그 해외 국가들 중에서 **새로운** 제국주의 강국들(...)이 등장하고 있다"고 언명하고 있다. 그리고 지금은 레닌이 그렇게 언명한 지 100여 년이나 지났다.

그런데도, 레닌의, 소위 "한 줌도 안되는 제국주의 체제라는 정식화"[32] 때문에 새로운 제국주의 강국들의 등장을 인정하면

---

30) 타나씨스 스파니디스, "현대 제국주의의 경제학에 대하여 (1)", ≪정세와 노동≫, 제193호(2023년 7·8월호), pp. 68-69 참조.

31) V. I. 레닌 저, 남상일 역, 같은 책, p. 131.

안 된단 말인가?! 오직 천하 불세출의 자칭 맑스-레닌주의자와 그 추종자들만이 그렇게 주장할 수 있을 것이다. "한 줌도 안되는 제국주의 체제라는 정식화" 운운 역시 그러한 것처럼 말이다.

그에 반해서, 목소리만 큰 독단에 의해서가 아니라, 현실을 반영하는 자료에 의해서 세상을 보는 한 연구자는 이렇게 쓰고 있다.

> ≪포춘(*Fortune*)≫지는 매년 세계 500대 기업의 명단을 발표한다. 세계 500대 기업 모두 경제적으로 거인이라는 것은 두말할 필요도 없다. 순위가 500위인 기업도 [년간: 인용자] 240억 달러의 매출을 기록하고 있다. 단지 이 명단에 포함되었다는 것만으로도 그 회사의 세계적인 독점적 지위(맑스주의적 의미의 독점, 즉 동일한 산업에서 활동하는 다른 독점이 있을 수 있음)가 증명된다. … 어떤 나라가 이 명단에 포함되었다는 것은 제국주의 위계질서에서 높은 위치를 입증한다. …
>
> 2021년에, 이 500개의 거대 기업들은 31개 국가에 걸쳐 퍼져 있었다. 31개라는 숫자만으로도 제국주의가 단지 "한 줌의 강도들"에 의해 지배되고 있다는 평가에 의문을 제기하기에 충분한 이유가 될 것이다. 어쨌든, "한 줌"이라는 표현은 오히려 5-7개국이라는 제한된 숫자를 나타낸다. …
>
> 글로벌 500대 기업의 상위권 집중화를 알아보기 위해 상위 20개 기업을 살펴보자: 2021년에, 이들 중 8개가 미국, 6개가 중국, 그리고 영국, 독일, 한국, 사우디아라비아, 일본, 네덜란드가 각각 1개씩을 차지했다.[33](강조는 인용자.)

---

32) 백철현, 같은 글, pp. 218-219.

33) 타나씨스 스파니디스, 김병기 역, "현대 제국주의의 경제학에 대하여 -'제국주의 피라미드'의 개념과 그것의 비판자들(2)"(≪정세와 노동≫ 제194호, pp. 45-46.)

이런, 이걸 어쩌나? 한국도 세계의 상위 20대 기업들 중의 하나를 차지하고 있네! 그리하여 제국주의 위계질서에서 높은 위치를 차지하고 있네! 불세출의 자칭 '맑스-레닌주의자'께서는 한국은, 그 경제 규모가 세계 10위권 내외의 국가이더라도, 결코 제국주의가 아니라고 주장하고 계시는데!(물론 앞으로도 계속 그렇게 주장하시겠지!)

아무튼 우리는, "자본주의는 식민지들과 해외 국가들에서 가장 급속히 성장하고 있다"는, 그리고 "그 해외 국가들 중에서 새로운 제국주의 강국들(…)이 등장하고 있다"는, ≪제국주의론≫에서의 레닌의 언명을 상기하자. 왜냐하면, 한국(조선)은 레닌 당시에는 식민지였고, 1945년 8월 15일 이후 그리고 지금까지 신식민지임에도 자본주의가, 1970년대 이후, 엄청난 규모와 속도로 발전했고 발전하고 있기 때문이다.

다시 묻는다. 제국주의란 무엇인가? 위에서 살펴본 것처럼, 제국주의는 자본주의의 최고 단계로서의 독점자본주의이다. 한국의 독점자본들, 독점체들의 맹활약은 굳이 언급하고 싶지 않다. 더하여, 한국 독점자본의 자본수출에 관한 자료들도 역시 굳이 제시하고 싶지 않다.[34] 하지만, 한국의 신식민지 모국이면서 부르

---

34) 다만, 한국의 독점자본이 해외, 특히 동남아시아의 공장들에서 현지 노동자들에게 얼마나 안락한 노동조건을 얼마나 모범적으로 보장하고 있는지 그 한 예로서, 한겨레 신문이 삼성전자의 주요 해외 생산기지인 베트남, 인도, 인도네시아 등을 찾아 삼성전자 노동자들을 직접 만나 설문조사를 하여 작성한 보고서 [글로벌 삼성, 지속 불가능 보고서] 총5회 중의 제1회분인, 이재성 · 옥기원 기자, "6개월 쪼개기 계약 · 견습공 40%까지 채워 … 삼성의 탈 · 불법 '줄타기'"(≪한겨레≫, 2019. 6. 17. <https://www.hani.co.kr/arti/society/society_general/898251.html>)를 꼭 일독할 것을 권하고 싶다. 참고로, 그 첫머리 몇 구절만을 인용하자면, 이렇다. ― "글로벌 초일류 기업으로 우뚝 선 삼성전자는 이제

주아 '선진국'이자 제국주의 초강국, 천하 희대의 '맑스-레닌주의자'가 "반제국주의의 요체"로 내세우는 "반미"의 그 "미"인 미국으로의 자본수출에 관한 최근 보도 자료 두 개만은 간단히 인용해 보자.

> 현대차와 기아의 미국 공장은 지금까지 '무노조 경영'을 해왔습니다. GM과 포드 등 미국 기업은 노조가 강하고, 외국 자동차 회사들의 현지 공장은 대체로 '무노조'였는데요. 뉴욕타임스는 전미자동차노조 등 대형 산별 노조들이 지역 시민단체들과 함께 현대차 미국법인에 단체 협약 체결 요구 서한을 보냈다고 보도했습니다. … 무노조 경영을 이어온 타이완 반도체그룹 TSMC의 미국 공장에서도 본사 파견 대신 현지 채용을 늘리라는 외부 노조들의 요구가 이어지고 있습니다. 이들 공장은 그동안 낮은 최저임금과 함께 기업 유치에 따른 각종 혜택을 받아왔는데요.[35] (강조는 인용자.)

> 현대자동차가 미국에서 10대 아동을 불법으로 고용해 장시간 노동을 시킨 혐의로 소송을 당했다. 미 노동부는 지난 30일(현지시간) 앨라배마주에 있는 현대차의 조립·제조공장을 포함해

한국만의 기업이 아니다. … 삼성은 불법과 편법의 경계를 넘나들며 아시아 청년들을 쥐어짜고 있었다. 비정규직으로 고용된 청년들은 정규직의 꿈을 좇아 몸이 부서져라 일하다가 20대 중반이 되면 일터에서 쫓겨났다. '초일류 기업'을 자부하는 삼성의 노동조건은 '생존의 최저선'이었다. … <한겨레>가 인도와 베트남, 인도네시아의 삼성전자 공장을 취재한 결과, 현지 법과 글로벌 기준에 어긋난 불법과 편법 행위들을 다수 확인할 수 있었다. 현지 공장에서 만난 노동자들은 직접 겪은 최저임금법과 견습법 위반, 강제노동 및 부당해고, 언어폭력 등에 대해 증언했다. …"

35) "미국 공장은 '무노조' 현대차…현지 노동·시민단체들 '단체협약 요구'", <KBS 뉴스>, 2023. 8. 28.

3개 회사의 아동 불법 고용을 막기 위해 연방법원에 소송을 제기했다고 밝혔다. … 앨라배마 루베른의 공장 조립 라인에서 한 13세 아동이 주당 50-60시간 동안 일한 사실을 발견해 이 같은 법적 조치를 취하게 됐다고 설명했다.[36] (강조는 인용자.)

자본수출은 기본적으로 수출국에서 생성된 과잉자본의 수출이다. 과잉자본은 (보다 많은) 이윤을 올릴 수 있는 곳을 찾아, 그곳이 어디든 가리지 않고 수출되는 것이다. 물론, 독점자본주의의 성립과 함께 과잉자본의 팽창도 극대화되고 그래서 자본수출도 확대된다. 베트남, 인도네시아, 인도 등에서의 삼성전자 독점자본도, 미국에서의 현대차 독점자본도, 그리고 한국의 기타 수많은 독점자본들도 상대적인 저임금과 각종 혜택으로 타국의 노동자들을 착취하며 높은 율의 이윤을 올리고 있다.

사실, 해외 투자 기업체에서 일하는 노동자들의 무력화는 자본수출의 주요한 부대조건이다.[37] 이 조건은 자본을 수출하고 수입하는 독점자본과 부르주아 국가의 정부들이 그 경제적 군사적 힘에 비례하여 서로에게 최선의 이윤을 보장하는 방향에서 함께

---

36) 권재현 기자, "현대차, 미국서 아동 불법고용 혐의로 피소", ≪경향신문≫, 2020. 5. 31.

37) 자본의 수출자 측과 수입자 측의 "이해관계가 얽히면, 자본의 수출자 측은 당연히 그 이해의 하위 동맹자인 수입자 측의 정부에게 이른바 '투자환경 조성'이라는 명목의, 잉여노동 착취를 위한 최대한의 호조건의 보장을 요구하게 되고, 수입국 정부 또한 이를 위해 발 벗고 나서게 됩니다. 그러한 '투자환경'에는 면세나 세금 감면, 공장 부지의 헐값 제공, 기타 여러 행정상의 편의를 포함하지만, 특히 중요한 내용은 쟁의권의 박탈・제한 등을 통한, 외국인 투자기업체에서 일하는 노동자들의 무력화입니다. 그러한 노동자의 무력화가 자본 수출의 주요한 부대조건이 되는 것입니다." (채만수, ≪노동자교양경제학≫(제7판), 노사과연, 2025, pp. 604-605.)

만드는 것이다. 세계의 자본 수출입국에서 벌어지고 있는 일이다.

이는, 일본의 독점자본 닛토덴코의 '먹튀'에 맞선 구미 한국옵티칼하이테크 노동자들의 고용승계 요구투쟁, 여성 최장기 고공농성 600일 투쟁이 마무리될 때 민주당이 나서서 한국옵티칼하이테크 노동자들의 고용승계를 위해 애쓰겠다고 다짐했다지만, 그것이 거짓 약속일 수밖에 없는 이유이기도 하다. 자본수출에서 수입국 노동자들의 이러한 철저한 무력화도 제국주의의 본질적인 특성인 것이다.

지나가는 말로 다시 하자면, 자본수출에는 이러한 사태가 얽혀 있는데도, '중국의 자본수출은 이러한 성격의 것이 아니고, "호혜와 평등", "주권존중"을 위해 이루어진다.'? — 과연 천하 불세출의 맑스-레닌주의자다운 말씀이시다!

전쟁과 빈곤 · 억압 · 예속 · 타락 · 착취의 세계를 끝내기 위해

바야흐로 인류는 지금 제국주의 전쟁인 우크라이나 전쟁과 팔레스타인 전쟁의 와중에 있다. 제3차 세계대전의 가능성도 배제할 수만은 없는 상황이다. 레닌이 누차 강조하고 있는 것처럼, "불균등한 경제적 · 정치적 발전은 자본주의의 절대적 법칙"[38]이다.

---

38) ≪제국주의론≫ 외의 다른 저술들 중 두 저술들에서만 인용하자면, — "불균등한 경제적 그리고 정치적 발전은 자본주의의 절대적 법칙이다. 따라서, 사회주의의 승리는 처음에는 소수의 자본주의 국가들에서, 혹은 심지어 단 하나의 자본주의 국가에서도 가능하다."(레닌, "유럽 합중국이라는 슬로건에 대하여"(1915), *Lenin Collected Works*, Vol. 21, p. 342.); "자본주의의 발전은 서로 다른 나라들에서 극히 불균등하게

그리고 이 불균등 발전의 법칙은, 정치적·경제적 발전 일반이 더욱 가속화되는 독점자본주의, 즉 제국주의 시대에 더욱 강력하게 관철되면서 결국 전쟁을 유발할 수밖에 없다.

레닌은 이렇게 말한다.

> 금융자본과 트러스트들은 세계경제의 다양한 부분에서의 성장률의 차이들을, 감소시키는 것이 아니라, 도리어 증대시킨다. [그런데,: 인용자] 일단 역관계(力關係)가 변화하면, 자본주의 하에서는 힘이라는 모순의 해결방법 외에 어떤 다른 방법이 있을 수 있겠는가?[39] (강조는 레닌.)

> 세계 제국주의들 간의 투쟁은 더욱 격심해지고 있다. 가장 수익성 높은 식민지 기업들과 해외 기업들로부터 금융자본이 강탈하는 공물(貢物)은 증대하고 있다. 이 약탈물의 분배에서는 비상하게 큰 부분이, 생산력의 발전 속도에서 언제나 선두에 속하지는 않는 나라들에게 돌아간다.[40] (강조는 인용자.)

진행된다. 상품생산 하에서는 그렇지 않을 수 없다. 이 때문에 논박의 여지없이 사회주의는 모든 나라에서 동시에 승리할 수 없는 것이다. 사회주의는 처음엔 한 나라나 몇몇 나라들에서 승리할 것이고, 다른 나라들은 당분간 부르주아적 혹은 전(前)부르주아적인 채 머물 것이다."("프롤레타리아 혁명의 군사 강령"(1916), *Lenin Collected Works*, Vol. 21, p. 79.) 곁들여 참고로 얘기하자면, 이 두 인용문들로부터는 우선 이른바 '일국 사회주의론'은, 반스딸린주의자들이 모략하며 사기치는 것처럼 스딸린이 노동자 국제주의를 배반하며 주장한 것이 아니라, 레닌의 주장임을 알 수 있다. 그리고, 애초 1920년대에 그렇게 모략하고 사기친 자들은, 제국주의의 포위와 위협 앞에서, 쏘련이라는 '일국'에서의 사회주의 건설은 불가능하므로 포기해야 한다는 자신들의 비겁함과 반혁명성을 '노동자 국제주의'라는, 결코 진심이 아닌 초혁명적 슬로건으로 은폐하려 한 자들이라는 것도 짐작할 수 있다.

39) V. I. 레닌 저, 남상일 역, 같은 책, p. 130.

문제는 이렇다: 자본주의 하에서, 한편에서의 생산력의 발전 및 자본축적과, 다른 한편에서의 식민지 및 금융자본의 세력권의 분할 사이의 불비례를 극복하는 데에, 전쟁 이외에 다른 어떤 수단이 있을 수 있겠는가?[41] (강조는 레닌.)

현대 자본주의, 즉 제국주의 세계는 빈곤 · 억압 · 예속 · 타락 · 착취가 더할 수 없이 만연한 시대이다, 맑스는 이러한 끔찍함이 자본주의의 경제적 운동법칙의 필연적 결과이며, 또한 이러한 끔찍함의 원인이면서 동시에 자본주의의 경제적 운동법칙의 필연적 결과인 소수의 거대 독점자본은 결국 자본주의적 사적 소유의 폐지를 필연적으로 불러온다고 했다.

자본주의 사회의 성립부터 그 해체까지의 전체 과정을 대단히 극명하게 서술하고 있는, 그리하여 인간에 의한 인간의 착취를 근절해야 할, 즉 자본주의 사회를 해체하고 새로운 사회를 건설해야 할 역사적 임무가 부여된 노동자 계급에게 지극히 중요한 맑스의 말을 간단히 인용해 보자.

> 자본의 본원적 축적, 즉 자본의 역사적 발생이란 결국 … 단지 직접생산자의 수탈, 즉 자기 자신의 노동에 기초한 사적소유의 해체를 의미할 뿐이다.
>
> 사회적 · 집단적 소유의 대립물로서의 사적소유는 오직 노동수단들과 노동의 외적 조건들이 사인(私人)들에게 속하는 경우에만 존재한다. 그러나 이들 사인이 노동자들인가, 혹은 비(非)노동자들인가에 따라서, 사적소유도 또한 다른 성격을 갖는다.
>
> … 광범한 인민대중으로부터의 토지와 생활수단들과 노동도구들의

40) 같은 책, p. 131.
41) 같은 책, p. 132.

수탈, 이 가공할 그리고 고통스러운 인민대중 수탈이 자본의 전사(前史)를 이루고 있다. …

이러한 변화과정이 깊이와 넓이에서 옛 사회를 충분히 분해해버리자마자, 노동자들이 프롤레타리아로, 노동자들의 노동조건들이 자본으로 전화되자마자, 자본주의적 생산양식이 그 자신의 발로 서게 되자마자, 노동의 차후의 사회화와 토지 및 기타 생산수단들의 사회적으로 이용되는, 따라서 공동적인 생산수단으로의 차후의 전화, 그리하여 사적소유자의 차후의 수탈은 새로운 형태를 취한다. 이제 수탈되어야 할 자는, 더 이상 자영 노동자가 아니라, 수많은 노동자들을 착취하는 자본가다.

이러한 수탈은 자본주의적 생산 그 자체의 내재적인 법칙들의 작용에 의해서, 자본의 집중에 의해서 수행된다. 언제나 한 자본가가 많은 자본가들을 때려죽인다. 이러한 집중, 즉 소수 자본가들에 의한 다수 자본가들의 수탈과 함께 나란히, 갈수록 증대하는 규모에서의 노동과정의 협업적 형태, 과학의 의식적인 기술적 적용, 토지의 계획적 이용, 공동으로만 사용할 수 있는 노동수단들로의 노동수단들의 전화, 결합된, 즉 사회적인 노동의 생산수단으로서의 그 사용에 의한 모든 생산수단들의 절약, 세계시장이라는 망 속에서의 모든 국민의 뒤얽힘과 그에 따른 자본주의 체제의 국제적 성격이 발전한다. 이러한 변화과정의 모든 이점들을 가로채고 독점하는 대자본가들의 수가 끊임없이 감소해감에 따라서, 빈곤 · 억압 · 예속 · 타락 · 착취의 량이 증대하는데, 그러나 끊임없이 팽창하는, 그리고 자본주의적 생산과정이라는 기구 그 자체에 의해서 단련되고, 단결되고, 조직된 노동자계급의 저항도 또한 증대한다. 자본의 독점은, 그 독점과 더불어 그리고 그 독점 하에서 번영한 이 생산양식의 질곡으로 된다. 생산수단의 집중과 노동의 사회화는 그것들의 자본주의적 외피와 양립할 수 없게 되는 어떤 지점에 도달한다. 그 외피는 폭파된다. 자본주의적 사적소유의 조종이 울린다. 수탈자들이 수탈된다.[42] (강조는, 인용자.)

42) 칼 맑스, ≪자본론≫, 채만수 역, 제1권, 제4분책, pp. 1262-1266.

자본주의 사회에서는 생산과정에서 발생하고 발전하는 모든 이점을 가로채고 독점해가는 자본가들, 특히 극소수 대자본가들 때문에 빈곤과 억압·예속·타락·착취가 증대하지만, 이에 대한 노동자계급의 저항도 또한 증대하여, 결국 자본주의적 사적소유는 폭파되는 것이다. 이것이 자본주의 사회의 경제적 운동법칙이자 그 운명이다.

레닌의 ≪제국주의론≫ 역시 이 법칙의 재확인이며, 제국주의는 자본주의의 최고단계이고, 따라서 "사회주의 혁명의 전야"임을 정식화한 것이다.

이렇게 자본주의가 제국주의, 즉 "사회주의 혁명의 전야"로 전화한 지도 백년하고도 수십년이 지나고 있다. 자본주의는 그 동안에도 특히 발전에 발전을 거듭해 왔고, 이제는 AI(인공지능)에 의한 전면적 무인자동화 생산이라는 초유의 생산력에까지 이르렀는데, 이는 동시에 자본주의적 생산의 모순의 더할 나위 없는 격화를 의미해서, 그로 인한 대대대공황에 직면해 있다. 인류는 현재 "인류 멸망의 제3차 대전이냐? 사회주의 혁명이냐?"의 갈림길에 직면해 있는 것이다.

인류를 이러한 존망의 위기로 내몰아온 것은 물론 이윤에 대한, 갈수록 더 큰 이윤에 대한 자본의 탐욕이며, 그에 대항하여 인류를 멸망의 위기에서 구할 수 있는 세력은 노동자계급밖에는 있을 수 없다.

그런데 오늘날 노동자계급은, 이 사회에서만이 아니라 세계적으로도, 그 혁명적 투쟁이 심히 약화되어 있을 뿐 아니라, 사상·이론적으로도 심히 약화되어 있으며, 온갖 '좌파'가 활개를 치는 등, 극심한 혼란에 빠져 있기도 하다.

이러한 상황에서, 인류가 제3차 대전이 아니라, 전쟁과 빈곤 · 억압 · 예속 · 타락 · 착취의 세계를 끝내는 길로 나아가기 위해서 절실하게 필요한 것은 당연히, 노동자계급이 조속히 그 혁명적 투쟁력과 조직을 재건하는 것이고, 이를 위해 사상 · 이론적 혼란을 조속히 극복하는 것이다.

우리 사회 선진노동자들의 사상 · 이론적 상황과 관련해서 말하자면, 현재 맑스-레닌주의의 탈을 쓰고 노동자들을 반혁명으로 이끄는 거짓과 사기 · 기만의 요설이 시끄럽게 난무하는바, 이에 현혹되지 않고, 자본주의 사회의 정치적 · 경제적 운동법칙을 과학적으로 파악하는 것이 중요하다.

그리고, 러시아와 중국은 제국주의가 아니라고, 그리고 중국이 사회주의라고까지 강변하는, 반제 투쟁을 '반미' 투쟁으로 좁혀 오도하는 몰계급적 민족주의 · 국가주의 · 애국주의[43]가 아니라, 러시아와 중국, 미국 등의 노동자계급을 포함한 세계 노동자들과 연대 · 단결하는 노동자 국제주의를 실천하는 것이 중요하다. 자국의 제국주의, 즉 자국의 독점자본 및 지배계급에 우선적으로 맞서 투쟁하되, 세계의 노동자계급과 함께 자본주의 철폐 투쟁에 나서야 하는 것이다.

만국의 노동자여, 단결하라! **노사과연**

---

43) 자세하게는 다음 기회에 언급하겠지만, 천하 희대의 자칭 "혁명적 맑스엥겔스주의"자, "자주적 맑스주의"자 백철현의, "계급 환원론" 운운하는 몰계급적 민족주의 · 애국주의 · 국가주의 선동보다 더 반동적이고 반혁명적인 것이 있을까?! 게다가, 맑스주의 자체가 혁명적이고 자주적인 사상일진대, "혁명적 맑스엥겔스주의"? "자주적 맑스주의"? 이 무슨 혁명적 자기치장인가?!

제국주의의 다극화, 혹은 다극의 제국주의에 대하여*

– 단순히 '세계질서의 다극화', 혹은 '다극의 세계질서'인가, 제국주의의 다극화, 혹은 다극의 제국주의인가?

채만수 | 편집위원(전 소장)

연구소 부산지회의 요청으로 이 주제를 논해야 할 처지에 있던 참에 때마침 5월 10일에 일단의 진보적 지식인들이 "'세계를 보는 새로운 시선' <다극화포럼>(MULTIPOLARITY FORUM KOREA)"을 창립하면서 훌륭한 자료를 제공해 주었다. 그 자료집 ≪'다극화와 한반도'≫에는, '창립선언문'을 위시하여, 창립 기념 씸포지움에서의 발표자들의 수많은 훌륭한 말씀들이 수록되어 있다. 다만 여기에서는 그 포럼의 발기인 대표이자 창립일 씸포지움의 주(主) 발표자인 이해영 교수의 말씀과, "<2024 세계

* 이 글은 ≪정세와 노동≫ 제203호(2024년 7 · 8월호), 제204호(2024년 9월호), 제205호(2024년 10 · 11월호)에 상 · 중 · 하 3회에 걸쳐 게재되었던 것을 하나의 꼭지로 모은 것이다. 1년 내외의 시간이 흐르는 동안, 특히 재집권한 D. 트럼프 미제의 무뢰배 빰치는 난폭한 행패로 국제 정세가 요동을 치고 있어서, 차제에 그러한 변화도 반영하는 등 다소 수정 · 보완해야 하는 것 아닌가 하는 생각이 없지 않았다. 하지만, 개인적인 사정도 여의치 않은데다가, 무엇보다도 글의 내용도, 그 필치도 극히 논쟁적이어서, 이제 와서 어떤 변화를 주는 것은 무책임한 행위라고 생각되어, 아쉽지만, 두어 개의 오타를 수정한 외에는, 제목과 부제목을 포함하여 내용과 표현 일체를 원래 발표했던 그대로 여기에 재록하기로 했다.

변혁기 국제 정세>"에 대한 류경완 (사)코리아국제평화포럼 이사장의 발표, 그리고 그에 대한 논평을 주요 내용으로 하고 있는 ≪울산함성≫ 발행인 김정호 박사의 '소발표'를 중심으로 그 가운데, 그 내용으로 보아 '다극화' 혹은 '다극화 경향'의 본질에 대한 언급이라고 볼 수 있는 몇 가지 점에 대해서만 간단히 언급하기로 하자.

이들의 언급은, 물론 몇몇 지점에서 서로 의견을 달리하고는 있지만, 그 대체적 내용으로 보면, 그것을 '다극화'에 대한 이 '포럼'의 대체적 · 지배적 시각으로 볼 수 있을 것이다. 그리고 사실은, '다극화'와 관련한 우리 사회 진보적 지식인들의 담론 일반에 비추어 볼 때, 그것을 우리 사회에서의 '다극화'에 대한 '진보진영'의 대체적 · 일반적 시각이라고 해도 별 무리가 없을 것이다.

1. '다극화'에 대한 '진보진영'의 일반적 시각

1) '다극화'에 대한 이해영 교수의 시각

이해영 교수의 발표문, "다극화란 무엇인가: 전략이자 경향으로서의 다극화"는 적요(摘要) 형식으로 작성되어 있어서 실제 발표에서는 어떤 말씀을 덧붙였는지 알 수 없을 뿐 아니라, 어떤 부분에서는 그 진의를 알기도 어려우나, 무엇보다도 특히 "'자본주도 세계화'에서 '주권기반 다극화'로의 국제체제의 전화 경향" (자료집, p. 21.)이라는 말씀이 무척 인상적이다.

"'자본주도 세계화'에서 '주권기반 다극화'로의 국제체제의 전화 경향"?! — 여기에서 묻지 않을 수 없다.

오늘날 '다극화'의 주체 혹은 주역으로 되어 있는 국가들의 '주권'은 과연 누구에게 있는가? 링컨이 얘기했다는, 저 유명한, '인민의, 인민에 의한, 인민을 위한(of the people, by the people, for the people)'이라는 말 그대로 각국의 '인민', 즉 노동자계급을 위시한 인민대중의 수중에 있는 것인가, 아니면 그들 인민을 지배·착취하는 (독점)자본의 수중에 있는 것인가?

각국의 법률은, 보나 마나, 필시 '인민'(혹은 '국민')에게 있다고 규정하고 있을 것이다. 그러나 본래적 의미에서의 국가, 즉 계급사회에서의 국가의 본질, 무엇보다도 "계급대립의 비(非)화해성의 산물로서의 국가", "피억압계급을 착취하는 도구로서의 국가"(레닌, ≪국가와 혁명≫, 제1장에서)라는 그 본질을 상기하면, 저 법률상의 규정은, <u>환상일 뿐만이 아니라, 지배계급의 의도적인 기만</u>, 다시 말하지만, 지배계급의 <u>의도적인 인민 기만</u>이라는 것은 저절로 명확할 것이다.[1)]

그런데도 "'<u>자본주도</u> 세계화'에서 '<u>주권기반</u> 다극화'로"?! 그리하여, 오늘날의 소위 '다극화'는 자본이 주도하는 그것이 아니다?! 참으로 대단히 훌륭한 과학이다!

이 교수는 다른 한편에서, "미 정치계급, 변화된 조건의 불승인이 3차대전의 가능성을 객관적으로 끌어 올리고 있음"이라든가, "현재의 '다극 불균형' 체제는 그러나 1991년 이전의 유엔안보리와 같은 상위의 중개심급이 부재한 까닭에 고도의 불안정을 특징으로 하는데, 따라서 3차 세계대전과 같은 하이 리스트['하이 리스크'?]를 내장하고 있다. 현재의 cold peace경향은 언제든지

---

1) ≪울산함성≫ 발행인 김정호 박사는, 중국은 '사회주의 국가'라고, 즉 무계급 사회의, 말하자면, '반(半)국가'라고, 그리하여 그 주권은 엄연히 중국의 인민대중에게 있다고 강변할지 모른다. "중국 특색의 사회주의"라는 그 강고한 '신념'에 대해 누가 뭐라고 한들, 귓등으로라도 듣겠는가?!

글로벌 hot war로 전변될 수 있다"(자료집, p. 21.)고도 말하고 있다.

"미 정치계급"이라든가, "1991년 이전의 유엔안보리와 같은 상위의 중개심급이 부재한 까닭에" 운운에 대해서는 선뜻 동의할 수 없지만, 아무튼 '다극화'에 따른 제3차 대전의 가능성에 대한 지적에는 적극 동의한다.

나아가 이 교수는, '다극화'로 인해 갈등과 대립이 격화되면서 발생할 수 있는 "미중전쟁(대만전쟁) 시나리오"를 제시하면서, 간단히 요약하면, "미중전쟁 즉 대만의 대중 대리전쟁"이 발생할 경우, "대만은 그냥 끝난다"고, 그리고 "전쟁 당사국인 중국이나 미국보다 한국의 충격이 훨씬 크다"며, "아주 쉽게 말해 한국은 망한다"(자료집, p. 41.)고 말하고 있다. 충분히 공감할 수 있는 얘기다.

그런데도 오늘날 윤석열 정권은 미제의 전쟁 책동에 사실상 적극 앞잡이 노릇을 하고 있다!

2) '다극화' 혹은 '<2024 세계 변혁기 국제 정세>'에 대한 류경완, (사단법인)코리아국제평화포럼 이사장의 시각

류 이사장의 발표문 역시 이 교수의 그것과 마찬가지로 적요 형식으로 작성되어 있는데, "2024 세계 변혁기 국제 정세"의 특징을 맨 먼저 "미 패권 추락 가속화, 부상하는 다극화 세계질서"로 파악하면서, 이를 "100년 만의 세계 대변혁"(자료집, p. 50.)으로 규정한다. – "100년 만의 세계 대변혁"?! 지난 세기 80년대 말에서 90년대 초에 걸쳐 벌어진 역사적인 대반혁명, 쏘련의 해체를 위시한 20세기 사회주의 세계체제의 해체는 혹시 안중에 없는 것일까?

하기야, "제1, 2차 세계대전"의 원인을, 잉여가치의 착취, 그 최대한의 착취 영역을 둘러싼 제국주의 열강 간의 대립의 격화, 즉 궁극적 원인을 자본주의 자체에서 찾는 대신에, "인간 이성의 참혹한 퇴락(頹落)"에 찾으며, '다극화'를 사실상 "세계의 번영과 평화를 지탱해온 미국 중심의 단극질서가 종말해 가고 있는"(자료집, p. 44.) 현상으로 파악한다든가, "아시아태평양경제협력체(APEC)로 대변되는 경제적 번영과 평화의 탈냉전"(p. 45.) 따위를 운운하는 분(이유철 경희대 교수)에 비할 바는 못 되지만, 아무튼 궁금한 건 어쩔 수 없다.

그건 그렇고, 바로 뒤에서 보는 것처럼, 류 이사장은, 한편에서는 "구질서의 종언과 3차 세계대전"(자료집, p. 50.) 운운하면서도, 동시에 "다극화 세계질서"를 "인류사의 거대한 진보"라며, 바로 뒤에서 ≪울산함성≫의 김정호 박사도 지적하고 있는 것처럼, "미 · 중 패권 경쟁 → 주권 존중, 패권이 없는 호혜 평등의 새로운 세계 질서"(p. 50.)라든가, "침략 · 살육 · 약탈, 강권과 전횡 → 자주 · 평등 · 호혜 친선에 기초한 다자주의와 다극화 세계"(p. 57.) 운운한다.

'다극화'의 결과가 정말 "주권 존중, 패권이 없는 호혜 평등의 새로운 세계 질서"이며, "침략 · 살육 · 약탈, 강권과 전횡"이 없는 "자주 · 평등 · 호혜 친선에 기초한 다자주의와 다극화 세계"라면, 가히 다극화 만세! 아니, 다극화 만만세다!

류 이사장이 저렇게 얘기하는 근거는 분명 그의 발표문 전반을 관통하고 있는 판단, 즉 "미 패권 추락 가속화", 다른 말로는, "군사패권" · "경제패권" · "정치패권"에 걸친 "미 패권 몰락"(p. 50.)일 터인데, 그 몰락이 과연 그 자체로 그러한 세계질서, 그러한 세계를 열어젖히는 것일까?

3) ≪울산함성≫ 발행인 김정호 박사의 '소발표'

김정호 박사의 '소발표'는 류경완 이사장의 발표에 대한 논평적 성격의 짧은 글인데, 류 이사장의 발표에 대해서 직접적으로 '쟁점'들을 제기하기에 앞서, 우선 스스로 하나의 '문제' 혹은 '쟁점'을 제기한다: "지금의 국제질서가 이미 다극화 질서인가? ... 즉 미국 중심의 단극체제는 이미 무너졌는가, 아니면 아직 진행 중인가의 쟁점이 남는다"(자료집, p. 58. 강조는 김 박사.)는 것이 그것이다.

그리고 이렇게 스스로 제기한 '문제' 혹은 '쟁점'에 대한 그 자신의 대답은 이렇다:

> 브릭스 15차 정상회담(2023. 8. 22-25일, 남아프리카공화국 수도 요하네스버그 개최)을 계기로 국제무대에는 사실상 두 개의 권력이 존재하게 되었다 ... 하나는 'G7'로 불리는 선진국 클럽이며, 다른 하나는 '브릭스'로 불리는 신흥개도국 집단이다. 브릭스의 성립이 비록 2008년으로 거슬러 올라가고 그 힘 역시 꾸준히 성장해 왔지만, 지금까지는 G7의 주도적 지위를 흔들 정도는 아니었다. 하지만 제15차 브릭스 대회를 계기로 가입 회원국 수(5개국 → 11개국), 그리고 무엇보다도 경제 총량에 있어 브릭스가 G7을 초월했다는 점에서 새로운 질적 전환이 이루어진 것으로 판단된다. 즉 국제무대에서 서로 다른 지향을 갖는 '이중권력'이 성립한 것이다. (같은 곳. 강조는 김 박사.)

참으로 흥미 있는 '쟁점' 제기요, 흥미로운 답변이다.[2] 우선 흥미로운 것은 "지금의 국제질서가 이미 다극화 질서인가?"라고, 강조까지 하며 '쟁점'을 제기한 후에, 그걸 다시 "즉 미국 중심의 단극체제는 이미 무너졌는가, 아니면 아직 진행 중인가"라고 하고 있는 점이다.

---

2) 2009년에 상설기구화한 브릭스를 2008년에 성립했다고 한다든가, 현재 9개국인 '가입 회원국 수'를 11개국이라고 하는 등의 오류는 웃어넘기자.

이렇게 '문제' 혹은 '쟁점'을 제기하는 것은 분명 "다극화 세계질서"니, "다극화 국제질서"니 하는 일반적 논의로는 부족하며, 보다 더 엄밀해야 한다는 의미일 터이다. 그런데, 엄밀함을 요구하는 이 '문제' 제기, 혹은 '쟁점' 제기는, 그리고 그에 대한 스스로의 답변은 과연 엄밀한가? 아니, 타당한가?

사실, 굳이 묻는다면, "지금의 국제질서가 이미 다극화된 질서인가?"라든가, 같은 말이지만, "지금의 국제질서가 이미 다극의 질서인가?"라든가, 혹은 "지금의 국제질서는 다극화가 심화되고 있는 과정인가?"라고 물을 수 있을지는 모르겠지만, 저렇게 "지금의 국제질서가 이미 다극화 질서인가?"라든가, "미국 중심의 단극체제는 이미 무너졌는가, 아니면 아직 진행 중인가"라고 물을 수는 없을 것이다.

우선, 다극'화'는 다극을 향한 과정이고, '질서'는 어떤 상태여서 '다극화 질서'라는 개념 자체가 성립될 수 없기 때문에, "지금의 국제질서가 이미 다극화 질서인가?"라는 질문은 사실 비문(非文)이기 때문이다. 그리고, '다극화'가 (현실적인 현상으로서) 널리 논의되고 있다는 사실 자체가 "미국 중심의 단극체제는 이미 무너졌"음을 반영하는 것임과 동시에, 그 붕괴 과정이 "아직 진행 중", 정확하게 말하자면, '심화 중'이어서,[3] "미국 중심의 단극체제는 이미 무너졌는가, 아니면 아직 진행 중인가"라는 '문

3) 누가 보더라도, 현재 널리 논의되고 있는 '다극화'는 그 논의 자체가, 가능성으로서의 그것, 즉 이른바 "미국 중심의 단극체제"가 언젠가 무너지고 '다극의 체제'로 이행할 수 있다는 논의가 아니다. 그것은 이미 "미국 중심의 단극체제"가 무너졌기 때문에 그러한 현실을 반영하여 대두된 논의이자, 동시에, "미국 중심의 단극체제"는 무너졌지만, 아직 미국 중심의 '극'의 힘의 우위를 인지한 위에서 그 우위가 약화되고 있는 현실을 반영한 논의, 즉, 말하자면, '다극화'의 심화를 반영한 논의이다.

제' 제기 혹은 '쟁점' 제기도 현실을 반영하고 있지 못한 것이기 때문이다.

사실, "미국 중심의 단극체제는 이미 무너졌는가, 아니면 아직 진행 중인가"라는 '문제' 제기 혹은 '쟁점' 제기가 잘못이며, 그에 대한 위의 답변이 잘못임은, 위의 답변에 이어지는 다음 문장이 스스로 고백하고 있다:

> 이 '이중권력'의 주요한 내용은 경제에서 찾아져야 하며 현재 진행되고 있는 서로 다른 국제통화체계의 구축, 일대일로 혹은 디커플링・디리스킹 등과 같은 국제분업구조가 그 핵심이다. (같은 곳. 강조는 인용자.)

즉, "미국 중심의 단극체제는 이미 무너졌"지만, 동시에 "서로 다른 국제통화체계의 구축, 일대일로 혹은 디커플링・디리스킹 등과 같은 국제분업구조" 같은 그 "핵심" 과정이 "현재 진행되고 있"음을 스스로 말하고 있는 것이다.

'사소한 말꼬리를 잡고 있다'고 생각할지도 모르겠다.

그러나 괜히 '사소한 말꼬리 잡기'를 하고 있는 것이 결코 아니다. 무엇이 명민한 김 박사님으로 하여금 '말꼬리를 잡히도록' 몰아갔는지를 지적하지 않으면 안 되기 때문에 '사소한 말꼬리를 잡고 있'는 것이다.

그를 그렇게 몰아간 것, 혹은 몰아가고 있는 것은, 분명, 예의 '중국 특색의 사회주의' 중국에 대한 그의 강한 애정 혹은 열정적 신뢰이다!

이 강한 애정 혹은 열정적 신뢰가 그로 하여금, 특히 성격상 그 시작과 끝을 어떤 특정한 시기로 단정할 수 없는 역사적 과정으로서의 '다극화'를 한편에서는, 그 "핵이 중국"(자료집, p. 59.)이라는 '브릭스'를 중심으로 사고하면서, 그 '다극화'가 "브릭스 15차 정상회담(2023. 8. 22-25일, ...)을 계기로" 사실상 완료된 것으로 보면서, 동시에 다른 한편에서는, "현재 진행되고 있는 …" 운운하며, 자기모순을 범하고 있는 것이다.

'브릭스 15차 정상회담을 계기로' "이처럼 국제 '이중권력'의 성립은 그 자체로서 미국으로 상징되는 현대 제국주의 단극체제의 종식 및 다극체제로의 정식 진입을 의미한다"(자료집, p. 58. 강조는 인용자)가 그 사실상의 '완료'를 얘기하는 대표적인 발언인데, 시기의 문제는 그렇다 치고, 이 발언은, '중국 특색의 사회주의' 중국에 대한 그의 강한 애정 혹은 열정적 신뢰에 기인하는 다른 중대한 내용도 포함하고 있다. 다름 아니라, 김 박사는 '다극화' 혹은 "다극체제"를 사실상, 미제와 '중국이 그 핵인 브릭스'로의 '이극화' 혹은 '이극체제'로 이해 · 선전하고 있는 점이 그것이다.

그리고, "이처럼 국제 '이중권력'의 성립은 그 자체로서 미국으로 상징되는 현대 제국주의 단극체제의 종식 및 다극체제로의 정식 진입"이기 때문에, "일단 단일패권적 지위를 상실한 현대 제국주의는 '불가역적'인 쇠퇴의 길에 들어서게 되며, 그 내부모순의 격화를 통해 급속하게 쇠퇴할 수밖에 없다"며, "따라서 이러한 '이중권력'의 존속기간은 우리가 예상하는 것보다 훨씬 짧을 수 있다"(같은 곳.)는 낙관도 무척 흥미로운데, 그 "훨씬 짧을 수 있다"는 "존속기간"을 그는 과연 어느 정도일 것으로 가늠하는지 궁금하다.

그건 그렇고, '중국 특색의 사회주의' 중국에 대한 그의 강한 애정 혹은 열정적 신뢰에서 김 박사가 류 이사장의 발언에 본격적으로 이의를 제기하고 나서는 것은, 다음과 같은 발언으로부터 시작된다:

> 발제 본문 중 "미 · 중 패권 경쟁 → 주권 존중, 패권이 없는 호혜 평등의 새로운 세계 질서"라는 표현이 있다. 여기서 미 · 중 간의 마찰을 "패권 경쟁"이라고 규정하는 것은 엄밀하지 못하다. (자료집, p. 58.)

그러면 왜 "엄밀하지 못하다"는 것일까? 이렇게 계속된다:

> 양자의 대립은 정확히 표현하면 자신의 기득권을 지키고자 하는 기존 패권국가(미국)가 새롭게 평화적 굴기를 실행하는 신흥 강대국(중국)의 정당한 권리를 억누르는 것으로부터 발생한다. …
> 사실상[4] 중국은 미국과 패권 경쟁을 벌이고 있는 것이 아니라, 현시기 다극화를 추진하고 있는 가장 강력한 주체이다. 그것은 브릭스의 핵이 중국이라는 사실만 보아도 쉽게 알 수 있다. (자료집, p. 59.)

여기에서 작은 의문 하나. — '중국은 미국과 패권 경쟁을 벌이는 것'과 '중국이 브릭스의 핵이 되어 가장 강력한 주체로서 다극화를 추진하는 것'은 과연 그 자체로서 논리적으로 서로 충돌하는 것일까? 과연 그럴까?

그건 그렇고, 계속 들어 보면:

> 그러면 중국은 왜 패권 추구가 아니라 다극화를 추진할까? 그에 대한 규명은 우리가 오늘날 다극화의 성격을 판단하는 데 있어 매우 중요하다. 그것은 근본적으로 중국이 사회주의국가라는 성격으로부터 기인한다. 전세계 자본주의국가들로 포위된 속에서 중국은 근본적으로 패권국가가 되는 것은 근본적으로 불가능하며, 중국이 원하는 것은 단지 자신의 "자주적 발전권"을 보장해 달라는 요구뿐이다. (같은 곳. 강조는 김 박사.)

중국이 '패권 추구가 아닌 다극화를 추진하는' 것은 "근본적으로

---

4) 또 하나의 '사소한 말꼬리 잡기': "사실은"이 아니라 "사실상"이다! 혹시 잠재의식의 표출?

중국이 사회주의국가라는 성격으로부터 기인한다"는 것인데, 역시 '사소한 말꼬리 잡기'라고 주장할지 모르지만, 그에 이어서 "전세계 자본주의국가들로 포위된 속에서 중국은 근본적으로 패권국가가 되는 것은 근본적으로 불가능하"다라고 말할 때, 이 또한 무척 흥미롭지 않을 수 없다. "근본적으로"라고 얘기했으면서도 중국이 '패권 추구가 아닌 다극화를 추진하는' 것은, 사실은 '중국이 사회주의 국가'이기 때문이 아니라, 즉 사회주의 '국가'는 본성상 그 자체가 패권을 추구하지 않기 때문이 아니라, 다만 "중국이 사회주의국가라는 성격으로부터 기인"하여 "전세계 자본주의국가들로 포위"되어 있어서, 그러한 조건 혹은 상황 "속에서"는 "근본적으로 패권국가가 되는 것은 근본적으로 불가능하"기 때문이라는 것이기 때문이다! ― 중국이 '(중국 특색의) 사회주의(국가)'라는 지론과 더불어 참으로 훌륭한 사회주의(국가)관이다!

그런데 이 훌륭한 사회주의(국가)관에 입각해서 김 박사는 다음과 같이 말한다:

> 여기서 우리는 현 국제질서의 변화를 추동하는 요인에 일극 세력 대 다극화 세력 간의 대립 구도 외에, 또 하나의 대립축 즉 자본주의 대 사회주의 구도가 존재하는 것을 알 수 있다. 이는 현시기 다극화 국제질서의 '진보성'을 더욱 강화하는 근거이다. (같은 곳. 강조는 인용자.)

여기에 이르면, 이른바 '중국 특색의 사회주의' 혹은 '중국 특색의 사회주의국가'에 대해서 간단하게라도 들여다보지 않을 수 없다.

2. '중국 특색의 사회주의'!

한국 내에서 중국이 사회주의 사회 혹은 사회주의 국가임을 특히 집요하게 강조하는 사람은, 누가 보기에도, ≪울산함성≫ 발행인이기도 한 김정호 북경대 박사와, 전국노동자정치협회(노정협, mlkorea.org)의 얼굴이자 불세출의 맑스-레닌주의자(mlkorea1917@daum.net) 백철현 '통일시대연구원' 연구위원, 이 두 분일 것이다. 지금 마침 이 두 분의 주장을 한꺼번에 볼 수 있는 한 편의 글이 있어, 그 글을 기초로, 중국이 어떻게 사회주의 사회 혹은 사회주의 국가인지를 간단히 보기로 하자.

'기획연재' "[백철현의 맑스주의로 세상보기] 중국혐오의 정치적 기원5-1 | 중국 사회성격을 둘러싼 정치경제학적 논쟁을 중심으로"(≪통일시대≫, 2022. 8. 8. <https://www.tongiltimes.com/news/articleView.html?idxno=1035>)가 그것이다.

백 연구위원은 글의 서두에서, "유독 중국 혐오가 일정한 제동장치 없이 점점 더 빨라지고 확산되는 것은 바로 '진보진영' 조차도 '이러저러한' 이유로 중국혐오에 동참하고 있기 때문", "중국이 등소평 시절부터 개혁개방에 앞장서면서 자본주의, 심지어 제국주의로 변모했다고 보는 단체들까지도 있기 때문", "중국사회가 자본주의로 변모했다는 것을 근거로 제기하는 진보진영의 중국에 대한 비판적인 입장들은 … 중국에 대한 편견과 혐오가 판치는 사회에서 중국 적대시에 결과적으로 편승할 수밖에 없다. 김정호 박사는 그 동안 만연한 중국혐오, 심지어 '진보진영' 내에서조차 만연한 중국혐오에 대응하여 중국사회에 대해 우리가 몰랐던 사실들, 편견과 왜곡에 빠졌던 부분에 대해 알려주는 의미 있는 역할을 수행해 왔다" 운운하면서,

"중국 사회성격을 둘러싼 정치경제학적 논쟁"에서 중국 사회를 자본주의 사회로 "인식"하는 주장들을 "중국혐오"의 한 형태로 규정한다. 그러면서, "우리 사회에 만연한 중국혐오를 없애기 위해서는 이제 진보진영 내에서의 중국관, 중국사회 성격에 대한 인식을 살펴보고 이를 비판적으로 검토함으로써 진보진영이 역사적으로 부여된 자신의 '진보적' 역할을 다할 수 있도록 하게 해야 한다"고, 스스로에게 역사적 · 진보적 역할을 부여한다.

현재의 중국 사회 · 경제체제를, '중국 특색의 사회주의'일지는 몰라도(?), 사회주의가 아니라 '중국 특색의' 국가독점자본주의 체제로 "인식"하는 나로서는 졸지에 '중국혐오자'가 돼 버리고 말았지만, 이는 '맑스-레닌주의자'로서의 백 연구위원의 성실성 탓, 즉 그가 스스로에게 부여하는 저 역사적 · 진보적 역할 때문이라고 치부하고 말자.

그건 그렇고, 백 연구위원은 우선 "양적, 질적으로 중국의 사회주의적 성격을 보여주는 공기업"이라는 소제목 하에, 김정호 박사의 "'특수 형식의 자본— 중국 공기업'([변혁의 시대] 블로그, 2022. 7. 15.)"에서 장문들을 거듭 인용하면서, 즉 김정호 박사의 주장에 따라서, "양적, 질적으로 중국"이 "사회주의적 성격"의 사회 · 국가임을 역설한다. 이 소제목 하의 논의의 결론은 이렇다:

> 진보진영 내에서는 중국에서 '개혁개방' 과정에서 물권법, 채권법이 제정된 것을 근거로 들면서 중국의 자본주의성을 증명하려 들기도 하는데, 이는 … 중국의 헌법에서도 보장되고 있는 사회주의 공유제를 외면하는 일면적인 태도다.(!)

김정호 박사가, 따라서 백 연구위원이 "양적, 질적으로 중국"이 "사회주의적 성격"의 사회 · 국가임을 어떻게 입증했는지는 조금 뒤에서 보기로 하고, 우선 백 연구위원의 글의 전개를 살펴보면, ─ 그는, 위 결론에 이어 "김정호 박사는 이처럼 자본주의 사회와 달리, 여전히 사회주의 생산과 체제를 유지하는 중국의 실제 모습에 대해 새로운 사실들을 많이 알려주고 있다"면서도, 바로 이어서 돌연 "그런데 김정호 박사는 …" 운운하면서, "자본과 확대재생산의 두 가지 인식 오류"라는 소제목 하에, 그리고 "가치법칙에 대한 혼란과 왜곡"이라는 소제목 하에, 김정호 박사의 "인식 오류"와 "혼란과 왜곡"을, 앞에서의 논의의 2배도 넘는 '지면'을 할애하여 장황하게 '비판'한다. 맑스의 ≪자본론≫이나 "고타강령 비판" 등은 물론 쓰딸린이나 기타 자료들을 인용하면서 장황하게.

아니, 장황할 뿐 아니라, 예컨대, "가치법칙은 상품 생산과 교환을 규제하기도 하는데, 시장에서 상품은 수요와 공급에 따라 가격이 결정되는데, 수요 보다 공급이 많을 때는 가격이 내려가고, 수요가 많을 때는 가격이 올라간다. 그 가격의 오르내림의 중심선이 바로 가치이다"[5]라는 참으로 대단한 "과학적인 정치경제학 체계"에 기초하여, "김정호 박사가 과학적인 정치경제학 체계를 전면 부정하고 새로운 정치경제학 체계를 자기 맘대로 창안했다면 모를까, 어느 모로 보나, …" 참으로 준열하고, 참으로 통렬하게 비판한다.

---

5) 시장"가격의 오르내림의 중심선"은, "바로 가치"가 아니라, 생산가격, 즉 '비용가격 + 평균이윤'이다. "자본가들은 새로운 생산방식과 기계 등을 통해 하나의 상품을 생산하는데 사회적으로 필요한 노동시간 보다 우월한 생산방식을 채택하여 특별잉여가치라고 한다"라든가, "… 새로운 생산방식과 기계를 채택하여 우월한 경쟁을 하는 자와 그 경쟁에서 탈락하는 자로 단순 상품 생산자를 분해하여 자본가와 임노동자를 낳기도 했다" 등등의 묘한 서술들은 가히 초인적인 량의 저술을 하다 보니 바쁜 나머지 범한 '실수들'로 치부하자.

그리고 이 장황하고, 준열하고, 통렬한 비판의 결론은 '당연하게도' 다음과 같다:

> 김정호 박사는 즉 시장을 사회주의 건설에서 주요한 기반과 수단으로 사용하는 '중국 특색의 사회주의', 사회주의 시장경제를 극복해야할 과제로 인식하는 대신에 사회주의 건설의 모범으로 강조하려다 보니 논리적 모순에 빠져버렸다. 이로써 자신이 실사구시적 태도로 제시했던 중국의 사회주의적 면모들을 스스로 훼손하고 자본주의임을 논리적으로 증명하는 자가당착에 빠져 버렸다. 결국 그러다보니 중국이 국가자본주의, 국가독점자본주의, 심지어 제국주의라는 '진보진영' 내의 비과학적이고 종파주의적인 입장들을 제대로 반박하지 못하고 반대로 그들의 논거를 더 확고히 만들어 버렸다. (강조는 인용자.)

그러면서, 사실상 결론적으로 이렇게 말한다:

> 우리가 중국 혐오에 맞서 투쟁하고 엄호하는 것은 중국의 사회주의적 성격, 진보적 성격이지, 자본주의적 요소 때문이 아니다.

우선 김정호 박사의 논의에 사실상 전적으로 의존·동의하면서 '중국의 사회주의적 성격'을 주장한 후에, 다른 한편에서는 김 박사의 그러한 논의는 "자본주의임을 논리적으로 증명하는 자가당착에 빠져 버"려, "결국 … 중국이 국가자본주의, 국가독점자본주의, 심지어 제국주의라는 '진보진영' 내의 비과학적이고 종파주의적인 입장들을 제대로 반박하지 못하고 반대로 그들의 논거를 더 확고히 만들어 버렸다"고 심판하는 논리, 나아가서, 그럼에도 불구하고 중국은 "사회주의적 성격"의 사회라고 주장하는 논리! — 얼마나 일관되고 뛰어난 논리인가!

"김정호 박사는 이처럼 자본주의 사회와 달리, 여전히 사회주의 생산과 체제를 유지하는 중국의 실제 모습에 대해 새로운 사실들을 많이 알려주고 있다"라든가, "실사구시적 태도로 제시했던 중국의 사회주의적 면모들" 운운이 과연 백 연구위원의 저 '일관되고 뛰어난 논리'를 부정할 수 있을까?

그건 그렇고, 그러면 김정호 박사는, 그리고 이 논의 · 입증에 관한 한 사실상 전적으로 그와 의견을 같이함을 공언하는 백 연구위원은 어떻게 공기업을 근거로, "양적, 질적으로 중국의 사회주의적 성격"을 '입증'하는가?

백 연구위원이, "김정호 박사는 중국사회가 사회주의 성격을 유지하고 있는 이유를 특수한 형태의 공기업에서 찾았다"며, 맨 먼저 인용하는 몇 개의 문장이 그것을 핵심적으로 이렇게 보여준다: (강조는 모두 인용자.)

> 중국 공기업은 '사회주의 시장경제 하의 자본'이다. 따라서 그것은 자본의 일반적 성격—자기 자신의 증식과정을 실행할 수 있는 가치—을 공유하긴 하지만, 다른 한편에선 착취를 배제한 특수 형식의 자본이라고 할 수 있다.

"시장경제 하의 자본"! 그러나 "착취를 배제한 특수 형식의 자본"! — 앞에서 본 것처럼, 백 연구위원은 김 박사를 향해, "김정호 박사가 과학적인 정치경제학[6] 체계를 전면 부정하고 새로운

6) 뒤늦게야 하는 얘기지만, "정치경제학"이라는 용어에 대해서 동의할 수 없지만, 백 연구위원에 따라 그대로 둔다. 참고로 말하자면, 필시 'political economy'의 번역어인데 뭐가 문제냐고 할지 모르지만, 그렇게 번역하는 것은, 우스갯소리 삼아 말하자면, 사람들이 사려 없이 '역전앞'이라고 하는 것과 같다. 'political econony'는 애초에 '가계(家計)' 정도를 의미하는 그리스어의 'οἰκονομία'(영어 economy의 어원)와 구별

정치경제학 체계를 자기 맘대로 창안했다면 모를까" 운운하고 있지만, 김 박사는 이렇게 실제로 "과학적인 정치경제학 체계를 전면 부정하고 새로운 정치경제학 체계를 자기 맘대로 창안"하고 있다.

그런데, 이 "새로운 정치경제학 체계"의 "창안"이, 불세출의 맑스-레닌주의자 백 연구위원의 눈에는 들어오지 않는다. 아니, 그에 전적으로 동의하여 "양적, 질적으로 중국"이 "사회주의적 성격"의 사회·국가임을 함께 주장한다. 나아가, 뒤에서 보겠지만, 중국의 자본수출을 그가, 자본의 수출이 아니라, '호혜 평등'에 기초한 '자본 교류' 운운하는 것도, 사실은 이렇게 새롭게 창안된 '정치경제학 체계'에 입각해서만 가능하다.

그런데, "자본의 일반적 성격...을 공유하긴 하지만, ... 착취를 배제한 특수 형식의 자본"?! — 참으로 "맑스주의로 세상보기"이고, 맑스-레닌주의적인 자본관(資本觀)이다!

아무튼 이들의 '입증'은 이렇게 이어진다:

> 그가 고용된 직장이 공기업인 이상, 그 공기업의 이윤(잉여가치의 전화형태)은 우선 국가에게 귀속되며, 다시 최종적으로 본인을 포함한 전체 인민에게로 되돌아오게 된다. 예컨대 현재 중국의 경우는, 국유기업→국유자산관리감독위원회 (혹은 재정

하여 그 대상을 사회 일반, 국가 일반으로까지 확대하기 위한 애덤 스미쓰에 의한(?) 신조어이고, '경제학'은 그 번역어이며, 경제학의 '경제'는 널리 알려져 있는 것처럼, '경국제세(經國濟世)' 내지 '경세제민(經世濟民)'의 약어여서, 그것에는 이미 'political'의 의미가 포함되어 있기 때문이다. 국내에서 ≪자본론≫을 번역하면서 그 부제 "Kritik der politischen Ökonomie" (A Critique of Political Economy)를 하나같이 "정치경제학 비판"으로 번역하는 데에 반해서, 나는 "경제학 비판"이라고 번역하는 것도 바로 그 때문이다.

부)→전국인민대표자회의→사회(전체 인민)의 순서를 밟게 된다. 당연히 이윤의 전 사회적 환원을 통해서 애초 그것을 생산했던 노동자 자신도 혜택을 보게 된다.

그렇다면 중국이 사회주의 국가라는 사실은 어떻게 입증할 수 있을까? 사적 유물론에 입각할 때 한 사회의 성격을 판단하는 기준에는 두 가지가 있다. 생산관계의 핵심인 '소유제'와 '국가의 계급적 성격'이 그것이다. 이 두 가지 기준 중 여기서는 생산관계(소유제) 측면을 중심으로 살펴보기로 한다.

이 기준에 입각할 때, 공기업이 국민경제 전반에 대한 확고한 주도성을 갖고 있는 중국사회에 대해서 우리는 사회주의라고 규정할 수 있다.

이것이, 즉 "중국 공기업은 '사회주의 시장경제 하의 자본'"이어서 "자본의 일반적 성격...을 공유하긴 하지만, 다른 한편에선 착취를 배제한 특수 형식의 자본이라고 할 수 있다"라고 선언하고 나서, 이러한 "공기업이 국민경제 전반에 대한 확고한 주도성을 갖고 있는 중국사회"이기 때문에 그 사회는 "사회주의라고 규정할 수 있다"는 것이 저들의, 즉 북경대 박사님과 불세출의 맑스-레닌주의자(mlkorea1917@daum.net)의, 중국이 사회주의적 성격의 사회·국가라는 '입증'이다! 핵심은, 중국의 공기업은 자본은 자본이되, '사회주의 시장경제 하의 자본'이어서 '착취를 배제한 특수 형식의 자본'이라는 "새로운 정치경제학 체계"이자, 동의반복(同義反復)이다!

한편, 이렇게 '중국의 공기업은 착취를 배제한 특수 형식의 자본'이라고 대못을 박고 나오시는데, "자본주의 내에도 공기업" 어쩌구 하며 '이의'를 제기하고 나서는 것 자체가 어리석은 일일 수밖에 없을 것이다. 그 때문에 김 박사의 다음과 같은 주장, 즉;

> 예컨대 2차 대전 직후 서유럽에서는 대대적인 국유화 바람이 불었지만, 국유화된 기간산업들은 일반적으로 민간 독점자본의 제반 비용을 낮추는데 주로 복무하였다. 따라서 그곳의 공기업 노동자들이 생산한 잉여가치 대부분을 자본가계급이 향유하였기 때문에 착취가 발생하였다고 할 수 있다. 또 당시 서유럽의 공기업들은 대부분 적자기업이었으며, 이윤을 창출할 수 있는 '알짜배기' 기업들은 민간자본에 맡겨졌다. 결국 이 같은 반쪽자리 공기업체계로는 '적자'의 누적 때문에 오래갈 수 없음이 판명되었다.

운운은 그렇다고 치고 넘어가되, 김 박사의 그 주장을 보강하려는 백 연구위원의 논설은 다른 의미에서 무척 흥미롭다. 그는 이렇게 말한다:

> 실제 1982년 초 프랑스는 사회당 미테랑 정부 하에서 서유럽에서 가장 거대한 공공부문을 보유한 나라였는데, 당시 공공부문 비중은 11퍼센트에서 22.2퍼센트로 늘어났고, 산업 매출액 중 공기업은 29.4%를 차지하게 되었다. 이것이 가능했던 것은 "프랑스 정부는 이미 다수의 저축 은행들을 소유하고 있었"고, "국유화된 기업들 중 상당수는 이미 사실상 공기업에 가까웠기 때문"(장석준, ≪...≫, ...)에 상대적으로 일부 기업에 대한 국유화를 하기에 손 쉬었다. 그러나 프랑스에서 미테랑 정부는 경제위기가 도래하고 유럽중앙은행이나 국제통화기금(IMF) 등 국제금융기관이 압박을 해오자 노동자 임금삭감과 정리해고, 복지후퇴 등 구조조정에 앞장서고 공기업의 사유화 정책에 적극 앞장서고 나서게 되었다. 운운. (강조는 인용자.)

우선, 또 한 사람의 천하의 '진보적' 지식인 혹은 그러한 논객 장석준을 인용하여, "'국유화된 기업들 중 상당수는 이미 사실상 공기업에 가까웠기 때문'...에 상대적으로 일부 기업에 대한 국유화를 하기에 손 쉬었다"? 즉, 공기업에 가까운 민간기업들? — 말하자면, 참으로 참신한 기업론 아니겠는가?!

그건 그렇고 정말 흥미로운 것은, "프랑스에서 미테랑 정부는 경제위기가 도래하고 유럽중앙은행이나 국제통화기금(IMF) 등 국제금융기관이 압박을 해오자 ..." 어쩌고저쩌고하는 부분이다.

무엇이 그리도 흥미롭냐고? 백 연구위원께서 얼마나 성실하고 믿을 수 있게끔 글을 쓰고 계시는가를 한눈에 보여 주기 때문에 흥미롭다. 그는 "공상주의 비판2 ... 보론 자본주의 국유화의 의미와 한계 — 유럽의 국유화 사례, 특히 프랑스 미테랑 사민당 정부를 중심으로, 노동자정치신문, 2020년 12월 11일을 살펴보기 바란다"라고 당부까지 하고 있다.

그런데, 그런데, — 미테랑은 1996년 1월 8일에 세상을 떠났고, 유럽중앙은행은 1998년에 창립되었다!

다시 그건 그렇고, "'사회주의 시장경제 하의 자본'"이자 "착취를 배제한 특수 형식의 자본"인 "공기업이 국민경제 전반에 대한 확고한 주도성을 갖고 있"기 때문에 "중국사회에 대해서 우리는 사회주의라고 규정할 수 있"고,[7] "심지어 중국에서는 존재하는 해외 자본이니[나: 인용자] 민간 자본조차도 중국 사회주의 경제를 뒷받침하는 보조적 역할을 수행하기도 한다"[8]는 주장에 대해서, 한 가지 더.

---

7) 여기까지는 김정호 박사의 주장.

8) "중국에선 자본주의적 생산관계 혹은 외국자본까지도 지배적인 사회주의적 생산관계인 국유경제와 집체경제를 보완하고 봉사하는 역할을 한다"는 김정호 박사의 주장의, 백철현 연구위원 판(版).

"공기업이 국민경제 전반에 대한 확고한 주도성을 갖고 있"다는 것을 주장 혹은 '입증'하려면, 무엇보다도 중국의 공기업이 중국의 '국민경제'에서, 다른 말로, 중국의 'GDP'에서 차지하는 비중을 제시해야 할 것이다. 그러나 두 사람 모두 주장만 할 뿐 그에 대한 어떤 자료도 제시하지 않고 있다.

그리하여, 참고로 제3자의 자료를 보면;

> 중국의 국유경제는 중앙정부 지방정부 국유기업으로 구성된다. 중국 전체 국내총생산(GDP) 산출 비중에서 중앙정부가 3%, 지방정부가 17%로 정부부문이 GDP 20%를 차지하며, 중앙과 지방의 국유기업이 GDP 20%를 점한다. 민간기업과 외자기업이 주도하는 민간경제는 GDP 60%를 생산한다.[9] (강조는 인용자.)

만일 이 자료가 사실이라면, 중국에서는 과연 "공기업이 국민경제 전반에 대한 확고한 주도성을 갖고 있는" 것이 사실일까? 그리하여 다른 것 다 눈 감더라도, "중국사회에 대해서 우리는 사회주의라고 규정할 수 있"는 것일까?

한편, 지금 인용한 자료에는 이렇게도 쓰여 있다:

> 중국이 참조모델로 상정하는 싱가포르는 정부가 18% 국유기업이 30%를 차지하며 정부 산하 3대 투자기관이 투자를 통해 경영에 관여하는 민간 상장회사나 합자기업까지 포함하면 국유경제 범위가 GDP 60%를 넘어 중국의 국유경제 비중보다 높다.(!) (강조는 인용자.)

---

9) 이창열 한국통일외교협회 부회장·중국사회과학원 경제학 박사, "[중국시평] 중국 국유기업 개혁과 '국진민퇴'", ≪내일신문≫(인터넷 판), 2022. 8. 18. <https: //m.naeil.com/news/read/432986>

역시 이 자료가 사실이라면, 그리고 저들의 '입증' 기준이 타당하다면, 싱가포르는 분명 '싱가포르 특색의 사회주의' 사회 · 국가일 것이다! — 아차, 싱가포르의 공기업은 "'사회주의 시장경제 하의 자본'" · "착취를 배제한 특수 형식의 자본"이 아니지! 아니, 그런데도 "중국이 참조모델로 상정"한다는데?....

이제, 딴 건 다 차치하고, 하나만 더. 백철현 연구위원은, 앞에서 얘기한 것처럼, "자본과 확대재생산의 두 가지 인식 오류"라는 소제목 하에 장황하게 김정호 박사를 '비판'하는데, 그 '비판'의 일환으로, "김정호 박사는 '공기업의 이윤(잉여가치의 전화형태)은 우선 국가에게 귀속되며, 다시 최종적으로 본인을 포함한 전체 인민에게로 되돌아오게 된다.'라고 강조하는데, 자신이 만들어낸 생산물의 결실을 다 받지 못하게 되는 것은 중국의 사회주의 시장경제에서 독특하게 나타나는 현상이 아니라, 낮은 수준의 공산주의, 즉 사회주의 일반에서 나타나는 현상이다"라면서, 맑스의 "고타 강령 비판"으로부터 상당히 긴 한 문단을 인용하면서도, 그 바로 앞의 문단에 대해서는 침묵한다. 더구나 자신이 인용하고 있는 문단 속에 2번이나 등장하는 "공제"가 무엇을 의미하는지를 알기 위해서는 자신이 침묵하고 있는 문단의 최소한 한 페이지 정도 앞에서부터라도 읽지 않을 수 없는데도 말이다.

그가 못 본 척 침묵하고 있는 문단은 다음과 같다:

> 조합적 사회, 즉 생산수단의 공유에 기초한 사회의 내부에서는 생산자들은 그들의 생산물들을 교환하지 않는다. 마찬가지로 여기에서는 생산물들에 투입된 노동이 이들 생산물의 가치로서, 즉 그들 생산물이 지닌 물적 속성으로서 나타나지 않는데, 왜냐하면 이제는, 자본주의 사회와는 반대로, 개인적 노동이, 더 이상 우회로를 통해서가 아니라, 직접적으로 [사회적: 역자] 총노동의 구

성부분으로서 존재하기 때문이다. …[10] (강조는 인용자.)

도대체 왜 침묵했을까?

누가 뭐라든 "맑스주의로 세상보기"를 하는, 명색이 맑스-레닌주의자인데, 이 문단의 내용은 "사회주의 시장경제" 운운하는 자신들의 주장을 뿌리로부터 통째로 부정한다는 걸 모를 리 없을 터. ㅡ 바로 그 때문에, 적어도 맑스에 의하면, 소위 '사회주의 시장경제', 혹은 '시장 사회주의' 따위는 결코 있을 수 없다는 것을 은폐하기 위해서 침묵했을 것이라고 말한다면, 과연 억측일까?

한편, 앞에서 본 것처럼, 김정호 박사와 백 연구위원은, "'사회주의 시장경제 하의 자본'" 혹은 "착취를 배제한 특수 형식의 자본"으로서의 "공기업이 국민경제 전반에 대한 확고한 주도성을 갖고 있는" '사회주의' "중국에선 자본주의적 생산관계 혹은 외국자본까지도 지배적인 사회주의적 생산관계인 국유경제와 집체경제를 보완하고 봉사하는 역할을 한다"거나, 같은 말이지만, "심지어 중국에서는 존재하는 해외 자본이니 민간 자본조차도 중국 사회주의 경제를 뒷받침하는 보조적 역할을 수행하기도 한다"(원문 그대로!)고 주장한다. 하지만, 실제로는 그 정반대다. 즉, 중국에 투자된 외국자본이나 자국의 민간자본조차도 '중국 사회주의 경제를 뒷받침하는 보조적 역할을 수행'하는 것이 아니라, 주식회사[股份有限公司]로 '개혁'되어 그 생산물을 상품으로서 생산하는 '공기업'들이 자본주의적 생산관계를 선도하면서, 그 "…경제를 보완하고 봉사하는 역할을" 해 온 것이다.

결국 '중국 특색의 사회주의'란 '중국 특색의 국가독점자본주

10) 칼 맑스, "고타 강령 비판", 채만수 역, ≪공산당 선언≫의 부록, 노사과연, 2022, pp. 144-145.

의'에 대한 '중국 공산당'과 중국 정부의 자칭(自稱)이다!

이상에서는, 김 박사가 내세우고 백 연구위원이 사실상 적극 동의하는, "'사회주의 시장경제 하의 자본'", 즉 "착취를 배제한 특수 형식의 자본"으로서의 '중국 공기업'이 "국민경제 전반에 대한 확고한 주도성을 갖고 있는 ... 사회주의"란, 자신들의 기준에 입각하더라도 진실이 아니라는 것, 나아가서, 적어도 맑스에 의하면, 소위 '사회주의 시장경제', 혹은 '시장 사회주의' 따위는 결코 있을 수 없다는 것이 명백해졌다.[11]

따라서 '다극화 포럼' 창립 기념 '심포지움'에서의 ≪울산함성≫ 김정호 박사의 다음과 같은 주장은 결코 진실이 아니다.

> 사실상 중국은 ... 현시기 다극화를 추진하고 있는 가장 강력한 주체이다. 그것은 브릭스의 핵이 중국이라는 사실만 보아도 쉽게 알 수 있다. 그렇다면 중국은 왜 ... 다극화를 추진할까? 그에 대한 규명은 우리가 오늘날 다극화의 성격을 판단하는 데 있어 매우 중요하다. 그것은 근본적으로는 중국이 사회주의국가라는 성격으로부터 기인한다. ...
>
> 여기서 우리는 현 국제질서의 변화를 추동하는 요인에 일극세력 대 다극화 세력 간의 대립 구도 외에, 또 하나의 대립축 즉 자본주의 대 사회주의 구도가 존재하는 것을 알 수 있다. 이는 현시기 다극화 국제질서의 '진보성'을 더욱 강화하는 근거이다. (자료집, p. 59. 강조는 인용자.)

11) 1920년대에 쏘련에서도 '신경제정책(NEP)'으로 알려진 시장경제를 부분적·제한적·한시적으로 도입·허용했지만, 그것을 결코 '사회주의 시장경제'라든가 '시장 사회주의' 따위로는 부르지 않았다. 그것은 진실 그대로 자본주의적 경제제도로 규정되었다.

그리고, 특히 그러한 '진보성'이 사실이 아닌 한, 류경완 이사장이 주장하는, "침략 · 살육 · 약탈, 강권과 전횡"의 세계로부터 "자주 · 평등 · 호혜 친선에 기초한 ... 세계"로의 "이행"도 물론 결코 아니다.

3. 다극화의 한 주역 러시아의 사회 성격 문제
―제국주의의 본질 · 정의 및 현대 제국주의의 문제를 겸하여

이 사회의 '진보진영' 일반에서, 앞에서 본 것처럼, "침략 · 살육 · 약탈, 강권과 전횡"의 세계로부터 "자주 · 평등 · 호혜 친선에 기초한 ... 세계"로의 이행이라며 반색하고 있는 '다극화'의 실상을 알기 위해서는 현 러시아의 사회 성격을 명확히 하는 것도 필요하다.

앞에서 수차 언급 · 인용한 '다극화포럼' '창립식 및 심포지움'의 자료집 ≪'다극화와 한반도'≫에서 ≪울산함성≫ 발행인 김정호 박사도 다음과 같이 말하고 있는 것처럼, 러시아 역시 다극화를 '추진'하는 주요 주체의 하나여서, 그 주체가 어떠한 사회인가는 다극화의 성격과 직결되어 있기 때문이다.

김정호 박사는 "다극화 국제질서의 인류사적 의미"라는 소제목하에 이렇게 말하고 있다.

> ... 화려한 개념어 이면에 있는 '계급적 색깔'을 주시해야 한다.
> 브릭스로 대표되는 다극화 주체들은 지금 인류의 역사적 성과인 민족자결 원칙과 국가주권 원칙의 의의를 충분히 인정한 기초위에서, '평등'과 '공정'의 규범적 가치를 더욱 확대 발전시키

> 는 국제질서의 수립을 목표로 내세우고 있다.(2009. 6. 16 브릭스 4개국 제1차 정상회담 후 발표한 <브릭스정상회담 에카테리나 회의 공동성명> 참조. 그리고 브릭스를 이끄는 두 나라인 중국과 **러시아** 양국 정상이 1997년에 공식 발표한 합의문 <중화인민공화국과 러시아연방의 세계 다극화와 신 국제질서 수립에 관한 공동성명> 참조) (자료집, p. 59. 강조는 인용자.)

저 자료집에 의하면, '심포지움'에서 김 박사는 러시아가 ('중국특색의 사회주의'와 같은, 어떤) 사회주의 사회, 사회주의 국가라고 명시하지는 않은 것 같지만, 적어도 은연중에 제국주의 사회, 제국주의 국가는 아니라고 주장하고 있다는 것은, 누가 보기에도 맥락상 명확할 것이다. 특히, 그가 판단하기에 러시아가 만일 제국주의 사회, 제국주의 국가라면, 아무리 천하의 김 박사라 하더라도, "'계급적 색깔'을 주시해야 한다" 운운하면서, "브릭스로 대표되는 다극화 주체들은 … '평등'과 '공정'의 규범적 가치를 더욱 확대 발전시키는 국제질서의 수립을 목표로 내세우고 있다"거나, 바로 연이어, "이러한 측면에서 보자면 다극화에 기초한 국제질서는 기존 신자유주의 국제질서와 비교할 때 훨씬 '진보적인 성격'을 갖는다" 운운할 수는 결코 없을 터이기 때문이다.

새삼스러운 얘기지만, 우리 연구소는, 그리고 그리스 공산당을 위시하여 (공산당 · 노동자당 국제회의, IMCWP에 참가하는) 대다수의 공산당들과 노동자당들은, 반혁명의 성공으로 쏘련이 해체된 이후의 러시아는 제국주의 국가라고 판단한다.

이에 반해서, 어떤 사람들은 정반대로 규정한다. 예컨대, 맑스-레닌주의자들임을 자임하는 '노정협'(백철현)은, 특히 "중국, 러시아제국주의론으로 무장하여 인민대중의 사상을 무장해제 시키는 서방제국주의의 동맹자 자칭 노동자혁명당과 맑스레닌주의를 표방하는 그 벗들"[12]이라는 글에서 러시아(와 중국)를 제국주의로 규정하는 입장을 가리켜 "경제주의"라고, 그리고 심지어 그러한 입장을 가진 단체·사람 모두를 싸잡아 "미제의 프로파간다, 제국주의의 인식에 사로잡혀 주구 노릇을 하는 세력들", "종파주의"·"기회주의"라고까지 '비판'(!)·비난한다. 우선 이렇게;

> 진보운동 진영 내에 명시적으로 친미 입장을 표명하는 세력은 드물지 몰라도 미제의 프로파간다, 제국주의의 인식에 사로잡혀 주구 노릇을 하는 세력들은 비일비재하다.
>
> 특히 미제를 주적으로 모든 인식과 역량을 쏟아 붓고 반미반제 투쟁을 하지 않고, 러시아, 심지어 중국을 제국주의로 보고 양비론적 입장에서 물타기하고 혼란을 주는 게 바로 기회주의고 종파주의다.

"... 서방제국주의의 동맹자 자칭 노동자혁명당 ..." 운운하는 글의 제목에서도, 그리고 "쏘련과 조선, 쿠바 등 현실사회주의를 타도했어야 하는, 지금 타도해야 하는 국가자본주의로 보는 가장 악명 높고 가장 종파주의적인 노동자혁명당이 트로츠키 ..." 운운하는 첫 문장에서도 알 수 있는 것처럼, '노정협'(백철현)의 저 글은, 적어도 그 분량으로 봐서는, 뜨로쯔끼주의자들의 일파인 자칭 '노동자혁명당(준)'의 주장과 그 오류들에 대한 비판이 주요 내용을 이루고 있다. 그리고 그러한 한에서는 위에서 인용한 '비판'(!)·비난은, 다소의 과장과 오류가 있긴 하지만, 대략 그런가 보다고 할 수 있다.

그런데 뜬금없이 비약하며, 글을 이렇게 끝맺는다.

12) https://mlkorea.org/v3/?p=13893 (2023. 6. 15.)

이들 악명 높은 트로츠키주의자들과 맑스레닌주의를 표방하는 그리스공산당, 국내 노동사회과학연구소가 러시아, 중국 제국주의론으로 대동단결한다는 것은 "정치는 생물이다"라는 부르주아 경구를 떠오르게 한다.

정치는 표변하는 것이 아니라 일관되고 원칙적이어야 한다. 그 속에서 자신을 벼리며 변화발전해야 한다. (강조는 인용자.)

그런데, 쏘련을 위시하여, 북의 조선이나 쿠바도 포함한 20세기 사회주의 국가들에 대한 저들 뜨로쯔끼주의자들 일반의 적대적인 태도 때문에 우리 연구소도, 그리스 공산당 등도 그들과는 화해할 수 없는 대립 관계에 있다는 사실은 '노정협'도 분명 모르지 않을 터!

그런데도 뜨로쯔끼주의자들의 일파인 자칭 '노동자혁명당(준)'이 러시아와 중국을 제국주의로 규정하고 있다는 사실 단 한 가지만을 들추며 우리 연구소와 그리스 공산당 등을 싸잡아 종파주의 · 기회주의라고, "미제의 프로파간다, 제국주의의 인식에 사로잡혀 주구 노릇을 하는 세력들"이라고 비난하는 저 고결하기 그지없는 동기와 저의(底意), 화려한 논법! — 맘껏 즐기시도록 내버려 둘 수밖에.[13)]

그건 그렇고, 우리의 주제로 돌아오면, 러시아와 중국을 제국주의로 규정하는 것을 가리켜 저들이, "레닌주의 제국주의론 및 현실 왜곡"이고 "반레닌적"이며 "**경제주의**"라고 비판 · 비난할 때, 이는 분명히 러시아와 중국이 독점자본주의임을 인정하는 위에서의 '비판' · 비난이다. — 즉, 러시아와 중국은 독점자본주의이지만 제국주의는 아니라는 주장이다.

같은 글에서의 '노정협'(백철현)의 발언을 인용하자면;

---

13) 아차! "정치는 표변하는 것이 아니라 일관되고 원칙적이어야 한다"? "그 속에서 자신을 벼리며 변화발전해야 한다"? — 다른 건 몰라도, 자신의 저간의 행적과 행태만은 한번쯤 되돌아보심이 어떨까?

이들의 러시아제국주의론 입장은 레닌의 제국주의론을 근거로 대고 있지만 철저하게 반레닌적이고 현실과 부합하지 않는다.

이에 대해서는 여러 번 다른 글에서 다뤄왔기에 짧게 말하면 독점이 제국주의의 경제적 기초지만 독점이[14] 곧 제국주의는 아니다.

이들의 논리대로라면 자유경쟁 시대가 아닌 독점자본주의 시대에 거의 모든 나라가 제국주의가 되게 된다.

이들의 제국주의론은 경제주의적이다.

레닌은 경제분석을 통해 제국주의의 본질과 제국주의, 즉 정치적 특성을 규명하려고 했다.

자본투자 수치가 별개로 중요한 것이 아니라 자본투자를 매개로 투자받는 나라를 경제적, 금융적으로 착취, 수탈하고 이권에 개입하고 특혜를 얻고 자주권을 말살하고 정치적 종속을 시키고 심지어 레짐체인지를 하고 침략을 자행하는 것을 봐야 한다. (강조는 인용자.)

참으로 희대의 · 불세출의 맑스-레닌주의자다운 말씀이다![15]

이러한 주장이 과연 얼마나 레닌주의적일까?

"레닌주의 제국주의론"에 의하면, 독점자본주의가, 그의 표현으로는 "독점이" "곧 제국주의는 아니다"?

그렇다면 당연히 우리는 "레닌주의 제국주의론", 특히 레닌의

---

14) 여기에서 "독점이"는 분명 "독점자본주의가"의 의미일 것이다. (인용자.)

15) 참고로, 저 인용문 속의 "이들"이란 직접적으로는 '노동자혁명당(준)'을 가리키지만, 앞에서 본 것처럼, "이들 악명 높은 트로츠키주의자들과 맑스레닌주의를 표방하는 그리스공산당, 국내 노동사회과학연구소가 러시아, 중국 제국주의론으로 대동단결한다는 것은 …" 운운하는 것에서도 알 수 있는 것처럼, 실제로는 우리 연구소나 그리스 공산당 등등, 러시아(와 중국)를 제국주의로 규정하는 입장 모두를 싸잡아 일컫고 있다.

≪제국주의론≫을 먼저 확인해 보아야 한다. — 레닌은 제국주의를 과연 어떻게 정의·규정하고 있는지를!

≪제국주의론≫(≪제국주의, 자본주의의 최고의 단계≫)에서, 간단히만 인용하자면, 레닌은 이렇게 말하고 있다.

> 제국주의를 가장 간단하게 정의할 필요가 있다면, 제국주의란 자본주의의 독점 단계라고 말하지 않으면 안 된다. …
> … 제국주의란 독점기업들과 금융자본의 지배가 확립되고, 자본의 수출이 현저한 중요성을 획득했으며, 국제적 트러스트들 사이에서의 세계 분할이 시작되었고, 가장 거대한 자본주의 열강 사이에서의 지구상의 모든 영토의 분할이 완료된 발전 단계에 있는 자본주의인 것이다.[16] (강조는 인용자.)

나아가, 레닌의 ≪국가와 혁명≫으로부터도 한 구절만 인용하자면, 이렇게 말하고 있다.

> 제국주의는, 즉 은행자본의 시대, 즉 거대한 자본주의적 독점기업들의 시대, 즉 독점자본주의의 국가독점자본주의로의 성장전화의 시대는[17] 군주제 국가들에서도, 가장 자유로운 공화제 국가들에서도, '국가기구'의 비상한 강화를, 그리고 프롤레타리아트에 대한 억압 조치들의 강화와 관련된 국가기구의 관료적·군사적 기구의 유례없는 확대를 보여 주고 있다.[18] (강조는 인용자.)

---

16) *Lenin Werke,* Bd. 22, S. 270-271.; ≪제국주의론≫, 남상일 역, 백산서당, 1988, p. 122.

17) 참고로 여기까지가 영어판(*Lenin Collected Works,* Vol. 25, p. 410)에는, "제국주의—은행자본의 시대, 거대한 자본주의적 독점기업들의, 독점자본주의의 국가독점자본주의로의 발전의 시대—는"으로 되어 있다.

18) ≪국가와 혁명≫, *Lenin Werke,* Bd. 25, S. 423.

레닌의 이러한 정의 · 규정들이, 한 치의 오해의 여지도 없이, 명확히 하고 있는 것은 무엇인가?

그것은 무엇보다도, 제국주의란 자본주의의 독점 단계, 즉 독점자본주의라는 것이다. ― 그리하여, 다름 아니라, 독점자본주의 러시아[19]를 제국주의로 규정하는 우리 연구소나 그리스 공산당 등등을 가리켜, "레닌주의 제국주의론 및 현실왜곡"이니, "반레닌적"이니, "경제주의"니 하며 모략하는 저들이 그 얼마나 희대의 맑스-레닌주의자들인가를 웅변하는 것이다!

그러나, 이렇게 지적한다고 해서 순순히 수긍한다면, 희대의 · 불세출의 맑스-레닌주의자가 아닐 터! 어쩌면 이렇게 반박할지도 모른다. ― 바로 그래서 당신들의 '제국주의론은 경제주의적이다.' 당신이 방금 인용한 나의 글을 다시 봐라. 거기에서 나는 "레닌은 경제분석을 통해 제국주의의 본질과 제국주의, 즉 정치적 특성을 규명하려고 했다. / 자본투자 수치가 별개로 중요한 것이 아니라 자본투자를 매개로 투자받는 나라를 경제적, 금융적으로 착취, 수탈하고 이권에 개입하고 특혜를 얻고 자주권을 말살하고 정치적 종속을 시키고 심지어 레짐체인지를 하고 침략을 자행하는 것을 봐야 한다"고 쓰고 있지 않은가?!

그가 같은 글에서 당당히(!) 제시하는, 말하자면, 현실적 근거는 다음과 같은 것들이다.

---

19) 저들의 "쏘련은 해체 중? 러시아 사회성격에 대한 새로운 시각"(https: //mlkorea.org/v3/?p=15660)이라는 글은 이렇게 시작된다. ― "해가 동쪽에서 떠서 서쪽으로 지는 것만큼, 소비에트연방(쏘련)이 해체되고 러시아에 자본주의가 복고되었으며 올리가르히(재벌)가 인민이 소유했던 러시아 주요 산업을 소유하게 되었다는 사실은 자명한 진리다." (강조는 인용자.)

> 일단 간명한 논의를 위해 다른 것은 차치하고, 브릭스 국가들 내에서 제국주의적 수탈과 지배가 존재하는가.
>
> 상호 존중과 호혜를 바탕으로 하고 있는가.
>
> 러시아가 한국에 대해 미제 위시 서방제국주의자들이 자행한 군사적, 정치적 지배를 한 적이 있는가. 초과이윤을 수취하고 경제지배를 한 적이 있는가.
>
> 러시아가 서방제국주의자들처럼 대북적대에 앞장선 적이 있는가.
>
> 러시아가 대북 침략책동을 하고 경제제재에 앞장선 적이 있는가.
>
> 러시아가 쿠바, 베네수엘라에 대한 침략책동을 일삼고 경제제재에 앞장선 적이 있는가.
>
> 반대로 실상을 보면, 러시아는 이들 나라들의 자주권을 존중하고 서방의 제재에 활로를 불어넣어주고 있으며 호혜적 교류를 하고 있다.
>
> 중국은 두 말할 나위가 없다.

우선, 엄청난 량의 자본을 수출하고는 있지만, 그것은 "제국주의적 수탈" 혹은 "초과이윤"의 "수취"를 위한 것이 아니라 "호혜적 교류를 하고 있"는 것이라는 것이다.

그런데, "호혜적 교류를 하고 있다"? ㅡ 도대체 누구와 누가 호혜적 교류를 하고 있단 말인가?

굳이 "호혜적 교류를 하고 있다"고 말한다면, 그것은 어느 자본의 수출입에서도 그러한 것처럼, 자본을 수출-수입하는 저들 자본가들끼리 "호혜적 교류를 하고 있"는 것 아닌가? 그들끼리 '호혜적으로' 노동자 · 인민을 착취하기 위해서! 그런데도 마치 자본을 수출하는 주체들(그것이, 예컨대, 러시아라는 국가든, 그 러시아의 사적 자본가들이든)과 자본이 유입되는 국가 · 지역의 노동자 · 인민대중이 "호혜적 교류"라도 하고 있는 듯이 말하고 있다! 그럼으로써, 그들 자본에 얽힌 착취 · 억압 관계를 은폐하고 있다!

그러면서, "러시아가 서방제국주의자들처럼 대북적대에 앞장선 적이 있는가"라거나, "러시아가 대북 침략책동을 하고 경제제재에 앞장선 적이 있는가"라거나, 혹은 "... 쿠바, 베네수엘라에 대한 ..." 운운하며 묻고 있다.

그렇다면, 되묻고 싶다. ㅡ 미제의 침략 · 전쟁 위협 때문에 서로가 서로의 지지 · 지원이 필요한 현 조건 하에서 러시아가 당장 "대북적대", "대북 침략책동", "(대북) 경제제재" 등등에 "앞장"설 이유가 있겠는지?[20] 2022년 1월에 카자흐스탄의 노동자 · 인민이 대대적으로 반정부 시위에 나섰을 때, 러시아가 반노동자 · 인민적 카자흐스탄 정부의 편에 서서 무력으로 개입하고 나선 것에 대해서는 어떻게 생각하시는지? 우크라이나 전쟁을 계기로, 특히 아프리카 여러 나라에 투자된 러시아 자본의 방위군으로서의 그 정체가 만천하에 드러난, 러시아 국가가 재정을 지원하는 '사병(私兵)' 집단, 저 Wagner 그룹(PMC Wagner)에 대해서는 어떻게 생각하시는지? 등등. 혹은 중국과 관련해서는, 예컨대, 중국에 대한 부채를 빌미로 한, 스리랑카의 함반토타(Hambantota) 항구와 그 일대의 '99년간의 조차(租借)'에 대해서는 어떻게 생각하시는지?

"<u>레닌은 경제분석을 통해 제국주의의 본질과 제국주의, 즉 정치적 특성을 규명하려고 했다</u>"면서도, 이어서 "<u>자본투자 수치가 별개로 중요한 것이 아니라 ...</u>" 운운하면서 저렇게 묻고 나설 때, 그 바탕에

---

20) 사실, 신식민지 파쑈 지배하라는 우리의 상황을 고려한다면, 현재의 국제 정세에서, 혹은 현시대의 제국주의 열강 간의 대립, 구체적으로는 미-러 대립이나, 미-중 대립에서, 조선민주주의인민공화국이나 쿠바 등이 러시아 및 중국과의 관계에서 취하고 있는 태도, 그리고 취할 수밖에 없는 태도, 그 특수한 관계와 태도는 지금 우리가 섣불리 다루기에는 분명 적절하지 않은 문제이다. 그런데도 저들은 그 특수성을 무시한 채 제멋대로 일반화하면서 제멋대로 떠들어 대고 있다. 뭐라고 떠들어 대든, 그것은 저들의 몫이지만.

는 분명, "자본의 일반적 성격—자기 자신의 증식과정을 실행할 수 있는 가치—을 공유하긴 하지만, … 착취를 배제한 특수 형식의 자본" 운운을 복창하는, 불세출의 맑스-레닌주의자 특색의 레닌주의 제국주의론이 존재할 터이다.

다름 아니라, 그는 — 예전에 카우츠키가 "제국주의의 정책(Politik)을 제국주의의 경제로부터 분리"[21]했던 것처럼— 제국주의의 '정치적 특성'을 그 경제적 기초로부터 분리하고 있다.

카우츠키는 제국주의를 이렇게 정의하고 있다.

> 제국주의는 고도로 발전한 산업자본주의의 산물이다. 제국주의는, 거기에 어떤 민족(Nation)이 살고 있든 개의치 않고, 갈수록 거대한(immer großer) 농업 지역을 예속시키고 병합하려는, 모든(jeder) 산업자본주의 민족의 열망이다.[22] (강조는 원문대로.)

그런데 이와 관련하여 레닌은 우선 다음과 같이 말하고 있다.

> … 제국주의의 정의에 관해서는 … 우리는, 무엇보다도, … 칼 카우츠키와 논쟁하지 않으면 안 된다. … 우리의 제국주의 정의 속에 표현되어 있는 근본적 사상들을 카우츠키는 1915년과 1914년에 아주 단호하게 공격했는데, 심지어 1914년에는 그는, 제국주의는 경제의 어떤 '국면' 혹은 단계로서가 아니라 어떤 정책, 즉 금융자본에 의해 '선호되는' 어떤 특정한 정책으로 간주되어야 한다고; 제국주의는 '현대 자본주의'와 '동일시'되어서는 안 된다고; 제국주의가 만일 '현대 자본주의의 모든 현상들' —카르텔들, 보호 관세들, 금융업자들의 지배, 그리고 식민 정책

21) *Lenin Werke*, Bd. 22, S. 274.; 남상일 역, 앞의 책, p. 126.
22) *Die Neue Zeit*, 1914년(제32년차 간행본) 제2권, [제21호], 1914, 9. 11. S. 909.; *Lenin Werke*, Bd. 22, S. 272에서 재인용.; 남상일 역, 같은 책, p. 124 참조.

—을 의미하는 것으로 이해되어야 한다면, 자본주의에 제국주의가 필연적인가 어떤가 하는 문제는 '극히 맥 빠진 동어반복'으로 환원되는바, 왜냐하면, 그 경우 '제국주의는 당연히 자본주의에 있어 생사가 걸린 필연적인 것'이기 때문이라고, 등등까지 운운했다. 카우츠키의 사상 … 그 자신의 제국주의 정의, 그것은 내가 제시한 사상들의 핵심과 정반대이다.[23] (강조는 인용자.)

그리고 제국주의에 대한 카우츠키의 위의 정의(定義)를 여러 측면에서 비판하면서, 특히 다음과 같이 말하고 있다.

카우츠키의 정의는 단지 잘못되고 비맑스주의적일 뿐만이 아니다. 그것은 맑스주의의 이론과도, 맑스주의의 실천과도 모든 노선에서 단절되어 있는 견해들의 모든 체계의 토대로서 기능하고 있다. … 문제의 본질은, 카우츠키가 제국주의의 정책을 그 경제로부터 분리하고, 그럼으로써 그가 병합을 금융자본이 '선호하는' 정책이라고 말하며, 금융자본이라는 바로 그 동일한 기초 위에서 가능하다는 다른 부르주아적 정책을 그것에 대치시키는 것이다. 그리하여, 마치 경제에서의 독점이 정책에서의 비독점적 · 비폭력적 · 비병합적 행태(Vorgehen)와 양립할 수 있는 것처럼 된다. 마치 금융자본의 시대에 완료되었고, 자본주의 강대국들 사이의 현재의 경쟁 형태의 특성의 토대를 이루고 있는 세계의 영토적 분할이 비제국주의적 정책과 양립할 수 있는 것처럼 된다. 그 결과는, 자본주의의 최신의 단계의 가장 근본적인 모순들의 심부(深部)를 폭로하는 대신에, 그 모순들을 은폐하고 둔화시키는 것, 즉 그 결과는 맑스주의 대신에 부르주아 개량주의이다.[24] (강조는 인용자.)

---

23) *Lenin Werke*, Bd. 22, S. 271-272.; 남상일 역, 같은 책, p. 123.
24) *Lenin Werke*, Bd. 22, S. 274.; 남상일 역, 같은 책, pp. 125-126.

어떤가? 레닌이, 제국주의에 대한 자신의 사상의 핵심과는 정반대(direkt gegen)라고 말하고 있는, 제국주의에 대한 카우츠키의 사상과, 독점자본주의가 "곧 제국주의는 아니다"며, 독점자본주의가 곧 제국주의라는 "이들의 논리대로라면 자유경쟁 시대가 아닌 독점자본주의 시대에 거의 모든 나라가 제국주의가 되게" 되어, "이들의 제국주의론은 경제주의적"이라고 '비판'하는 우리의 저 불세출의 맑스-레닌주의자의 사상 사이에 과연 어떤 의미 있는 차이가 있는가? 러시아는 엄청나게 자본을 수출하고 있는 독점자본주의이지만 제국주의는 아니며, 중국은 엄청나게 자본을 수출하고 있지만 '(중국 특색의) 사회주의'여서 제국주의가 아니라고 강변하는 저 사상과 카우츠키의 사상 사이에 과연 어떤 의미 있는 차이가 있는가?

카우츠키의 제국주의론에 대한 레닌의 저 비판을, 카우츠키 대신에 우리의 불세출의 맑스-레닌주의자로 바꾸어 읽으면 무리가 있을까?

우리의 저 불세출의 맑스-레닌주의자는 카우츠키주의를 레닌주의라고 팔아먹고 있는 것은 아닐까?

저 희대의 맑스-레닌주의자의 목소리가 워낙 높아서, 제국주의에 대한 이해를 명확히 하는 것이 무척 중요하기 때문에 조금만 더 다뤄 보자.

그는, "[국제공산주의 운동의 첨예한 쟁점들4-1] ≪'제국주의 피라미드론'은 제국주의론이 아니라 부르주아 국제주의론≫"에서, 그리스 공산당이 현재의 제국주의 세계 구조 혹은 그 질서를 '피라밋'에 비유하며, 다음과 같이 말하고 있는 것에 대하여 기회주의이며, '고답주의적'이고, 반레닌주의적이라고 통렬히 비판한다.

우선, 그리스 공산당은, '노정협'의 번역을 그대로 옮기자면, 이렇게 얘기하고 있다.

제국주의는 독점 자본주의다. 현 제국주의 체제에서 모든 자본주의 국가는 여기에 통합되어 있으며 불평등한 상호의존, 경쟁, 협력의 관계로 특징지어진다. 이것은 확실히 그들이 같은 힘과 능력을 가지고 있다는 것을 의미하지는 않는다. 그것은 모든 부르주아 계급이 전리품의 공유, 전 세계 노동계급이 생산한 잉여가치의 공유에 각국의 정치적, 군사적, 경제적 힘을 기반으로 참여한다는 것을 의미한다.("이른바 세계반제국주의 플랫폼과 그 파괴적이고 혼란스러운 입장에 대하여", 그리스공산당 중앙위원회 국제관계부, 2023년 4월 10일)[25)]

그리고, 이에 대한 '노정협'(백철현)의 '비판'의 서두 부분을 여기에 옮기자면, 이렇다.

"모든 자본주의 국가"가 제국주의 체제에 통합되어 있다는 것은 분명한 사실이지만, 그것이 제국주의 지위를 가지고 통합되어 있다는 것을 의미하지는 않는다. 이 관계는 그리스공산당의 주장대로 "불평등한 상호의존, 경쟁, 협력"을 배제하지는 않지만, 이어느 정도 수평적인 상호관계가 본질적인 관계가 아니다. 제국주의 체제 내에는 제국주의 국가와 (신)식민지 국가, 억압 하고 지배하는 국가와 지배받는 국가, 종속하는 국가와 종속된 국가로 나눠져 있다. 전자는 소수고 후자는 압도적 다수다. 그러나 그리스공산당은 독점이 형성된 "모든 자본주의 국가"가 제국주의 피라미드 구조 속에서 점하는 위치는 달라도 모두 제국주의 국가이기 때문에 "불평등"하기는 해도 상호의존, 경쟁, 협력을 본질로 보고 있다.

---

25) http://mlkorea.org/v3/?p=13646; 참고로, 그리스 공산당의 이 글의 원래의 영문 제목은 "On the so-called World Anti-Imperialist Platform and its damaging and disorienting position"이다.

> 심지어 그리스공산당은 "모든 부르주아 계급이 전리품의 공유"에 참여하고 있다고까지 주장한다. 자본주의 각국이 각 나라의 착취자들의 국가이기 때문에 각 나라 노동자의 총합으로서 "전 세계 노동계급이 생산한 잉여가치의 공유에 각국의 정치적, 군사적, 경제적 힘을 기반으로 참여"하는 것은 분명하다. 그러나 그리스공산당이 말하는 "전리품의 공유"는 레닌이 ≪제국주의론≫에서 주장한 한 줌도 안 되는 제국주의 국가들이 전 세계 피억압 민족, 국가, 노동자 계급을 착취와 억압, 수탈하며 세계를 분할하고 재분할하기 위해 전쟁을 벌이고 각축전을 벌이는 것과 의미가 전혀 다르다.

결국 '모든 자본주의 국가'가 독점자본주의이긴 하지만, "레닌이 ≪제국주의론≫에서 주장한 한 줌도 안 되는 제국주의 국가들"을 제외하고는 제국주의 국가들이 아니라는 주장이다. 그러나 앞에서도 확인한 것처럼, 레닌은 제국주의를 "자본주의의 최고의 단계", 즉 독점자본주의로 규정하고 있다. 그리고 그의 ≪제국주의론≫이 집필 · 발표될 당시(1916-1917)에는 '독점자본주의' 국가는 분명 '한 줌도' 안 되었다. 그러나 지금은 어떤가? 아직도 한 줌도 안 된다?

'노정협'(백철현)이 말하고자 하는 것은, "제국주의 체제 내에는 제국주의 국가와 (신)식민지 국가, 억압 하고 지배하는 국가와 지배받는 국가, 종속하는 국가와 종속된 국가로 나눠져 있"으며, "전자는 소수고 후자는 압도적 다수다"라는 것, 그리고 이 압도적 다수는, 독점자본주의이더라도, 결코 제국주의일 수 없다는 것이다. ─ (그럴싸하게 들린다.)

그리하여 이렇게 '비판'한다. ─ "그리스공산당은 '제국주의 피라미드론'에 의하여 러시아와 중국, 인도와 브라질, 멕시코, 그리스, 남아프리카공화국, 한국 등을 모두 제국주의로 본다." 결코 제국주의이지 않은 이들 국가를 제국주의로 본다는 뜻이다.

다른 나라들은 다 그만두고, 한국을 보자.

한국은 신식민지 국가, 종속된 국가인가, 아닌가? — 분명 신식민지 국가, 종속된 국가이다! 그러면, 한국은 제국주의인가, 아닌가? — "그리스공산당은 ... 한국 등을 모두 제국주의로 본다"고 '비판'할 때, 그 '비판'은 분명 '한국은 결코 제국주의가 아니다'(!)라는 뜻이다.

한국은 과연 제국주의가 아닐까? — 그렇다면, 한국이 중국이나 동남아시아 국가들에, 그리고 미국 등에도 엄청난 자본을 수출하고 있는 것은, 혹시, 착취를 위해서가 아니라, 그들 국가 · 지역의 노동자 · 인민들과의 상호 존중, 호혜 · 평등을 위해서?

개인적 경험이라면 개인적 경험이랄 수 있는 것을 여기에 적는 것이 과연 적절한지 모르겠지만, 1997년 여름에 마닐라 근교에서 있었던, 아시아 지역 노동 관련 단체들의 한 모임에 다른 한 동무와 함께 참석한 적이 있다. 그런데 우리가 한국에서 왔댔더니, 동남아 여러 나라들에서 온 노동자들이 이구동성으로 하는 말. — "Korean investors are brutal!(한국의 투자자들은 잔혹하다!)"

'아니? 배은망덕도 유분수지! 상호 존중과 호혜 · 평등을 위해서 자본을 교류했더니, brutal이라니!' 하고, 개탄이야 설마 안 하시겠지?

4. 이른바 '다극체제'의 세계상(世界像)

현재 진행 중인 자본주의 세계질서의 소위 다극화는, 예컨대, '다극화포럼'의 여러 '진보적' 지식인들이 반색하는 것과 같은, "침략 · 살육 · 약탈, 강권과 전횡"의 세계로부터 "자주 · 평등 · 호혜 친선에 기초한 ... 세계"로의 이행이 결코 아니다. 그것은,

하물며 ≪울산함성≫ 발행인 김정호 박사님 등이 주장하시는 것처럼, 그 "변화를 추동하는 요인에 일극 세력 대 다극화 세력 간의 대립 구도 외에, 또 하나의 대립축 즉 자본주의 대 사회주의 구도가 존재하는 것", 그리하여 "현시기 다극화 국제질서의 '진보성'을 더욱 강화하는" 과정이 결코 아니다.

현재 진행 중인 다극화는 제국주의 세계질서의 다극화이며, 따라서 그것이 형성하는 자본주의 세계질서 혹은 그 '다극체제'는, 거듭 말하지만, 다극의 제국주의 체제이다. 현재의 조건에서 그 다극화의 양상은 물론 '미제 일극 지배체제'에서 '다극체제'로 변화이다. 하지만, 그럼에도 불구하고 그 '다극체제'는 여전히 제국주의 체제, 제국주의 다극체제인 것이다.

참고로, '일극체제'니, '다극체제'니 하는 말들은 오래되었어야 근래 30여 년의 것이지만, '미제의 쇠퇴'에 관한 논의는 그 역사가 꽤 길다. 대표적으로, 예컨대, 1950년대 말 이후 소위 '골드러시'[26] 끝에 드디어 1971년 8월 15일에 미국이 '금 교환정지'를, 즉 본래의 'IMF체제'=브레튼우즈 체제의 종언을 선언했을 때가 그랬고, 그 직후 미제가 월남전에서 패배했을 때가 그랬다. 그리고 2021년에 미군이 아프가니스탄에서 철수했을 때부터는 그 언설이 마침내 '미제 쇠망'으로까지 발전하였다. 또한 이른바 '다극체제'가 간간이 화제가 되다가, 우크라이나 전쟁을 계기로

26) 남발로 인해 불환지폐 달러화의 가치가 저하되고 있었음에도 불구하고 미국 정부가 인위적·법률적으로 달러화의 가치를 금 1/35온스의 가치로 규정하고 있었기 때문에, 금의 그러한 '공정가격'의 머지않은 폐기를 예상한 투기꾼들이 런던과 쮜리히 등의 '자유 금시장'에서 대대적으로 달러를 방매하며 금을 사들이던 현상. 이 '골드러시'와 그 귀결로서의 1971년 8월 15일 미국의 '금 교환정지', 그에 따른 본래의 'IMF체제'=브레튼우즈 체제의 종언에 관해서는 나의 ≪노동자 교양경제학≫의 제11강 국가독점자본주의 중 "'골드러시'와 IMF체제의 붕괴" 참조.

많은 사람들이 사실상 '미제의 패배 · 패망'을 '확신'하며 떠들어대고 있다.

그런데, 과연 무슨 근거로 우크라이나 전쟁에서 '미제의 패배 · 패망'을 전망, 나아가 확신할 수 있는 것인지? 아프가니스탄 전쟁에서는 미제가 정말 패배한 것인지?[27] — 혹시 객관적인 정세 파악이 아니라, 자신들의 소망을 투영한 '정세 읽기', 시쳇말로 '정신 승리' 비슷한 것은 아닌지?

현재 자본주의 세계질서가 이른바 '다극체제'로 내닫고 있는 것은 자본주의의 경제적 발전 법칙, 특히 제국주의 시대에 더욱 현저해지는 자본주의 경제의 불균등 발전 법칙이 관철되고 있는 현상이며, 그 근저에는 잉여노동의 착취와 이윤, 축적에 대한 거대 독점자본들의 불타는 갈망이 있다.

그리하여 소위 '다극체제'는 오늘날 '다극화'에 반색하는 사람들이 명시적으로, 혹은 암암리에 주장하는 미래, 즉 미제의 지배로부터 해방된 '비제국주의적 다극체제' 혹은 그러한 다극의 세계와는 전혀 다른 세계이다.

---

27) 아프가니스탄 전쟁에서의 '미제의 패배'를 떠드는 사람들은, 탈레반은 다름 아니라 미제가 육성한 극히 반동적인 세력, 즉 아프가니스탄에서의 1978년 4월 혁명으로 탄생한, 사회주의 지향의 친쏘 인민민주당 정권을 붕괴시키기 위해서 미 CIA가 육성한 세력이라는 사실에 대해서는 물론이고, 2021년 8월 미제가 '패배'(?)하여 아프가니스탄에서 철군하면서 엄청난 량의 군장비 · 무기를 현지에 남겨 두고 나온 미제의 '속셈'이 무엇이었겠는가에 대해서도 사실상 침묵한다. 미제는, 일찍이 그해 5월부터 철군 계획을 공표하고 있었는데, 과연 패배한 나머지 경황이 없어서 그 많은 무기들을 남겨 둔 채 도망칠 수밖에 없었던 것일까? 백 보 천 보 양보해서 미제가 정말 패배했다고 하더라도, 아프가니스탄의 인민은 과연 해방된 것인가? 혹은 탈레반 치하에서 그 상태가 조금이라도 나아진 것인가, 아니면 악화된 것인가? — 미제의 아프가니스탄 전쟁의 목표 · 목적은 무엇이었는가?

'다극화'에 의한 자본주의 세계질서의 다극체제, 다극의 제국주의는, 저들의 주장과는 정반대로, 시장과 자원의 지배를 둘러싼, 즉 세계의 재분할을 위한 제국주의 열강 간의, 제국주의 블록 간의 갈등 · 대립이 격화된, 그리고 더욱 격화되는 세계이다. 제국주의 간 전쟁의 위협이 상존할 뿐 아니라, 아직도 진행 중인 우크라이나에서의 전쟁처럼 제국주의 간 전쟁[28]이 현실화하는 세계이다. 그리하여 그것은 자칫 인류의 사실상의 멸망을 초래할 새로운 세계 대전의 전야일 수도 있다. — 20세기의 제1차 · 제2차 세계 대전은 '다극'의 제국주의 체제가 야기한 역사의 참극이 아니었던가!

자본주의 '다극체제'의 세계를, 명시적으로든, 암묵적으로든, '비제국주의적 다극체제' 혹은 그러한 다극의 세계라고 주장하는 것은, 역사와 제국주의라는 현실에 애써 눈을 감는 것이며, 전쟁에 광분하는 미제의 '일극 지배'만 아니면, 제국주의 세계 체제에서도 평화가 가능하다는 주장, 즉 카우츠키류의 '초제국주의론'의 현대판이다. 그리하여 제국주의에 대한 노동자 · 인민대중의 과학적 인식과 투쟁을 방해하고 무력화하는 주장이다.

덧붙여 말하자면, 이른바 '다극체제'가 그 자체로서 미제의 '쇠망'을 의미한다는 주장에 대해서는 언급할 가치도 없거니와, 미제의 '쇠퇴' 운운에 대해서도 그 의미를 명확히 해야 한다. 널리

---

28) 이렇게 "우크라이나에서의 전쟁처럼 제국주의 간 전쟁"이라고 얘기하면, 우리의 불세출의 맑스-레닌주의자께서는 격분 · 광분할 것이다. 우크라이나에서의 러시아의 전쟁은 (특히 돈바스 지역의 친러시아 자본의 이해가 아니라) 우크라이나 인민의 이해를 반영하는 정의의 '특별군사작전'인데, "미제의 프로파간다, 제국주의의 인식에 사로잡혀" "양비론으로 위장하여" "서방 제국주의의 이해에 복무하"며, 그 "주구 노릇을 하고" 있다고.

보아 그 '쇠퇴'를 말할 수는 있겠지만, 미제가 '절대적으로' 쇠퇴하고 있는 것은 결코 아니기 때문이다.

미제의 경제력이나 군사력은 물론이요, 국제 정치상의 그 영향력도 절대적으로는, 쇠퇴하고 있는 것이 아니라, 증대하고 있다. 그렇지 않다면, 무엇보다도, 예컨대, 미제가 주도하는 NATO 회원국 수의 증대는 어떻게 설명될 수 있겠는가?

결국, 미제의 '쇠퇴'는 '상대적' 쇠퇴인 것이다. 다시 말하지만, 미제가 절대적으로 쇠퇴하고 있는 것이 아니라, 다만 자본주의의 불균등 발전 법칙의 관철로 '상대적으로', 즉 최근 수십 년 동안 상대적으로 더욱 급속히 성장해 왔고 성장하고 있는 국가들에 비해서 '상대적으로' 쇠퇴하고 있는 것이다. 그리하여, 예컨대, 현재 심히 격화되고 있는 미국과 중국의 갈등 · 대립은, 누구나 인정하지 않을 수 없는 것처럼, 최근 수십 년 사이에 급속하게 성장하며 대외적으로 팽창하고 있는 중국과, 자신의 국제적 영향력을 이용하여 그것을 억제하려는 기존의 패권국 미국 간의 갈등 · 대립이다. 그리하여 중국의 성장세가, 세계의 상품 및 원자재 · 자원의 시장에 대한 중국의 지배력이 급속히 증대하면 증대할수록, 그리고 그에 따라 특히 자본주의 세계 시장에서의 전반적 과잉생산과 그로 인한 공황과 침체가 심화되고 장기화될수록, 미-중 간의 갈등과 대립은 그만큼 더욱 격화될 수밖에 없다.

미제, 나아가 제국주의 일반의 분쇄 · 극복은, 결코 자본주의 세계질서의 '다극화' · '다극체제'에 의해서가 아니라, 오로지 노동자 · 인민의 혁명에 의해서만 가능하다.

5. 제국주의의 다극화 혹은 다극의 시대
자본의 지배와 정치

거듭 강조하지만, 현재 진행 중인 자본주의 세계질서의 소위 다극화는 결코 "침략 · 살육 · 약탈 · 강권과 전횡"의 세계로부터 "자주 · 평등 · 호혜 친선에 기초한 세계"로의 이행이 아니다. 그것은 제국주의의 다극화이며, 따라서 소위 극을 이루는 제국주의 강대국들 사이의 시장 쟁탈전과 갈등 · 대립 · 적대가 격화되는 시대로의 이행이며, 최악의 경우 새로운 세계 대전, 인류의 사실상의 절멸로 이어질 수도 있는 위험성을 보다 더 짙게 내포한 시대로의 이행이다.

그리고 제국주의 강대국들 사이의 이러한 시장 쟁탈전과 갈등 · 대립 · 적대의 격화는 당연히 자본주의 세계 각국 내부의 상황에도, 특히 그 노동자 · 인민에게 부정적 영향을 미치지 않을 수 없다. 그러한 조건 속에서 살아남고, 축적을 계속하기 위해서는 개별 자본들도, 그들의 이해를 대변하는 총자본으로서의 국가도 무언가 그에 상응하는 조치들을 취하지 않을 수 없을 것이기 때문이다. 더구나 현재 진행 중인 다극화는 2007 · 8년에 미국에서 발발한 공황 이후 끝을 모르고 장기간 지속되고 있는 침체와 사실상 항상적인 과잉생산이라는 조건 속에서의 그것이기 때문에 더욱 그렇다.

그리하여 개별 자본들은 우선 무엇보다도 가격 경쟁력을 높이기 위한 조치들, 즉 개발이 이미 본격화되고 있는 소위 인공지능(AI) 기술 등을 이용한 자동화 · 무인화 장비들의 도입 · 갱신을 위시하여 노동생산력과 노동강도를 고도화하기 위한 조치들을 더욱 계속해서 몰아치지 않을 수 없을 것인데, 이러한 조치들은 수많은 노동자들을 길거리로 내치면서 실업 문제, 불평등과 빈곤의 문제를 악화시키고, 취업노동자들에게는 저임금과 과로를 강요하게 된다.

자본의 이러한 조치들은 당연히 노동자들로 하여금 저항하고, 투쟁하지 않을 수 없도록 강제하고, 노동자들은 실제로 저항·투쟁하게 된다. 국가가 수수방관할 리 만무하다. 질서니, 공익이니, 국익이니 하면서 경찰과 검찰, 법원을 동원하여, 나아가서는 군대를 동원하여 노동자들의 투쟁을 억압하고 나선다. 그리고 법률들을 개정 혹은 제정하여 노동자들의 단결권과 파업권·투쟁권을 더욱 제한하고, 노동자·인민 일반의 집회 및 시위의 권리 등도 역시 제한하고 나선다.

여기까지는 개별 자본들과 총자본으로서의 국가의 직접적인 대응조치들이다. 그러나 여기에 머물지 않는다.

국가로서는 노동자·인민을 보다 더 근본적으로 무력화시켜 자본에 종속시켜야 한다. 민족·국가의 명운이 세계 시장에서의 승패에 달렸다며 경쟁주의를 대대적으로 고취하면서 극우 국가주의 내지 국민주의=민족주의·애국주의 선동을 열광적으로 강화한다. 소부르주아지는 물론 노동자 계급의식으로 무장하지 못한 많은 노동자들이 경쟁주의·애국주의에 매몰된다. 자본의 노골적인 폭력적 지배, 파쇼가 강화되어 저항하고 투쟁하는 노동자들은 구속되고, 고문당하며 살해된다. 노동자계급은, 자본과 국가의 이러한 지배하에서 가혹해지는 자신들과 인민대중 일반의 삶의 고통이 저들의 선전·선동을 압도할 때까지는 해방의 전망을 상실한다.

이것이, 진행 중인 제국주의 다극화 혹은 제국주의 다극체제에 노동자계급이 정확히 대응하지 못할 경우 유력하게 예상되는 사태 전개의 대략의 씨나리오다.

망상이라고?

그렇게 망상이라고 생각된다면, 우선, 전형적인 한 예로서, 히틀러의 나치는 어떤 조건하에서 어떠한 선전 · 선동으로 대중을 사로잡으면서 권력을 장악했으며, 나치의 저 악명 높은 만행들은 어떤 선전 · 선동하에 누구의 어떤 이익을 위하여 저질러졌는가를 상기해 봐야 할 것이다. 아니, 멀리 독일의 히틀러까지도 상기할 필요 없이, 이승만 · 박정희 · 전두환 등의 정권이 어떤 선전 · 선동을 일삼으면서 누구의 이익을 위하여 노동자 · 인민대중 일반을 억압적으로 지배했던가를, 미제의 지배라는 우리의 특수한 역사적 조건을 고려하면서, 생각해 보아도 좋을 것이다.

오늘날 '다극화를 추진하는' 주체 중의 주체인 오늘날의 중국에 대한, 강수돌 교수의, 우리의 주제와 관련된 한에서는 무심한 다음과 같은 순진한(?) 발언을 우리의 주제와의 관련하에 한 번쯤 음미해 보아도 좋을 것이다.

> … 중국이 아무리 "사회주의"와 "생태문명"을 강조해도 '폭스콘' 내지 '알리 · 테무 자본주의'로 상징되는 구조적 모순은 여전하다. 국가적 통제로 자율적 · 민주적 노조는 부재하고, 노동 과정은 저임금, 장시간, 무권리 등이 특징이다. 농촌에서 몰려든 농민공의 생활환경은 열악하고, 빈부 격차는 한국이나 미국을 뺨친다. 아무리 미국 패권주의의 압력과 위협이 강해도 이런 문제를 정당화하긴 어렵다.[29)]

그리고 앞에서 제시한 씨나리오가 단지 망상일 뿐이라고 생각된다면, 최근 유럽의 여러 나라에서 주요한 경향으로서 전개되고 있는 정치적 · 사회적 상황, 특히 이탈리아에서의 극우 '이탈리아

---

29) "[강수돌 칼럼] 동아시아, 탈자본주의 대안은 어디에?", ≪한겨레≫, 2024. 5. 31. <https://www.hani.co.kr/arti/opinion/column/1142827.html>

의 형제들(Fratelli d'Italia)'[30] 및 동유럽 헝가리에서의 '퓌데스(Fidesz)'[31]의 집권은 물론, 얼마 전까지 '선진 민주주의 국가들'로서의 명성이 자자했던 서유럽 국가들인 영국에서의 폭동[32]이나, 네덜란드,[33] 프랑스,[34] 독일,[35] 오스트리아,[36] 기타 폴란드[37] 등에서의 '우익 포퓰리즘'=극우 국가주의 정당들의 급속한 득세를 어떻게 설명할 수 있을까? 이들 극우 파쑈 세력은 어떠한 정세 속에서 누구의 이익을 위해서 어떤 내용으로 노동자·인민대중을 기만하며, 선동하는 것일까? 우크라이나에서의 극우의 준동과, '우크라이나 전쟁'의 도화선이 된 그들 극우의 선동에 의한 소위 '유로마이단(Euromaidan) 혁명', 즉 친러시아 뷕또르 야누꼬뷔치(Viktor Yanukovych) 정권의 축출(2014년 2월)의 배경, 따라서 '우크라이나 전쟁'의 정치적·경제적 배경은 과연 무엇일까? 이른바 '서방'이 우크라이나를 내세워 사실상 대(對)러 대리전을 벌이는 배경·이유는 과연 무엇일까?[38]

---

30) 당수 Giorgia Meloni. 2022년 10월부터 집권 중.

31) 당수 Viktor Mihály Orbán. 1998년~2000년, 2010년~현재 집권.

32) 지난 7월 30일-8월 5일 영국 전역에서의 반무슬림·인종주의 폭동.

33) 네덜란드 자유당(Partij voor de Vrijheid: PVV, 당수 Geert Wilders). 2023년 11월 22일 하원 선거에서 제1당(150석 중 37석).

34) 국민연합(Rassemblement National: RN, 당수 Marine Le Pen). 2024년 6월 30일 총선 1차 투표에서 1위(득표율 33.2%), 7월 7일의 2차 투표에서 3위.

35) 독일을 위한 대안(Alternative für Deutschland: AfD, 당수 Alice Weidel). 2024년 9월 1일 튀링엔주 의회 선거에서 1위(득표율 32.8%).

36) 구 나치당원들이 1955년에 창당한 '오스트리아 자유당(Freiheitliche Partei Österreichs). 당수 Norbert Hofer.

37) 법과 정의당(Law and Justice Party). 당수 Jarosław Kaczyński.

38) 우크라이나 전쟁과 관련해서는, 사회주의 쏘련이 해체되고 자본주의 체제가 부활하기 전에는 <u>우크라이나와 러시아는, 쏘련방 내의 평화로운 형제국가들이었음을 상기해야</u>!

최근 유럽에서 이렇게 극우가 득세하는 근본적 배경이 세계적인 경제 위기·침체의 장기화, 그리고 그러한 조건 속에서 급속히 진행되고 있는 이른바 다극화, 특히 중국의 급부상은 아닐까? 그리고 과거 쏘련과는 전혀, 아니 본질적으로 다르게 자본주의 세계 시장에 경쟁자로 등장한 러시아의 부상은 아닐까? 그리하여 세계 시장에서의 저들 유럽 국가들의 위상이 빠른 속도로 내려앉음에 따라, 국가와 민족의 명운이 세계 시장에서의 승패에 달렸다는 경쟁주의에서 오는 위기의식과 함께 열광적으로 선동되고 있는 극우 국가주의 내지 국민주의=민족주의·애국주의에 소부르주아지는 물론 노동자 계급의식으로 무장하지 못한 노동자들이 매몰되고 있기 때문이 아닐까?

사태가 계속 현재와 같이 전개된다면, 나라에 따라서는 자본의 노골적인 폭력적 지배, 파쑈가 강화되어 저항하고 투쟁하는 노동자들이 구속되고, 고문당하며 살해되는 것은 혹시 시간문제 아닐까?

이미 우크라이나에서, 팔레스타인을 위시한 중동 지역에서 국제전이, 그리고 북부 아프리카 국가들에서 '강대국들'이 배후에 있다는 내전들이 벌어지고 있지만, 사태가 계속 현재와 같이 전개된다면, 더 많은, 더 대규모의 국제전들과 내전들이 벌어질 가능성도 농후하지 않은가? 이러한 사태가 과연 "침략·살육·약탈·강권과 전횡"의 세계로부터 "자주·평등·호혜 친선에 기초한 세계"로의 이행이라는 다극화와 무관하게 벌어지고 있는 것일까?

6. 제국주의 다극화와 노동자계급

거듭 강조하지만, 다극화는 "침략 · 살육 · 약탈 · 강권과 전횡"의 세계로부터 "자주 · 평등 · 호혜 친선에 기초한 세계"로의 이행이 결코 아니다. 그것은 제국주의의 다극화로서, 자본에 의한 노동자 · 인민 기만과 착취 · 지배 · 억압이 강화되는 세계로의 이행이며, 제국주의 간의 전쟁의 위험이 증대하는 시대로의 이행이다.

이 제국주의 다극화의 직접적인 영향만을 고려하더라도, 다극화는 자본주의 세계 시장에 새로운 강자들이 등장한 결과이자 더 많은 강자들이 등장하는 과정이고, 그 강자들이 더욱 강력한 강자가 되는 과정이기 때문에, 즉 세계 시장에서의 경쟁이 치열해진 것, 그리고 더욱 치열해지는 것을 반영하는 것이기 때문에, 노동자들의 고용조건과 임금에 대한 압박이 더욱 강화될 수밖에 없는 것이다. 그리고 그 경쟁이 치열해질수록 제국주의 간의 전쟁의 위험이 증대할 수밖에 없는 것이다.

그런데 이 이행은 다름 아니라 현 단계에서의 자본주의의 주요한 발전법칙, 즉 불균등 발전법칙의 관철인바, 자본주의 세계체제가 존속되는 한 필연적이며, 현재로서는 그것을 저지할 어떤 현실적인 힘, 세력이 존재하지 않는다. 노동자계급 운동이 범세계적으로 크게 약화되어 사실상 그 혁명성을 상실한 상태에 있기 때문이다.

따라서 노동자계급은, 이 다극화 과정과 다극체제가 필연적으로 초래할 것으로 예상되는, 위에서 지적된 씨나리오의 현실화를 최대한 저지하기 위해서라도, 즉 제국주의의 다극화에 대한 현재의 조건하에서의 최선의 대응책을 강구, 실천하기 위해서라도 그 투쟁력의 회복을 서둘러야 한다.

다극화와 그 귀결로서의 다극체제의 부정적 · 파멸적 영향을 저지하는 투쟁은 물론 노동자계급뿐 아니라 범(凡)인민대중이 함께 수행하는 것이고, 또 함께 수행해야 하는 것이지만, 그 인민대중의 선두에서 그 투쟁을 지휘 · 지도하며 가장 단호하게 투쟁할 수 있는 주체는 계급적 본성상 어디까지나 노동자계급뿐이기 때문이다. 또한 저 씨나리오의 현실화를 저지하는 투쟁은 당연히 노동자계급 운동이 그 혁명성을 회복하는 투쟁이자 과정이며, 결과적으로는 인간에 의한 인간의 착취를 폐지하고 그야말로 "자주 · 평등 · 호혜 친선에 기초한 세계"를 열어젖히게 되는 투쟁이며 그 과정이기도 하기 때문이다.

그런데 노동자계급이 이러한 역사적 임무를 수행하기 위해서는 우선 다극화에 대한 저 망상, 즉 다극화는 "침략 · 살육 · 약탈 · 강권과 전횡"의 세계로부터 "자주 · 평등 · 호혜 친선에 기초한 세계"로의 이행이라는 따위의 망상을 거부하고, 현재 진행 중인 다극화 그것은 다름 아닌 제국주의의 다극화, 제국주의 다극체제로의 이행임을 명확히 인식해야 한다. 그러한 망상을 철저히 청산하지 않고는, 그것이 초래할 여러 부정적 영향, 특히 세계대전 따라서 인류의 멸망으로 치달을지 모를 파멸적 영향을 저지하기 위한 투쟁이 당연히 불가능하기 때문이다.

일부 이른바 '진보적' 지식인들이 선전 · 고취하는 저 망상은 두 개의 원천에서 유래한다. 하나는 제국주의의 새로운 극들, 즉 새로운 강자들로 등장하는 국가들이 기만적으로 내세우는 주장, 즉 "침략 · 살육 · 약탈 · 강권과 전횡"의 세계로부터 "자주 · 평등 · 호혜 친선에 기초한 세계"로의 이행 운운하는 기만적 주장의 무비판적인 복창이고, 다른 하나는 제국주의의 문제를 단세포적으로 미 제국주의라는 일국 제국주의의 문제와 동일시하는 것이다.

물론 우리의 처지에서 미 제국주의의 문제, 그 극복의 문제는 지극히 중요한 문제이다. 하지만, 그것이 아무리 중요한 문제라고 하더라도 제국주의의 문제를 그렇게 단세포적으로, 따라서 부당하게 파악하고 규정해서는 제국주의 일반의 문제는 물론이요, 미 제국주의 그 자체의 극복도 결코 가능하지 않다. 제국주의 자본과 국가들은 원료와 시장, 판로를 둘러싸고 서로 갈등, 대립하고, 또 서로 전쟁까지도 벌이지만, 노동자계급의, 그리고 피억압 민족의 해방 투쟁에 관해서는 여러 제국주의 국가들이, 혹은 그들로 이루어진 진영(陣營)이 공동전선을 펴기 때문이다.

게다가, 주지하는 것처럼, 오늘날 제국주의는 더 이상, '한 줌도 안 되는' 존재가 아니라, 사실상 범세계적일 뿐 아니라 블록들을 형성하고 있다. 그리하여 현 시기 제국주의를 극복하기 위해서는, 따라서 미 제국주의를 극복하기 위해서도 독점자본주의로서의 제국주의의 본질을 직시하고, 단세포적인 반미를 넘어 제국주의 열강의 노동자계급 역시 제국주의 독점자본을 위시한 자본 일반의 착취와 억압에 시달리고 있다는 사실을 직시해야 하며, 노동자 국제주의에 철저해야 한다.[39]

노동자계급은 특히 자본과 그 국가가 선전·선동·고취하는 국가주의 내지 국민주의·애국주의의 포로가 되어서는 안 된다. 저들의 기만적 선전·선동에 정신을 빼앗겨 국가주의 내지 국민주의·애국주의에 매몰되면, 바로 저들의 경쟁주의에 매몰되게 되고, 이는 자본의 대책 없는 노예로 전락하는 것을 의미하기 때문이다.

---

39) 비근하게, 미제와 미국의 노동자·인민, 그리고 일제와 일본의 노동자·인민은 다르다! ㅡ 미제나 일제와는 극력 투쟁하지 않으면 안 되지만, 미국의 노동자·인민, 그리고 일본의 노동자·인민과는 언제나 연대하고 동지적 관계를 발전시켜야 한다.

주야장천 애국주의를 설교해 마지않는 저들 자신은 과연 애국주의자들이며, 그 애국주의에 충실할까?

전혀 그렇지 않다. 돈이 되는 일이라면, 자신들에게 득이 되는 일이라면, 저들에게 애국·애족 따위는 버려 마땅한 헌신짝에 불과하다. 이 땅에서 애국주의를 설교하는 대표적인 자들, 그러니까 일제로부터의 '해방' 이후 이 나라를 지배해 온 자들은 어떤 자들[40]이며, 진정한 해방, 자주·자립을 갈망하는 노동자·인민에게 어떤 짓들을 저질러 왔는가? 저들의 부와 권력의, 그리고 그러한 엄청난 학살 등 만행의 뒷배는 분명 미제가 아니던가? 그리고 저들은 또한 구 식민 종주국인 일제와는 어떤 거래를 해왔고, 해가고 있는가? 잠시만 둘러봐도 금세 알 수 있을 것이다.

물론 애국·애족 따위를 헌신짝처럼 버리는 것은 이 나라의 정치가들이나 재벌·자본들에게만 특유한 행태는 아니다. 그것은

40) 정치계의 최고 권력자들에 관해서만 보자면, 리승만— 참고로, 그는 '국민'에게는 두음법칙을 명하면서도, 즉 '리' 대신에 '이'로 쓰도록 명하고 교육하면서도, 자기 자신의 높고 귀한 존함만은 '리승만'이라고 표기했다 —이 사실상 미제(직접적으로는 OSS)에 의해서 점지된 대통령이라는 것은 알 만한 사람은 다 아는 사실이 아닌가? 그리고 참으로 극적인 사건은 혈서로 일제의 '천황'에게 충성을 맹세하며 일제의 군관이 되어 만주에서 항일 독립군을 토벌(討伐)하던 박정희가, 4월 혁명 후 빠른 속도로 회생 중이던 인민대중의 자립·통일 운동을 말살하기 위해 군사 쿠데타를 통해서 권력을 장악한 일인데, 박정희 그 자신도, 그의 '오른팔'로서 그와 함께 쿠데타를 수행한 김종필 등도, 그리고 박정희 피살 후 역시 같은 목적을 위해 군사 쿠데타를 통해서 권력을 장악한 전두환이나 노태우 등도 모두 고위 정보장교들이었다는 사실은 과연 무엇을 의미할까? OSS의 후신 'C' 자가 머릿속에 떠오르지 않는가? 노태우 정권을 끝으로 '민간 정부'가 이어지고 있지만, 이들은 교대로 정권을 담당하고 있는 여든 야든 사실상 모두가, 친일 지주들과 자본가들이 주축을 이루어 미군정에 협조했던 한민당 출신이거나 그 후예들이고, 그들에 의해서 훈육된 자들이다.

이윤과 그 축적을 위해서라면 사실상 못 할 짓이 없다시피 한 자본 일반의 본성에서 기인하는 행태이기 때문이다. 한 예만 들자면, 천하 모두가 알고 있는 것처럼 제2차 세계 대전에서 미국과 나치 독일은 상호 교전국이었다. 그런데 그러한 일대 전쟁의 와중에서도 포드 등 미국의 여러 독점자본들이 교전국 나치 독일과 거래하며, 주로 유대인들로 이루어진 전시(戰時) 노예노동을 착취했다는 사실은 이제 더 이상 비밀이 아니지 않은가?[41)]

이러한 사실들은 결국 저들 자본 측은, 애국주의 등에 따라서가 아니라, 철저하게 자신들의 계급적 이해관계에 따라 움직인다는 것을 보여 준다. 그런데 저들이 주야장천 설교해 마지않는 저 애국주의도 사실은 노동자 · 인민을 정치적 · 이데올로기적으로 자신들에게 종속시켜 자신들의 계급적 이해관계를 관철하기 위한 교활하고도 주요한 수단이다.

저들의 착취 · 억압을 극복하고 해방의 세상을 열어 나가기 위해서 노동자계급은 그 고유의 과학적 사상으로 무장하여 자신의 계급적 관점에서 사태를 파악해야 하고, 대응해야 한다. 다극화 문제와 관련해서도 제국주의의 새로운 극들, 새로운 강자들로 등장하는 세력들이 기만적으로 내세우는 주장, 즉 "침략 · 살육 · 약탈 · 강권과 전횡"의 세계로부터 "자주 · 평등 · 호혜 친선에 기초한 세계"로의 이행 운운하는 주장을 무비판적으로 복창하며 알량한 저 몰계급적 지식을 동원, 화려하게 장식하는 소부르주아 지식인들의 헛소리를 거부해야 하고, 독점자본과 그 국가, 그들의

41) Julian Borger, "Nazi documents reveal that Ford had links to Auschwitz", *The Guardian*, 1999. 8. 20. <https://www.theguardian.com/ world/1999/aug/20/julianborger1> 또는 Ken Silverstein, "Ford and the Führer", *The Nation*, 2000. 1. 6. <https://www.thenation.com/article/ archive/ford-and-fuhrer/> 등 참조

이론적 대변자들이 설파하는 몰계급적인, 아니 자본의 이해관계가 은폐된 국가 대 국가의 관점, 국가주의 내지 국민주의·경쟁주의적 관점을 타기해야 한다. 철저한 계급적 관점에서 사태를 파악해야 하며, 그러한 관점에서 대중을 조직하고, 투쟁해야 한다.

이제 마지막으로 꼭 지적하지 않으면 안 되는 문제가 남아 있다. 최대한 간단히만 얘기하자.

현재 노동자계급 운동은 세계적으로 사실상 그 혁명·해방의 전망을 상실했다고 할 수 있을 만큼 크게 약화되어 있을 뿐 아니라, 많은 경우 치유하기 무척 어려운 질병에 걸려 있기도 하다. (소위 좌파) 포퓰리즘[42]이라는 질병이 그것이다.

고약하기 그지없는 이 질병을 치유, 극복하지 못하는 한, 노동자계급의 해방은 있을 수 없다. 기회가 있을 때마다 거듭 강조하는 바이지만, 소위 좌파 포퓰리즘은 반공주의적인 현대 사민주의의 한 변형태여서, 독점자본의 착취·지배를 영구화하기 위한 독점자본가계급 좌파의 사상노선일 뿐이기 때문이다. 게다가 노동자·인민대중을 회유·포섭하기 위해서 그들 좌파 포퓰리즘 정치 세력이 취하는, 말하자면 좌파 국가독점자본주의적 정책들은 그들의 큰소리와는 정반대로 노동자·인민대중에게 더욱 가혹한 고통을 가하면서, 그들에게 붙은 '좌파'라는 딱지 때문에 '좌익' 일반에 대한 환멸을 유발하면서, 제국주의 강국에의 종속을 강화할 뿐이기 때문이다.

---

42) 최근에 다른 지면("라틴 아메리카에 부는 세찬 동풍", ≪사월혁명회보≫ 제138호, 2024. 9.)에 쓴 얘기인데, ㅡ 혹시 자극될지 모를 오해를 불식하기 위해서 극히 간단히만 얘기하자면, 사실은 부르주아 '민주주의' 정치 행태 일반이, 즉 요란하고 달콤한 '유세(遊說=誘說)'를 앞세우는 그 정치 행태 일반이 모두 포퓰리즘적인 그것이다. 그리고 꼭 집어 포퓰리즘이라고 불리는 것들은 그 극단적인 형태들일 뿐이다.

이는 멕시코 이남의 중남미 주요 국가들에서 최근 수십 년 동안 빈발하고 있는 심각한 경제 위기들과 노동자·인민의 광범한 빈곤, 그리고 경제위기를 계기로 집권했던 그리스의 '급진좌파연합(SYRIZA, ΣΥΡΙΖΑ)' 정권의 제반 정책들과 그 '실적' 등에 의해서 이미 익히 입증되어 있고, 널리 알려져 있다.

중남미 좌파 포퓰리즘[43]의 원조라고 일컬어지는, 아르헨티나의 페론주의(Peronism, Peronismo)를 먼저 예로 들자면, 1940년대 후반 이후 정의당(Partido Justicialista)이라는 큰 틀에서 좌·우 여러 파벌을 포괄하면서 그리고 추방이나 거듭된 쿠데타 등의 우여곡절을 겪으면서 페론 부부(Juan Domingo Perón, María Eva Duarte de Perón)를 포함하여 수차례 집권해 왔지만, 페론주의가 아르헨티나에 남긴 것은 사실상 상상하기 어려운 고율의 인플레이션을 포함한, 거듭되는 심각한 경제위기와 노동자·인민대중의 광범한 빈곤, 그리고 치유가 난망한 포퓰리즘적 정치 전통뿐이다. 그리고 그 페론주의에 대한 대중의 실망이 현재는 지지자들이 '미친놈(el Loco)'이라는 애칭으로 부른다는 극우 하비에르 밀레이(Javier Gerardo Milei)의 집권으로 귀결되어 있다.

브라질의 좌파 포퓰리즘, 룰라주의의 실적도 뛰어나기는 매양 마찬가지다. 노동 운동 출신으로 한국의 '좌파' 사이에서도 한때 무척이나 인기가 높았던, 브라질 노동자당(Partido dos Trabalhadores: PT)의 룰라(Luiz Inácio Lula da Silva)와 그 후계자 지우마 호

43) 멕시코는 물론 심각한 경제 위기를 겪어 온 대표적인 중남미 대국들 가운데 하나이지만, 여기 예에서는 제외해도 취지 전달에 별지장이 없을 것이다. 그리고 그리스 등 남부 유럽 국가들에서의 좌파 포퓰리즘은 사실 남미의 그것의 아류에 불과하기 때문에 그 역시 여기에 굳이 예로 들 필요는 없을 것이다.

쎄프(Dilma Vana Rousseff)의 집권(룰라: 2003-2010; 호쎄프: 2011- 2016. 8.)도 브라질에 신자유주의를 사실상 전면화하는 실적[44]을 남기면서 노동자 · 인민대중의 빈곤을 해결하지 못함으로써 극우 보우쏘나루(Jair Messias Bolsonaro)의 정권(2019-2022)을 탄생시키지 않았던가? 물론 극우 정권이 노동자·인민대중의 빈곤을 해결할 리 없어, 포퓰리즘의 전통 위에서 2023년 이후 룰라가 다시 집권하고 있긴 하지만, 글쎄? 이번에는 또 어떤 뛰어난 성과, 실적을 기대할 수 있을까?

베네수엘라의 차뻬스주의를 비판하면, 주지하는 저 불세출의 맑스-레닌주의자를 비롯하여 여러 사람의 거센 '비판'이 일곤 하지만,[45] 베네수엘라의 오늘날의 비극적 상황의 주요 책임을 오

---

44) 좌파 사이에서 룰라의 인기, 명성이 예전만 못한 것도 바로 이 실적 때문일 것이다.

45) 많은 독자들이 이미 알고 있겠지만, 지난 7월 28일에 치러진 대통령 선거 후에 베네수엘라 전국의 주요 도시에서 수많은 노동자 · 인민이 개표 결과를 명확히 밝히라며 부정선거를 규탄하고 나선 것을 계기로 차뻬스주의를 비판하자(진상은, "베네수엘라. 차베스주의의 전락과 그 교훈", ≪노동자신문≫ 제20호, 2024. 8. 27.; ≪정세와 노동≫ 제204호, 2024. 9.에 재수록) 아니나 다를까 그러한 논조의 '비판', 비난, 즉 시위에 나선 것은 미제와 그 앞잡이인 야당의 조종 · 선동에 의한 것인데, 미제의 앞잡이가 되어 차뻬스(주의)와 그 후계자인 베네수엘라 연합사회당(PSUV)의 마두로 대통령 정권을 비난하고 나선다는 '비판', 비난이 제출되었다. 그런데 베네수엘라 공산당(PCV) 중앙위원회의 한 위원은 그 문제의 선거에 대해서 이렇게 말하고 있다. ― "2024년 7월 28일 베네수엘라에서 대통령 선거가 치러졌는데, 정부 지도부의 권위주의적 동향(drift), 협박, 정치적 자격 박탈, 심각한 경제위기, 상류층의 부패한 인사들의 이익 방어, 사회적 투쟁의 범죄화와 박해, 그리고 정당들이 정부와 동맹을 맺은 지도부들의 수중에 들어가도록 간섭하는 것이 그 과정의 특징이었다. / 베네수엘라 연합사회당(PSUV) 지도부가 자신에게 완전히 유리하게 선거 시나리오를 조작하기 위해서 사전

롯이 미제의 적대, 그 적대적 경제 봉쇄의 탓만으로 돌리면서 차뷁스주의를 과연 면책할 수 있을까?

아르헨티나를 포함한 중남미 국가들에서 거듭되는 경제위기와 노동자 · 인민대중의 광범한 빈곤의 주요 원인이 페론주의 등의 (좌파) 포퓰리즘이라는 뜻이 결코 아니다. 이 경제위기와 빈곤의 주요 원인은, '미국의 뒷마당'이라고 불릴 만큼 강력한 미제의 경제적 · 정치적 영향력, 그 사실상의 지배이며,[46] 페론주의나 룰라주의 그리고 베네수엘라의 차뷁스주의도 포함한 중남미의 포

에 수많은 책략과 정치적 술수를 사용한 선거였다. 그럼에도 불구하고, 결국 가장 중요한 것은, [여론조사 기관들에 의해서: 인용자] 투표소 문 앞에서 큰 소리로 결과가 발표되었을 때, 나라의 정치적 변화에 대한 분명한 의지가 있었다. / 그러나 몇 시간 후, 전국선거관리위원회(CNE) 위원장 엘뷔스 아모로소(Elvis Amoroso)는 니콜라스 마두로(Nicolás Maduro)를 승자로 선언했다. 오랜만에 처음으로 선거 결과가 선거구별로 공개되지 않았고, 후속 감사도 법에 따라 수행되지 않음으로써, 베네수엘라 인민들 사이에 불만과 불확실성을 야기했다. 아모로소가 발표한 결과는 대법원(TSJ)에 의해 검증되었지만, 대법원 역시 선거 관리 권력과 마찬가지로 PSUV 정부에 의해 통제되고 있다. / 전국선거관리위원회는, 마두로를 승자로 선언한 것을 정당화할 세부 결과를 오늘까지도 제시할 수 없게끔 하는 싸이버(cybernetic) 공격이 7월 28일에 있었다고 장담하고 있다. '해킹'이라는 이야기가 참신하고 매력적이긴 하지만, 베네수엘라의 역사에서 선거 결과에 대해 정당한 의심이 제기된 것은 이번이 처음이 아니다." (Angel Ostos(베네수엘라 공산당 중앙위원회 위원), "사기, 기만, 선거 희극의 역사(Fraud, Deception, and Election Farce)", *Tribuna Popular*, 2024. 10. 11. <https://prensapcv.wordpress.com/2024/10/11/a-history-of- fraud-deception-and-election-farce/>)

— 결국, 우리 불세출의 관점에서 볼 때, 베네수엘라 공산당(의 중앙위원회 위원 앙헬 오스토쓰)은 미제의 앞잡이다! 미제의 앞잡이!

46) 중남미 여러 나라에서 거듭돼 온 군사 쿠데타들과 군사 독재들이 모두 미제(CIA)의 뒷 조종에 의한 것임은 주지의 사실이 아닌가?

퓰리즘은, 그것이 좌파적인 것이든, 우파적인 것이든, 사실은 미제가 그 주요 원인인 이 경제위기 그리고 특히 광범한 대중의 빈곤의 산물이다. 그리하여 저 포퓰리즘의 책임은 거듭되는 경기위기들과 빈곤의 원인 그 자체에 있는 것이 아니다. 국가독점자본주의 시대의 경제위기의 한 표현이자 그 위기를 격화시키는 원인이기도 한 저 엄청난 인플레이션에 대한 책임이 전혀 없는 것은 아니지만, 그 책임은 어디까지나 그것을 격화시키는 정도에 있을 뿐이다.

그럼에도 불구하고 저들 포퓰리즘 세력들의 책임은 극히 엄중하다. 지옥으로 가는 길은 선의로 포장되어 있다고 했던가! 그 화려한 선의, 즉 무지와 정치적 언사로 대중을 기만하고 홀려서 노동자계급이 그 고유의 과학적 사상으로 무장하여 해방의 길로 전진하는 것을 방해, 아니, 봉쇄하고 있기 때문이다. 그리하여 노동자계급을 자본의 노예로 묶어 두면서, 노동자 · 인민대중에게 비참하기 그지없는 빈곤과 고통을 강요하고 있기 때문이다.

남의 얘기만은 아니다. 우리 역시 엄밀하게는 포퓰리즘적인 정치 관행에, 즉 정치꾼들의 화려하지만 기만적인 언사 · 유세(遊說=誘說)에 놀아나고 있고, 또 전형적인 좌파 포퓰리즘이 '진보 정치'라는 이름으로 포장되어, 아직 그 세가 약하기는 하지만, 확산되고 있기 때문이다.

다시 강조하지만, 국가주의 · 애국주의 · 경제적 경쟁주의가 더욱 득세하게 되는 제국주의 다극화 시대, 제국주의 다극체제의 시대에 노동자계급의 사상적 · 정치적 무장과 투쟁은 어느 때보다도 주요하다. 그런데 노동자계급과 인민대중이 포퓰리즘의 덫에 걸린다면, 노동자 · 인민대중의 해방으로의 전진은 그만큼 어려워질 수밖에 없다. 포퓰리즘 그것이 굳게 자리 잡기 전에 경계하고 투쟁하지 않으면 안 된다.

자리 잡아 가고 있는 포퓰리즘 그것에 대한 우리의 사상적·정치적 투쟁이 치열하면 치열할수록, 그 투쟁은 분명 지구 건너편 중남미의, 그리고 남부 유럽의 노동자·인민대중에게도, 그리고 널리 전 세계 노동자·인민에게 좋은 자극이 될 것이다.

노동자 국제주의 만세! **노사과연**

다극적 제국주의와 중동에서의 패권 경쟁

박문석 | 연구위원

1. 자본주의 모순과 제국주의 패권경쟁

중국과 러시아를 중심으로 한 브릭스의 회원국이 늘면서 미국을 축으로 한 서방 제국주의 진영에 대립하는 다극적 제국주의 시대가 열렸다. 자본의 불균등 발전에 의한 후발주자들의 성장에 따른 일극 패권에 대한 도전은, 기존의 패권을 지키려는 제국주의 진영과의 무역전쟁을 넘어 군사력을 동원한 참혹한 전쟁으로 나타나고 있고, 전쟁의 포화 속에 내몰리는 노동자 · 인민들의 삶은 죽음과 고통의 선을 넘나들고 있을 뿐이다. 러-우 전쟁에서도, 이스라엘과 하마스를 비롯한 아랍국가들 간의 전쟁에서도 노동자 · 인민은 희생양일 뿐이다.

전쟁을 예비하여 군비를 확장하고 무장을 빠르게 강화하고 있는 각국의 움직임을 보자면, 제국주의 전쟁의 불길은 더 크고 넓게 확산될 가능성을 배제할 수 없으며, 그것은 곧 제3차 세계대전일 것이고 핵전쟁이 될 것이다. 거대한 생산력의 발전은 계급사회인 자본주의 체제하에서는 제국주의 전쟁과 같은 재앙을 초래한다. 예고되는 재앙을 막기 위해 무엇을 해야 할 것인가? 다행히도 맑스는 노동자계급의 선도 하에 이루어지는 사회변혁이야말로, 생산수단의 사회적 소유에 기초한 생산력 발전이야말로, 인류의 해방을 이루는 물적 토대임을 과학적으로 밝혔다.

사회적 생산과 사적 소유의 모순 관계는 생산의 자동화와 AI(인공지능) 기술의 도입에 따른 거대한 생산력 발전으로 더이상 지속 불가능한 상태로 증폭되었다. 모순의 폭발이 인류가 발전하는 방향으로 터질 것인가? 아니면 인류 절멸의 방향으로 터질 것인가는 온전히 노동자계급의 정치적 · 조직적 준비와 근로인민과의 동맹 관계에 달려있다.

부르주아 민족주의는 전쟁으로, 프롤레타리아 국제주의는 반전과 평화, 그리고 해방의 길로 안내할 것이다.

2. 지하자원과 육상 · 해상 운송로, 지정학적 위치

중동지역은 유럽과 아프리카, 아시아를 잇는 전략적 요충지다. 해상(수에즈 운하) · 육상(파이프라인 등) · 항공 운송의 주요 거점이다. 그래서 제국주의 국가들은 경쟁적으로 중동지역에 진출했고, 20세기 중반까지 오스만 제국[1]의 영역을 분할 지배하는 데 성공했다. 오스만제국의 영토는 현대 국민국가들로 분할 해체되었고, 아랍어를 쓰는 거의 모든 지역이 유럽의 지배를 받게 되었다.[2]

중동지역은 전 세계 석유매장량의 절반이 매장되어 있고, 석유 생산량의 30% 정도를 차지하고 있다. 중동의 산유국은 사우디아라비아, 이라크, 아랍에미리트, 이란, 쿠웨이트 등이며 이들 국가는 세계 생산량의 상위권을 차지한다. 또한 1998-2010년 사이에

---

1) 오스만제국은 1516-1517년에 시리아, 이집트, 팔레스타인을 차례로 정복했고, 20세기 초까지 유럽, 아시아, 아프리카에 이르는 대제국을 건설하였다. 팔레스타인은 1917년까지 400년 동안 오스만제국의 지배를 받았다.

2) 홍미정, ≪중동현대사≫, 서경문화사, 2024.

이스라엘과 레바논 연안에서는 엄청난 양의 천연 가스전이 발견되고 개발되어 그동안 러시아로부터 공급되고 있던 중동과 서유럽 지역의 천연가스 시장이 재편되고 있는 양상이다. 중동지역의 인구는 대략 5억에 가깝다. 교통운송의 요충지이면서 지하자원이 풍부하고 인구도 많아 시장으로서의 가치도 크다. 그래서 제국주의 침략과 식민지배의 사슬에 얽혀, 끝없는 분쟁과 착취와 수탈의 역사가 이어지고 있기도 하다.

3. 제국주의 침략과 식민지배의 역사

팔레스타인은 중동에서도 그 지정학적 위치가 두드러져 모순이 집약된 지역이다. 1차 세계대전을 거치면서 오스만제국의 팔레스타인 지배는 영국 제국주의의 식민지배로 넘어갔고, 영국은 아랍국가들을 분열시켜 지배하고자 시오니스트들과 손잡고 유대인들의 국가인 이스라엘을 팔레스타인 지역에 세우도록 했다.

중동지역은 유대인·아랍인, 유대교·이슬람교·기독교, 시아파·수니파 등으로, 즉 인종·종교·종파로 분열되어 대립했다. 제국주의 국가들의 첨병으로서 이스라엘의 시오니스트들은 아랍의 분열을 증폭시켰고, 나아가 전쟁을 일삼으며 땅에 대한 점령을 계속 확장해 갔다.

중동 문제는 인종과 종교문제가 본질이 아니다. 제국주의 식민지배가 문제이며, 이와 결탁한 각국 지배계급의 안정적인 이윤확보와 정치 권력 유지를 위한 경제적·정치적 요인이 본질이다. 부르주아 민족주의(유대민족주의, 아랍민족주의 등)와 제국주의 식민지배, 제국주의의 다극화에 따른 패권경쟁이 중동의 노동자

인민들을 고난으로 몰아넣고 있는 것이다.

서방 제국주의 국가들은 아랍민족의 분열과 분할을 통한 지배 전략을 구사했다. 아랍 각 국은 정치와 종교 분리의 세속정권, 왕정, 그리고 이슬람 정권 등으로 구분되며[3], 이들 국가들은 이해관계에 따라 서로 협력하거나 대립으로 맞서기도 한다. 그리고 그러한 과정엔 제국주의 정보기관의 공작이 있다.

무장세력들을 양성하여 중동에서의 분열을 조장하고 공산주의 세력의 성장을 억압하고자 제국주의 정보기관들의 공작이 활발했으며, 그 결과 내전과 크고 작은 분쟁이 이어져 왔다. '테러집단'으로 우리에게 익숙한 이슬람 무장세력들로는, 이슬람형제단(이집트), 하마스(팔레스타인 가자지구), 헤즈볼라(레바논), 알카에다(빈 라덴), 탈레반(아프카니스탄) 등이 있으며, 그 외 이라크 레반트 이슬람 국가(이라크와 시리아지역), 보코하람(나이지리아), 알샤바브(소말리아), 하야트 타흐리르(시리아) 등이 있다. 이들 조직의 일부는 미국(CIA)과 이스라엘(신 베트)의 정보기관과 연계되어 있으며, 식민통치를 위한 수단으로써 조직되고 양성되어졌지만, 나중에는 적대적으로 돌아서게 된다.

또한, 1962년 CIA는 사우디 국왕을 사주하여 '무슬림세계연맹'을 결성했다. 목적은 공산주의에 맞서 이슬람의 교리를 전파

---

3) 정치와 종교가 분리된 세속정권은 튀르키예, 이스라엘(유대교의 영향력이 막강하지만 정치형태는 세속적인 민주공화국) 정도이다. 이집트(나세르, 사다트, 무바라크 정권), 시리아(아사드 정권), 이라크(후세인 정권)는 한때 세속주의를 표방했으나 이슬람 근본주의자들의 권력장악에 의해 이슬람 정권으로 탈바꿈했다. 이란은 엄격한 이슬람 신정체제이며 예멘도 이슬람근본주의자들의 세력이 지배적이다. 왕정의 정치형태로는 사우디아라비아, 오만, 카타르, 아랍에미리트, 쿠웨이트, 바레인, 요르단, 모로코 등이다. 이들 왕정국가들도 이슬람교의 종교적 권위로 정당성을 내세운다.

하고 쏘련 영토와 제3세계에서 반식민지 민족주의와 공산주의에 맞서 젊은 층에 영향을 미치는 조직을 만드는 것이었다. 이것은 시민사회네트워크 였기에 1969년에는 국가 간 기구인 '이슬람협력기구(OIC)'를 추가로 만들었다. 이들 기구를 조종한 것은 CIA였다.[4)]

아랍국가들은 왕정이든 이슬람 정권이든 하나같이 노동자 인민에 대한 정치적 탄압을 가혹하게 하고 있다. 이들 정권은 노동조합도 공산주의도 인정하지 않는다. 사회주의 운동은 불법이고 노동자 투쟁은 잔인한 진압으로 대응한다. 여성의 히잡 씌우기는 억압의 상징으로 많이 알려져 있다.

2차 대전 이후에는 영국을 대신하여 미 제국주의가 이스라엘을 앞장세우고 중동지역에서 패권을 행사하고 있다. 이에 아랍국가들은 각국의 정권 안보와 이해관계에 따라 정치적 행보를 하고 있고, 이들 아랍국가들의 미제와 이스라엘의 패권에 대한 실천적 저항은 자신들의 목소리를 따라가지 못하고 있다.

4. 제국주의 다극체제와 중동에서의 경쟁, 격돌(대리전)

2009년 브라질, 러시아, 인도, 중국, 남아프리카 공화국 등 5개국이었던 브릭스 회원국가가 2025년 현재 이집트, 에티오피아, 이란, 아랍에미리트, 인도네시아가 추가 가입되어 10개의 회원국으로 늘어났다. 사우디아라비아도 회원국 가입을 고려하고 있는

4) 비자이 프라샤드 저, ≪워싱턴 불렛≫, 심태은 역, 두번째테제, 2022년.

상황이다. 중동지역에서 비중 있는 국가들이 브릭스 회원국으로 가입했거나 파트너 국가로써 가입을 고려하고 있는 상황이다. 이러한 중동지역의 국가들이 브릭스 회원국으로 가입을 했다는 것은 국제정치와 경제질서의 크나큰 변화를 보여주는 것이다.[5)]

미국을 중심으로 한 서방 제국주의 패권 시대가 브릭스를 다른 한 축으로 한 제국주의 다극질서로 빠르게 재편되고 있다. 그리고 중동지역에서(뿐만 아니라 북극에서도) 제국주의 진영의 두 축이 격렬하게 패권경쟁을 벌이고 있음을 현재의 중동 상황이 생생하게 보여주고 있다.

패권경쟁은 곧잘 전쟁으로 나타난다. 서방 제국주의 진영의 지원을 받는 이스라엘의 주변국에 대한 공격, 미제까지 등장하여 이란의 군사기지에 미사일을 꽂고 폭격을 가하는 아찔한 광경,[6)] 매일같이 포탄과 미사일이 터지고 어린아이와 여성들이 죽어 나가는 중동지역의 끔찍한 참상은 제국주의 국가의 만행이자 전쟁 범죄이다.[7)] 제국주의 두 극 진영을 대리하는 러-우 전쟁도 수많은 인명을 살상하면서 3년째 지속 중이고,[8)] 미제를 포함하여

---

5) 중국과 러시아는 서방 중심의 국제 질서에 대항하는 지정학적 연대체로 키우고자 아랍국가들의 브릭스 가입에 적극적이었다. 중국은 브릭스의 외연을 개발도상국 전체로 확대하여 세력을 키우려는 '브릭스 플러스'개념을 제안하고 밀어붙였다. 이는 미국과의 장기적인 전략적 경쟁에 대비하고, 다극화된 새로운 제국주의 국제질서 구축에 필수적인 단계로 간주되었다.

6) 2025년 6월 13일, 이스라엘이 200여 대의 전투기를 동원하여 이란 전역에 대대적인 공격을 가했고, 이란은 미사일 세례로 대응했다. 이스라엘의 아이언돔이 무력화되고 주요시설들과 도시가 파괴되자, 6월 22일 미제의 미사일과 폭격기가 이란의 군사시설 3곳을 타격하는 것으로 사태는 일단락되었다.

7) 이스라엘-팔레스타인(하마스)전쟁에서 가자지구의 팔레스타인 사망자 수가 2025년 9월 현재 6만6천 명이 넘는다는 언론의 보도가 있다.

EU와 NATO 회원국들의 러시아에 대한 적대를 표방하는 모습들과 우크라이나에 대한 지속적인 전쟁 지원 등의 상황을 보자면 언제쯤 전쟁이 끝날지는 쉽게 예측할 수 없다. 그리고 제국주의 양대 진영의 군사적 긴장은 대만해협에서, 그리고 북극항로로 이어지는 해상 운송로의 통제권을 놓고서도 확대되고 있다.

세계자본주의 질서가 두 개의 극으로 줄서기를 하고 대립을 격화해가는 그 끝은 세계적 차원의 전쟁일 수밖에 없다. EU와 NATO 회원국들의 국방비 증액과 군사력 강화 움직임은 예사롭지 않다.[9)]

중국의 경제적 성장과 일대일로(신 실크로드)[10)] 사업에 맞서

---

8) 러시아-우크라이나 전쟁(2022년 2월 이후)에서 전체 사망자 수는 최소 수십만 명에 달하며 전체 사상자 수는 100만여 명으로 추정하고 있다.

9) 2025년 6월, 네덜란드 헤이그에서 열린 나토 정상회의에서 회원국들은 기존 목표를 넘어 국방비지출을 2025년 내에 GDP 대비 2%로, 그리고 2035년까지 GDP 대비 총 5% 수준으로 대폭 늘리기로 합의했다.

10) 2013년 시진핑이 제안하여 진행 중인 국가급 장기 개발 전략이자 외교 구상이다. 일대(一帶, Belt): 실크로드 경제 벨트, 중국 서부에서 중앙아시아를 거쳐 유럽으로 이어지는 육상 교통 및 경제협력 회랑의 구축. 주로 철도, 도로, 송유관 등 인프라 연결에 중점. 일로(一路, Road): 21세기 해상 실크로드. 중국 연안에서 동남아시아, 남아시아, 아프리카, 유럽을 잇는 해상 교통 및 무역 네트워크의 구축. 항만, 해양 인프라, 물류 협력에 중점. 추진 동기는 경제적 측면에서 '과잉생산 해소와 서부개발 및 균형발전 및 새로운 시장의 확보'이며, 지정학적 측면에서는 '대외영향력 확대와 미국 중심 질서의 견제'이다. 고대 실크로드 정신을 계승하여, 아시아-유럽-아프리카를 연결하는 거대한 경제협력 벨트를 구축하고자 한다. 지난 10년간 많은 개도국 국가의 인프라발전에 기여한 긍정적 측면이 있으나, 막대한 규모의 대출금액을 못 갚으면 그 인프라 운영권(주로 항구)을 장악해버려, '부채의 덫'이라는 논란과 비판이 많다.

패권을 유지하고 러시아의 세력 확장을 저지하기 위한 미국을 중심으로 한 서방 제국주의 국가들의 대응책[11]도 각 지역에서 전개되고 있다. 그렇지만 아무리 기존의 패권을 지키고자 해도 자본주의적 발전의 불균등법칙을 피해갈 수는 없는 노릇이다.

<중국의 '일대일로'> (출처: 나무위키)

러-우 전쟁은 나토의 동진 정책과 우크라이나 나찌스트들의 정책으로 인해 발발한 양상이지만, 그 역시 본질은 구 쏘련 지역인 동유럽 국가에서의 러시아의 정치적·경제적 영향력을 차단하고 군사적 압박을 가하며 시장을 재편하고자 하는 서방 제국주의 국가들과, 이를 정면으로 돌파하고자 '특별군사작전'이라는 이름으로 전쟁을 개시한 제국주의 러시아의 충돌인 것이다. 전쟁 기간 중 러시아의 천연가스 해저 파이프라인이 파괴되었고, 독일

---

11) 인도양과 동아시아 및 태평양 지역의 연계, 통합성을 강조하는 '인도-태평양' 구상이 일대일로에 대한 미국, 일본, 인도 등의 대응책이라는 평가가 있다. 남미에서의 파나마 운하 운영권 시비, 중동에서의 벤구리온 운하계획과 더불어 북극항로 개발에 대한 대응도 미제와 서방의 대응책이라 하겠다.

을 비롯한 서유럽으로의 러시아 천연가스 공급계획은 차질을 빚게 되었으며, 이스라엘 연안에서 개발된 천연가스가 서유럽 시장으로 공급되는 것으로 시장재편이 이루어지고 있다. 제국주의 독점자본의 이익을 위해 3년 이상 지속되고 있는 전쟁 과정에서 우크라이나와 러시아의 노동자 인민들과 그 자식들 수십만 명이 목숨을 잃었고, 전체 100만여 명의 사상자가 발생하고 있다. 그 와중에도 제국주의 러시아의 철도는 이란과 연결 중이고, 이 철도 연결 사업은 '국제북남운송회랑(INSTC)' 구축사업의 일환으로써, 그 최종목표는 인도까지 7,200km의 길이로 계획되고 있다. 일부 구간은 이미 운행중에 있다.

해상운송로(운하) 통제권을 둘러싸고도 경쟁이 치열하다. 수에즈 운하는 1869년에 개통되어 영국과 프랑스가 관할하다가, 1952년 왕정을 무너뜨린 이집트의 나세르 혁명 이후 운하는 국유화되었다. 수에즈 운하는 유럽, 아프리카, 아시아로 연결되는 해상운송로 단축에 큰 역할을 하며, 중동지역에서 석유와 가스를 유럽과 극동지역으로 운송하는데 크게 기여하고, 중국의 일대일로 사업에 핵심 거점으로 활용되고 있다. 중국의 아랍국가들에 대한 지원과 관계개선도 이러한 측면을 반영하고 있다.

미제와 이스라엘은 낡고 운행이 불안정한 수에즈 운하를 대체할 벤구리온 운하 건설에 많은 관심을 쏟고 있다. 이스라엘의 가자지구에서 홍해의 유일한 항구도시인 에일라트까지를 잇는 총길이 257km의 벤구리온 운하계획은, 모래를 준설해 건설한 이집트의 수에즈 운하(193.3km)와는 달리 산맥의 암반을 깨뜨려 건설해야 하는 난공사다. 그리고 계획된 운하의 건설은 선박이 서로 교차하는데 차질이 없도록 양방향으로 뚫고자 한다. 운하의 폭은 200m가 될 것이고, 깊이는 50m로써 수에즈 운하보다도

10m가 더 깊다. 암반으로 되어있기에 수에즈 운하처럼 모래를 준설 할 필요도 없어 유지비에 대한 부담은 적을 것이다. 지중해와 홍해를 연결하는 벤구리온 운하의 건설은 중동지역에서 미제와 이스라엘의 패권을 더욱 강화시킬 것이다. 이스라엘의 군함이 지중해와 홍해를 활개치고 돌아다닐 것이 뻔하기에 더더욱 아랍국들은 이스라엘의 벤구리온 운하 건설에 반대한다. 이스라엘의 운하 건설 추진은 이스라엘과 서방 제국주의 국가들에 반대하여 아랍국들이 다시 단결하는 계기를 만든다. 가자지구의 팔레스타인인들에 대한 학살과 벤구리온 운하 건설 추진은 주요 아랍국가들이 브릭스 회원국으로 방향전환을 하게 된 계기 중 하나일 것이다.

<벤구리온운하>(출처: 나무위키)

<북극항로>(출처:해양수산부)

해상 운송로에 대한 통제권 시비는 아메리카 대륙의 파나마 운하를 두고도 일어나고 있다. 트럼프는 지난 2025년 1월 취임식에서 중국이 파나마 운하를 운영하고 있다며 파나마 운하를

되찾아 오겠다고 선언했다. 이에 파나마 정부는 주권 문제라 말하며, 운하 통제권은 외국 정부와 협상 의제가 될 수 없다고 일축했다. 파나마는 지난 2017년 타이완과 단교하고 중국과 국교를 수립하면서 중국의 자본으로 철도와 항만 등을 건설하는 일대일로 사업에 참여해 왔었다. 그러나 트럼프의 발언 이후 파나마 정부는 중국과의 경제협력을 축소하겠다는 뜻을 보일 만큼 트럼프의 눈치를 살피고 있다.

지구온난화로 북극의 해빙이 녹고 있어 뱃길이 열리고 있다. 북극항로를 이용해 부산항에서 네덜란드의 로테르담 항구까지 해상운송을 하면 기존의 수에즈 운하를 통한 경로보다도 40일에서 30일로 운송 기간이 줄어들고, 22,000km에서 15,000km로 운송 거리를 단축시켜 그 경제적 효과가 크다. 그래서 러시아를 비롯하여 중국과 미국, 캐나다 등의 나라에서는 북극항로 개척과 운행을 위해 발 빠르게 움직이고 있다. 북극항로는 러시아의 통제권 안에 있고, 러시아는 북극항로를 단순한 물류 통로가 아닌, 북극의 지정학적 연계성을 강화하고 국가발전을 이루는 핵심 동력으로 보고 국가역량을 집중하고 있다. 이미 중국은 러시아와 협력하여 일대일로 사업을 북극항로로 확장해 배를 띄웠다. 트럼프도 북극항로 통제권을 염두에 두고 알레스카에 군사력 강화 및 첨단무기 재배치를 통한 북극 방위 역량 강화에 열을 올리고 있으며, 그린란드를 팔라고 덴마크를 협박하고 있다. 그리고 북극항로를 운행할 선박제조(쇄빙선과 LNG운반선 등)를 위해 한국의 조선기술에 도움을 받고자 한다.

한국의 이재명 정부도 북극항로 사업을 본격적으로 착수하기 위해 해양수산부를 부산으로 이전하고 있고, K-조선업 르네상스를 천명하며 북극항로를 운행할 쇄빙선의 개발과 건조를 위한 지원 사업에 적극 나서고 있다.12) 이제 양대 제국주의 진영의 패권 싸움은 북극에서도 불붙고 있다.13)

5. 이스라엘-하마스 전쟁(학살)

1948년 5월 14일, 초대 총리 벤구리온은 이스라엘의 건국을 선포했다. 1947년 채택된 유엔의 권고안14)에 의하면 서부해안을 포함한 풍요로운 지역을 이스라엘에, 산악지역은 팔레스타인에 영토를 분할하는 것이었고, 이러한 유엔의 권고안을 팔레스타인 인들과 주변 아랍국들은 결사반대하였다. 이스라엘 건국선포 후 곧이어 시작된 주변 아랍국들과의 전쟁은 1차(1948년), 2차(1956년), 3차(1967년), 4차(1973년)에 걸쳐 진행되었으며, 이스라엘은 서안지구와 가자지구를 제외한 팔레스타인 영토 전체를 점령하게 된다. 주변국들과의 국경과 관련해서는, 이집트와의 종전협약에서 가자지구의 팔레스타인 지역까지도 이스라엘의 국경으로 하였고, 요르단과의 전쟁에서 서안지구의 팔레스타인 지역까지도 이스라엘 국경 안에 포함시켜 종전협약을 맺었다.

1987년 팔레스타인인들의 봉기(1차 인티파타)는 1993년 오슬

12) 참고자료: <https://www.hankyung.com/article/202504189918i>

13) 참고자료: <https://kims.or.kr/issubrief/kims-periscope/peri303/>

14) 유엔 권고안의 주요내용: 팔레스타인 지역을 유대인 국가와 아랍인 국가로 분할하고, 두 국가는 하나의 연합을 구성해 영국이 2년 더 관할하며, 영토의 분할은 아랍인이 훨씬 많았음에도 불구하고 56.47%(유대인), 42.88%(아랍인)로 하고, 예루살렘과 베들레헴은 신탁통치 지역(0.65%)으로 한다는 것.

로협정[15] 체결까지 이어졌고, 1차 인티파타로 인해 1,070여 명의 팔레스타인인들이 살해당했다. 평화협정이 아닌 지배협정으로 인식한 팔레스타인인들은 2000년-2005년 2차 인티파타를 일으켰고, 이스라엘의 첨단무기 공격에 자살폭탄 공격으로 맞섰다. 이스라엘은 가자지구와 서안지구 안에 지속적으로 점령촌을 확장해 들어가고, 팔레스타인인들은 점점 더 레바논, 요르단, 이집트의 국경 지역의 난민촌으로 내몰렸다.[16]

서안지구에서는 세속주의를 표방하는 '팔레스타인 자치정부(파타)'가 이스라엘과의 우호적인 관계 속에서 제한된 행정 권한을 행사하고 있고, 가자지구에서는 팔레스타인 지역 전체에서 유대인을 배제하고 팔레스타인 국가를 건설하고자 하는 이슬람 무장세력인 '하마스'가 통제력을 행사해 왔다. 자치정부(파타)와 하마스 두 세력 간 내전의 결과로 서안과 가자지구는 완전 분열되었고, 이후 2006년 1월, 총선에서 하마스가 자치정부에 승리하여 연합정부를 구성하고자 하였지만, 자치정부의 거부로 무산되고, 세금 징수권을 가진 이스라엘은 자치정부와 손잡고 팔레스타인 정부를 운영할, 거두어진 세금을 하마스에게 넘겨주지 않아 곤란을 겪게 하였다. 하마스를 적으로 규정한 이스라엘은 가자지구에 대한 군사공격을 더욱 맹렬하게 지속하였고, 팔레스타인 거주 지역은 8m 높이의 콘크리트 담장으로 둘러쳐진 분리장벽(서안지구 714km, 가자지구 65km)으로 하늘만 뚫린 거대한 감옥으로 변하였다.[17]

---

15) 팔레스타인인들의 지속되는 봉기로 협정이 이루어져 1994년 7월 서안지구와 가자지구에 팔레스타인 자치정부가 수립되었다. 서안지구는 이스라엘의 행정적 통제하에, 가자 지구는 이스라엘의 봉쇄하에 있었다.
16) 1,120만 팔레스타인인 가운데 최소 680만명(60% 이상)이 난민이다.
17) 원혜진, ≪아! 팔레스타인≫, 여우고개, 2013.

이스라엘이 가자지구의 하마스를 완전히 제거하고자 기를 쓰는 이유는 무엇일까?

1998년, 가자 연안에서 '가자 마린'이라는 대규모 가스전이 발견된 이후, 동지중해 연안에서 추가적인 대규모 가스전들이 연이어 발견되었다.[18] 하마스는 가자 연안의 가스전에 대해 러시아와 협약을 맺고 개발에 나서고자 했다. 그러나 이스라엘의 가자지구 봉쇄와 가자 연안 해역의 봉쇄조치로 인해 가스전 개발 계획은 무산되었다. 에너지 자원에 대한 이스라엘(그리고 미국)의 패권적 접근은 가스전 개발이익이 하마스를 더욱 강화할 것이라는 우려를 불식하기 위함이자, 가자 지구 연안의 가스전과 이스라엘의 타마르 가스전 등 인접한 가스전이 지하에서 서로 연결되어 있을 수 있어 그 개발이 용이한 가자 지구 연안을 확보하여 에너지 자원을 독점하고자 하는데 있다.

가자지구는 또한 이스라엘이 공들이는 벤구리온 운하의 시작점이기도 하다. 운하가 순조롭게 건설되고 안전하게 운영되려면 강력한 이슬람 무장세력인 하마스의 위협을 반드시 제거해야만 한다고 이스라엘(그리고 미국)은 생각한다. 이러한 가자지구의 전략적 중요성이 하마스 제거와 더불어 하마스와 긴밀한 관계를 맺고 사선에서 함께했던 가자지구의 팔레스타인인들을 라파 국경 너머로 내쫓거나 완전히 소멸시켜 잔존위협을 없애버리고자 하는 군사행동으로 나타나게 되는 것이다.

이 과정에서 미국의 적극적인 개입 이유는, 천연가스 개발과 유럽의 에너지 자원 시장에서의 주도권 행사와 더불어, 사업규모가 엄청

---

18) 가자 연안 가스전: 마린(1998년 발견. 311억m^3), 노아(1999년 확인. 311억m^3). 동지중해 연안 가스전: 달리트(2009년 확인. 142억m^3), 리바이어던(2010년 확인. 4531억m^3), 레바논 경제수역 가스전: 타마르(2009년 확인. 2379억m^3).

난 벤구리온 운하 건설과 이후 운하 운영에의 참여에 대한 의도 때문이다. 또한, 중국의 일대일로 사업을 견제 타격하고 상당기간 중동에서의 패권경쟁에서 우위를 점할 수 있을 것이라는 판단 때문이다.

2023년 10월 7일, 하마스의 대규모 이스라엘 기습공격으로 이스라엘과의 전면적인 전쟁이 시작되었다. 하마스 공격의 정치적 배경은, 사우디아라비아(아랍국)와 이스라엘의 수교를 위한 행보가 빠르게 진척되고 있는 상황이었고, 사우디-이스라엘의 수교가 이루어질 경우 팔레스타인은 이제 아랍국가들 사이에서마저도 잊혀질 존재라는 위기감에서 비롯된 것이었다.

전쟁의 결과는 참혹하다. 2025년 9월 말, 가자지구 보건부는 2년에 걸친 전쟁으로 인해 66,000여 명의 팔레스타인인들이 사망했으며, 사망자의 절반 이상이 어린이와 여성이라고 밝혔다. 이스라엘도 상당한 사망자 수가 있을 것이다. 도시와 마을은 가루가 되었다. 찢겨진 시신과 잿더미만 남았다. 미사일 파편과 기아와 질병으로 아이들과 여성들이 죽어가고, 수십미터 지하 터널을 오가며 하마스는 고전을 면치 못하고 있다.

이스라엘도 어렵기는 마찬가지이다. 주변 아랍국들과의 국경에서의 전쟁과 이란의 미사일 공격에 도시가 파괴되고 많은 사람들이 희생되었다. 전쟁을 종결 짓고 인질들을 빨리 살려야 한다며 반전시위는 전국으로 확대되어 가고 있고, 네타냐후와 시오니즘에 대한 반대와 분노의 목소리가 커져가고 있다.

국제적인 여론은 이스라엘에 등 돌린지 오래다. 전쟁을 지원했던 서방 제국주의 국가들마저 이제 지원 중단을 선언하고 빠른 종전을 요구하며 팔레스타인 국가건설을 지지하는 방향으로 돌아서고 있다. 압도적인 군사력으로 무장한 이스라엘의 무자비한 팔레스타인 학살에 각국에서는 반전시위가 확산되고 있고, 이스라엘을 지지하고 지원했던 서방의 제국주의 국가들마저도 이젠 자국민들의 반전시위와 부정적인 여론의 확산으로 인해 정치적 위기상황으로 내몰리자 이스라엘에 대한 지지를 철회하고 있는 것이다.19)

이러한 반전시위는 이스라엘 내부에서도 확대되고 있다. 현재 최대 규모의 시위는 인질 가족 단체와 일반시민이 주도하는 형태로 이루어지고 있으며, 전쟁 반대와 군대를 철수하고 팔레스타인 국가를 인정하라는 명확한 이슈를 걸고 하는 반전시위는 이스라엘 공산당이 주축인 정치조직 '하다쉬'가 주도하고 있다. 전쟁 초기의 반전시위에 대해서는 정부의 강력한 진압과 탄압이 따랐지만, 이제 시위 물결은 각 도시로 크게 확산되었다. 네타냐후도 이러한 흐름을 마냥 무시할 수는 없었을 것이다.

가자지구를 청소하고 미국의 휴양지를 짓겠다던 트럼프도 국제사회와 국내 반전여론을 무시할 수 없어 휴전을 주문하는 상황이 되었다. 2025년 9월 25일, 제80차 유엔총회가 미국에서 개최되는 기간 중 아랍 및 무슬림 지도자들과 트럼프가 다자간 회담을 가졌다.20) 정상들은 공동성명을 통해 정의롭고 지속적인 평화를 위해 첫 번째 단계로서 인질 석방을 보장하고 적절한 인도주의적 지원의 진입을 허용하기 위해 가자지구 전쟁을 종식시

19) 2025년 9월 22일, 뉴욕의 유엔본부에서 프랑스 마크롱 대통령은 자국이 팔레스타인 국가를 인정한다고 발표했다. 몰타, 룩셈부르크, 벨기에, 영국, 캐나다, 호주, 포르투갈에 이어 프랑스도 팔레스타인 국가를 인정하는데 합류한 것이다.

20) 회담 참가자는 요르단 국왕, 터키 대통령, 인도네시아 대통령, 파키스탄 총리, 아랍에미리트 부총리, 사우디아라비아 외무부장관, 카타르 에미르, 미국 트럼프 등이다. <https://alittihad44.com/%D8%B9%D8%B1%D8%A8%D9%8A-%D9%88%D8%B9%D8%A7%D9%84%D9%85%D9%8A/WSHtVLTFXSWzWZzdWpdShstrnymhR>

키고 즉각적인 휴전을 달성해야 할 필요성을 강조했다. 그들은 또한 서안지구와 예루살렘의 안정을 보장하고, 팔레스타인 자치 정부의 개혁 노력을 지원하며, 지역 안정화 계획의 세부 사항을 개발하겠다는 약속을 밝혔다.

회담 며칠 후인 9월 29일, 트럼프는 총 20개 항의 '가자 평화 구상'을 발표했다. 1단계 협상안의 핵심은 두 전쟁 당사자가 합의하는 즉시 적대행위를 중단하고 하마스는 이스라엘 인질(생존자 20명을 포함한 48명)을, 이스라엘은 하마스 종신형 수감자(250명)와 2023년 10월 7일 이후 구금된 가자지구 주민(1,700명)을 각각 석방하는 것이다. 인질 석방은 이스라엘이 합의를 공개적으로 수용하는 시점부터 72시간 이내에 이뤄져야 함을 내용으로 한다.

10월 8일(현지시간), 이스라엘과 하마스는 트럼프의 평화안 1단계에 합의했다. 그러나 이스라엘군의 완전철수와 하마스의 무장해제라는 양측의 핵심 요구에 대해서는 전혀 언급된 것이 없다. 양쪽이 내건 핵심 쟁점에 대한 양보 가능성은 아주 낮다. 하마스는 이스라엘군의 완전 철수와 팔레스타인 국가건설이 목표이고, 이스라엘은 안전을 위협하는 하마스의 완전 척결을 목표로 해왔기 때문이다. 그만큼 아직 갈 길이 멀다는 것이며, 합의된 휴전 또한 언제 뒤집어질지 예측 불가능한 것이다.

6. 아랍국가들의 정치체제와 다변화 전략

중동지역 아랍국가들의 정치형태를 살펴보자. 절대군주제 국가로는 사우디아라비아와 오만이 있고, 입헌군주제 국가로는 쿠웨이트, 바레인, 카타르, 요르단, 모로코 등이 있다. 아랍에미레이트(UAE)는 7개 토후국의 연합체이며, 각 토후국은 절대군주국에 가깝고, 군주 중에서 연방의 대통령을 선출하는 연방군주제의 독특한 형태이다. 이란은 이슬람 공화국이며, 예멘이나 수단과 같이 공화국이라 하지만 아랍국가들 대부분은 정치형태와는 무관하게 이슬람 율법에 기초한 공화국이거나 이것을 이용한 왕정체제이다. 이라크, 시리아, 팔레스타인, 레바논 등도 공화국이지만 통치이념은 이슬람 율법에 기초한다.

중동의 산유국들[21] 대부분은 아직까지 왕정체제를 유지하고 있다. 서방의 국가들은 중동의 석유자원 때문에 이들 왕정 정치가 유지되는데 도움을 주었고, 내전 발발시 양측에 군사지원을 하여 정치적 영향력을 높여왔다. 산유국들은 대체로 국민들의 경제생활을 크게 불만이 없을 만큼 보장해 주기에 정부에 대한 불만이나 저항의식이 낮다. 물론 그 재원은 석유판매 수익금이다. 그렇기에 아직까지도 왕정체제가 지속될 수 있었던 것이다. 혹여나 정부에 반대하는 일이 있다면 혹독한 탄압이 뒤따른다. 왕정국가들이 더 민감하게 당근과 채찍을 통치수단으로 활용한다.

산유국들의 노동자 인민들은 별로 저항의지가 없이 현실에 안주하지만, 이주노동자들은 열악한 처우와 현실 때문에 시위에 종종 나서게 되는데, 이들에 대한 국가의 탄압은 무자비하다. 소수의 사회주의자들과 노조 활동가들은 불법으로 규정된 제도와 가혹한 탄압에 의해 활동이 지하화되어 어려움을 겪고 있다. 중동지역에서의 반공주의는 왕정을 유지하기 위해 제국주의자들의 비위를 맞추고, 제국주의 정보기관의 공작 활동의 결과로 반공

---

21) 왕정: 사우디아라비아, 아랍에미리트, 카타르, 쿠웨이트, 오만. 이슬람 공화국: 이란. 연방제 공화국: 이라크 등이 있다.

무슬림 무장세력들이 준동하면서 더욱 공고해졌다.

비산유국에서는 경제난과 인권문제로 인해 정부에 대한 저항과 시위가 심심찮게 일어난다. 이슬람근본주의자들의 비세속적 통제는 많은 인권문제를 야기한다. 여성의 히잡 강제에 대한 반대시위는 잘 알려진 내용이기도 하다.

아랍의 국가들이 기존 서방 중심 질서에 대한 다변화를 모색하고, 경제적 이익 추구와 다극화된 세계질서 속에서 자신들의 입지를 다지고 국제적 영향력 확대를 위해 브릭스 회원국으로 가입하고 있다. 이란, 이집트, 에티오피아, 아랍에미리트 등 아랍 주요 국가들이 2025년 브릭스 회원국으로 가입하였고, 사우디도 브릭스 파트너국으로서 회원국 가입을 타산하고 있다. 아랍인(팔레스타인인)에 대한 학살과 벤구리온 운하 건설과 관련하여 아랍국들의 반대와 결집 현상도 일정 부분 반영되었을 것이며, 탈달러화로 서방의 경제 제재를 우회하고 외교적 고립을 탈피하고자 하는 의도도 있을 것이다.

7. 노동자계급과 체제변혁 세력에 대한 탄압

중동지역에서 공산당이나 사회주의 계열의 정당이 합법적으로 활동하거나 선거에 참여하는 나라는 이스라엘(하다쉬)[22], 레바논(레바논 공산당)[23], 이라크(이라크 공산당)[24], 팔레스타인(팔레스

22) 1977년 3월 15일, 신공산당(라카)과 무소속의원 모임이 1977년 선거를 준비하며 당명을 하다쉬로 변경하면서 결성됨. 좌익단체들까지를 포괄하여 '하다쉬'라는 이름으로 사회주의와 노동자권리를 옹호하며 선거에 참여하고 의석을 획득하는 등의 활동을 펼치고 있지만, 여전히 '이스라엘 공산당'은 독립정당의 지위를 유지하고 있음. <위키피디아>

타인 인민당)[25] 등이 있다. 시리아의 경우, 기존 바샤르 알아사드 정권하에서는 여러 정당이 존재했으나, 집권당이었던 '아랍사회주의 바트당[26]'이 주도하는 '민족진보전선'에 가입하는 등의

---

23) 1924년 10월 24일 설립. 맑스-레닌주의 표방.

24) 1934년 3월 31일 창당. 바트당과 사담 후세인 정권하에서 큰 타격을 입었다. 2003년 미국의 이라크 침공 이후 설립된 새로운 정치기관에 협력함. 2021년 이라크 의회 선거를 보이콧 함. <위키피디아>

25) 1922년 1월, 시오니즘에 반감을 품은 쏘련 출신 유대인 이민자들이 팔레스타인에서 팔레스타인공산당(PCP)을 창당함. 팔레스타인 공산당은 1924년 코민테른의 승인을 받고 가입했지만, 이후 코민테른 지도부의 지시와 아랍 및 유대인 공동체의 민족주의적 요구 사이에서 분열되었다. 1920년대 후반 아랍인들이 가입하기 시작했고, 1930년대에는 코민테른의 지시에 따라 당을 '아랍화'하고 아랍인들을 지도부에 영입하기 시작했다. 1936~1939년 사이의 아랍 반란 당시에는 민족적 분열이 심화되었다. 이후 PCP는 아랍민족주의를 지지하고 시오니스트 제국주의를 규탄했다. 1943년 유대인과 아랍인 사이의 긴장으로 분열이 일어났고, 1944년 팔레스타인 회원 대부분이 새로 창설된 민족해방연맹(NLL)에 가입했다. 4년 후 쏘련의 팔레스타인 분할 지원으로 유대계 공산주의자와 팔레스타인 아랍계 공산주의자 사이에 단절이 발생했다. 아랍-이스라엘 전쟁(1948) 이후 당시 대부분 유대인으로 구성된 PCP는 이스라엘 공산당이 되었고, NLL 구성원을 포함 이스라엘 내 많은 팔레스타인인이 PCC에 가입했다. 가자 지구에서 NLL과 이전 팔레스타인 PCP 구성원은 가자 공산당을 창당했다. NLL은 1951년까지 서안 지구에 존재했고, 그 당시 많은 구성원이 요르단 공산주의자와 연합하여 요르단 공산당(JCP)을 결성했다. JCP는 1967년 이후 이스라엘 점령에 저항하는데 적극 나섰고, 1975년 서안지구 지부는 팔레스타인 공산주의 조직(PCO)이 되었다. 1982년, 내부 갈등으로 JCP가 분열되자 JCP와 PCO 소속 팔레스타인인들은 팔레스타인 해방기구(PLO)를 지지하는 새로운 팔레스타인 공산당을 창당했다. 1987년 4월, 팔레스타인 민족평의회(PNC)는 PLO 집행위원회에 PCP 대표를 선출했다. 1991년 쏘련 붕괴 이후 PCP는 팔레스타인 인민당(PPP)으로 개명 한다.
<https://www.encyclopedia.com/politics/dictionaries-thesauruses-pictures-and-press-releases/palestine-communist-party>

제한적인 조건하에서만 합법 활동이 가능했다. 시리아 공산당의 일부 분파는 이 전선에 참여하여 활동했다. 하지만 2024년 12월 바샤르 알아사드 정권이 붕괴된 후, 과도정부가 들어서면서 시리아 공산당은 조직 활동이 금지되고 해산되었다. 과거의 이라크처럼 '아랍 사회주의'를 표방했던 바트당 치하에서도 다른 공산주의 정당이나 사회주의 정당이 제한을 받았거나 아예 금지되었던 경우도 있었다.

중동지역의 절대 군주국들(사우디아라비아, 오만)에서는 일반적으로 모든 형태의 정치 · 정당활동 자체가 금지되어 있다. 사우디아라비아는 국왕과 왕실에 대한 비판이나 체제전복을 목표로 하는 어떠한 정치조직이나 활동도 엄격하게 금지하고 사형을 선고하는 등의 탄압을 해 왔다. 특히 공산당과 같은 조직이나 독립적인 노동운동은 국가의 정치 · 종교적 질서에 대한 중대한 도전으로 간주되어 강력한 탄압의 대상이 되었다. 2018년 반정부 언론인 '자말 카슈끄지' 암살은 모든 종류의 반정부인사에 대한 무자비한 대응이 있음을 보여준다. 사우디아라비아는 노동자들의 자주적인 노조 조직화나 파업을 금지한다. 노동자의 권리를 옹호하거나 정부를 비판하는 온라인 발언도 사이버 범죄법 등의 적용으로 처벌하는 등, 표현의 자유를 강력히 억압하고 노동운동가들의 활동 기반을 원천 봉쇄한다. 사우디 노동력의 상당 부분을 차지하는 이주노동자들은 심각한 착취와 인권침해에 노출되어왔다. 2023년 8월, 예멘에서 사우디로 밀입국을 시도하는 에디오피아 이주민들에 대한 무자비한 총격으로 655명이 학살당한 사

26) 정식명칭은 '아랍 사회주의 부흥당'. 1947년 시리아에서 창당. 바트당 중앙당은 범아랍 세계 전체를 관할하고 아랍 국가들마다 지역당이 있는 구조이다. 대표적으로는 시리아와 이라크에 바트당이 있었고, 2003년 미국의 이라크 침공으로 붕괴되고, 2024년 시리아 내전에서 반군에 패배하면서 몰락함.

례도 있었다.[27]

사우디아라비아는 수니파의 맹주 역할을 한다. 시아파의 맹주인 이란과는 중동지역에서 항상 패권 다툼을 해 왔고, 갈등과 협력이 교차하는 복잡한 관계를 지속해 왔다. 이란이 헤즈볼라와 후티[28] 반군을 지원해 왔다면, 사우디아라비아는 이슬람형제단과 같은 무장세력을 지원해 왔다. 그리고 두 나라는 예멘과 시리아 내전에서 서로 다른 정파 세력을 지원하면서 대리전 형태의 갈등을 표출하기도 했다.

시아파의 맹주이자 이슬람 공화국인 이란은 이슬람 율법을 기반으로 한 신정주의 정치형태를 취하고 있다. 그렇기때문에 공산주의, 사회주의 계열의 정치활동과 노동운동이 모두 불법이며, 매우 강력한 탄압이 이루어져 왔다. 이란 정부(이슬람 공화국)는 집권 직후부터 좌익세력을 체제를 위협하는 주요 세력으로 규정하고 물리적, 제도적 탄압을 가했다. 1979년 이슬람 혁명 초기에 투데당[29]과 다양한 공산주의, 사회주의, 게릴라 단체들은 팔레비 왕조를 타도하는데 일시적으로 이슬람 혁명세력과 연대했으나, 호메이니(이슬람 혁명 지도자)는 권력을 공고히 하면서 이들 세력을 최대 위협으로 간주하고 제거했다. 1982년경 투데당 지도부를 포함하여 좌익 활동가들이 대규모 체포되어 고문당하고 투옥되고 처형당했다. 1988년 여름, 이란 정부는 수천 명의 정치범

---

27) "인권단체 "사우디 국경수비대, 에티오피아 이주민 수백명 학살"", <KBS>, 2023. 8. 21. <https://share.google/uPI99MsM1SY36A0YJ>

28) 예멘과 사우디아라비아 남부에서 활동하는 이슬람 근본주의 조직. 이 조직은 봉기 이후 현재 예멘 통일 이전 북예멘 전체 영토에 필적하는 영역을 통제하고 있어 사실상 예멘의 실질 집권세력이다. 반공·반서방·반미·반유대주의 표방.

29) 이란의 맑스-레닌주의 공산당. 1941년 창당. 1953년 탄압으로 당에 큰 타격 입음. 1982-88년, 대량체포와 처형이 이루어짐.

(대부분 사회주의 계열의 활동가)을 집단 학살했다. 이후에도 노동운동가들은 지속적인 탄압을 받고 있다. 교사, 운전기사, 사탕수수 노동자 등 독립적인 노동조합을 조직하거나 파업을 주도하는 노동운동가들은 '국가안보위협', '반체제 선전' 등의 혐의로 체포·구금되고, 장기 징역형이나 태형 등의 가혹한 처벌이 선고된다.

또한, 이란 이슬람 정부는 여성의 신체적 자유, 사회 참여, 법적 지위 등 광범위한 영역에 걸쳐 차별과 억압을 가하고 있다. 대표적인 사례는 히잡 의무 착용이다. 공공장소에서 히잡 착용을 안 한 여성은 체포되고 구금되며 물리적인 폭력이 가해지고, 최대 10년 징역형이 선고될 수 있다.[30] 남성 스포츠 경기를 관람하는 것도 금지된다. 공공장소에서 노래를 부르거나 음악을 연주하는 것도 제한된다. 여성의 해외여행 시에는 남성 보호자의 동행이 필요하다. 여성 인권 옹호자들은 '국가안보위협' 등의 혐의로 체포되고 장기 징역형을 선고받는 경우가 빈번하다.

이스라엘의 팔레스타인 학살로 인해 그동안 이란 정부가 행한 인권탄압과 정치적 억압이 많이 가리워져 있다. 이러한 상황에서 이란이 이스라엘로 보낸 수천발의 미사일 세례에 많은 사람들이 환호하는 모습을 본다.[31] 그리고 그 미사일은 이스라엘 인민들

30) 2022년 9월, 히잡 미착용으로 체포되어 의문사한 22세 여성의 사건을 계기로 사회적 저항운동이 격렬하게 일어났고, 시위에 대한 당국의 유혈진압으로 500명 이상이 사망하고 2만 명 이상이 체포되었다. 잔인한 탄압에도 불구하고 저항이 계속되자 정부의 통제가 자포자기 상태로 느슨해진 상황이며, 이러한 상황에서 지금은 약 20% 정도의 여성들이 히잡 착용 없이 거리를 활보하는 등 변화를 보이고 있다. ('KBS 세계는 지금', <KBS>, 2023. 9. 23. 방영)

31) 2024년 4월 13-14일에는 시리아주재 이란 영사관 공습에 대한 보복으로 300여 발의 드론과 순항미사일을 발사하였고, 동년 10월 1일에는

의 머리위로 쏟아져 내렸다.

이집트에서도 군부 주도의 권위주의 정권이 장기 집권하면서 공산당, 사회주의 활동가, 독립적인 노동운동가를 국가 안보와 체제안정을 위협하는 세력으로 간주하고 조직적이고 폭력적인 방식으로 탄압하고 있다. 고문, 살해, 날조된 혐의 기소, 법률적 제약 등 모든 수단을 동원하여 탄압한다. 특히 2013년 군부 쿠데타[32]이후 이러한 탄압은 더욱 강화되었다.

위에서 대표적인 중동국가들을 살펴보았듯이 왕정, 이슬람 공화정 체제하에서의 중동국가들에서 공산주의 운동과 노동운동에 대한 가혹한 탄압은 공통적으로 나타나고 있는 현상이다. 이러한 현상들은 특별한 계기가 없는 한 상당한 기간동안 지속되어질 전망이다. 그만큼 중동지역에서의 노동자계급의 해방투쟁이 어려움을 겪고 있다는 것이다. 그러나 억압이 강하다면 저항 또한 강하다는 것을 우리는 한국의 역사 속에서 배운바 있듯이, 중동지역의 노동자계급 해방투쟁 또한 강력하게 분출되는 날이 곧 올 수도 있을 것이라 기대한다.

‘이스라엘 공산당’과 ‘하다쉬’의 팔레스타인인에 대한 연대와

레바논에서 헤즈볼라 지도자를 암살한 것에 대한 보복으로 200여 발의 탄도미사일을 발사했다. 그러나 미사일의 대부분은 요격되었다. 그리고 2025년 6월 13일경, 이스라엘이 이란 본토의 핵시설 등에 공습을 가한 보복으로 수백 발의 미사일과 드론을 발사하여 약 150-200기가 이스라엘의 목표물을 타격한 것으로 보도되었다.

32) 2013년 7월 3일, 이집트 육군참모총장 압델 파타 엘시시 장군이 군대를 이끌고 민주적으로 선출된 모하메드 모르시 대통령을 몰아내고 2012년 이집트 헌법을 정지시켰다. 군은 모르시 대통령과 무슬림 형제단 지도자들을 체포하고, 최고 헌법재판소장 아들리 만수르를 이집트의 임시대통령으로 선포했다.

반전시위에서, 그리고 '팔레스타인 인민당'과 더불어 엄혹한 탄압 하에서도 끈질기게 지하활동을 전개하고 있는, 아직은 소수이지만 아랍국가들 내의 혁명적 활동가들이 있어 중동지역에서 노동자계급 정치투쟁의 성장가능성에 대한 희망을 본다.

8. 반제 · 반전 · 사회주의혁명 투쟁으로

레닌은 ≪제국주의론≫에서, 제국주의는 "자본주의 최고의 단계"이고, "사회주의 혁명의 전야"라고 하였다. 제국주의 국가들이 양대 진영으로 갈라져 몸집을 키우고 패권 다툼을 하며, 세계적 차원의 군사적 대결로 긴장을 격화시켜 나가는 것은 노동자계급과 인민들에게 있어서는 극히 위험한 일이다. 제국주의 전쟁은 재앙일 뿐이다. 제국주의 전쟁, 특히 3차 세계대전으로 치달을 수 있는 다극적 제국주의 체제하에서의 노동자계급은 자국 내에서의 치열한 반제 · 반전 투쟁과 더불어 노동자 국제연대에 적극 나서야 한다.

러-우 전쟁과 중동지역에서의 전쟁은, 착취계급 진영 내부의 권력 다툼과 제국주의 다극 진영 내부의 지배, 통제, 이해관계에 따른 전쟁과 대립일 뿐이다.[33] 누가 이기든 노동자 인민들에 대한 착취와 생존의 고통은 여전할 것이다. 이 전쟁을 계급투쟁(내전)으로 전환시켜 낼 노동자계급의 정치역량을 키워야 하는 과제

33) 오랜 세월 동안 서방 제국주의 국가들의 전폭적인 지지, 지원하에 이스라엘 제국주의와 시오니즘(신나찌즘)에 학살당하고 삶의 터전에서 쫓겨나 불가피하게 저항전을 펼치고 있는 팔레스타인(하마스)해방전쟁에 대한 평가는 달리해야 할 것이다.

가 중요하다. 분단과 국가보안법 하에서 탄압받아 온 한국의 노동자계급 역시도 마찬가지 과제에 직면해 있다.

신정정치와 왕정정치, 부르주아 민족주의(유대민족주의 · 아랍민족주의)와 제국주의 패권경쟁이 판치는 중동지역에서의 기본모순도 노-자간의 계급모순이다. 노동자계급의 조직화와 정치적 성장에 제한과 탄압이 가해지고 있지만, 노동자계급은 이러한 탄압을 극복해야만 한다. 아랍 각국의 노동자계급과 인민들이 이스라엘의 노동자 인민들과 단결하고 연대하여 공동의 목소리를 내고 함께 투쟁하는 길을 모색하는 것이 중요하다. 이스라엘 공산당(하다쉬)과 아랍국의 공산주의 세력들이 단결을 모색하고, 각국의 지배계급과 제국주의자들의 정치적 음모를 폭로하며 노동자계급의 투쟁을 이끌어야 할 것이다.

문제는 자본주의이고 해법은 계급투쟁에 의한 사회변혁이다. 투쟁의 전략적 전망을 분명히 하고 각국 지배계급에 맞서 조직하고 투쟁하며 노동자계급의 국제적 연대를 위해 분투해야 한다.

한국의 노동자계급도 노동자 국제주의 원칙에 입각하여 중동지역의 노동자계급과 인민들에 연대하고 지원해야 할 것이다. 무기판매와 군수산업 부흥에 열을 올리고 있는 한국 정부에 대해서도 경제적 · 군사적 지원(무기판매)을 중단할 것을 요구하고 투쟁해야 한다. 그리고 무엇보다도 한반도 전쟁 상황 종식과 더불어 평화협정을 체결하고, 노동자계급의 권력을 세워 착취 없는 세상, 모두가 함께하는 해방세상을 향해 발전해 갈 수 있도록 계급적 · 독자적 정치역량을 성장시켜 나가는데 주력해야 할 것이다. **노사과연**

올바른 변혁 전망을 잃지말자
— 쏘련 사회주의의 교훈

조명제 | 회원

지극히 주관적 생각이긴 하지만, 대선과 총선 등의 선거 이후에 계급의식과 정치의식이 후퇴해 감을 느낀다. '열린 공간'으로서의 선거국면을 활용한다고 뛰어들지만 막상 그 국면이 되면, 구호와 슬로건의 대중으로의 확장성은 고사하고 이내 변혁성 자체를 잃고 소부르주아적 요구로 전락하는 경우가 허다하다. 선거 자체가 노동자를 착취할 적임자를 뽑는 부르주아들의 잔치판이기 때문에 그 한계와 후유증이라는 어쩔 수 없는 면도 있다.

그러나 과거 독일사회주의노동자당은 서슬이 퍼렇던 비스마르크의 '사회주의 탄압법' 시기에 올바른 대응을 통해 오히려 선거 승리를 이룬 사례도 있다.[1] 물론 독일사회주의노동자당이 노동자계급의 정치참모부인 계급정당이었기에 가능하기는 했지만 말이다.

---

1) 맑스주의 원칙을 고수하며 당내 양대 흐름의 한 축이었던 개량주의 '라쌀레파'를 근절시키고, 맑스 엥엘스의 영향 하에 국내외 활동을 벌여 선전물의 제작 유통과 은밀한 회합 · 집회를 성사시켰으며, 의회 연단을 활용하여 사회주의를 선전한 독일사회주의노동당은 탄압을 훌륭히 극복하며 오히려 당세를 확장하였다. 1871년 총선에서 얻은 2명의 의원과 10만의 득표가, 1890년 '사회주의 탄압법' 폐기 후 총선에서는 35명의 의원과 150만 득표(19.7%)의 성과로 확대 되었고, 독일의 노동자 인민은 비스마르크를 전복시켰다. (F. 엥엘스, "독일에서의 사회주의"(1891), ≪칼 맑스 프리드리히 엥겔스 저작 선집≫제6권, 박종철 출판사, 1997, pp. 355-363에서 발췌.)

선거는 지배계급의 수많은 통치수단의 하나일 뿐이다. 생산수단을 장악한 자본가계급의 이데올로기 지배에 주된 역할을 하는, 과거에 비해 엄청나게 비대해진 선전매체의 공세는 대중뿐만 아니라 활동가들에게도 큰 영향을 미치고 있다. 체제 변혁을 위한 무기로서 노동자계급의 올바른 정치사상의 확립이 무엇보다 중요한 것이다.

역사적 경과적 체제로서의 현 자본주의 사회

발전하는 생산력에 조응하지 못하는 기존 생산관계의 파탄과 그 생산력에 조응하는 새로운 생산관계와 사회구성체의 형성이 인류 역사의 변화, 발전 과정이고, 지금의 자본주의 사회 역시 그러한 역사적 경과적 성격을 벗어날 수는 없다. 즉 이전 사회 내부모순의 필연적 해결의 결과에 의해 자본주의 사회가 형성되었듯이, 자본주의 역시 생산관계의 적대적 모순의 해결로서 보다 발전한 사회로의 필연적 이행의 운명을 거스를 수는 없는 것이다.

그런데 자본주의가 영원히 존재할 것이라는 자본가와 부르주아 경제학자들의 주장에 영향을 받은 '진보적' 인사들은, 이 자본주의 사회에서, 노동자계급과 자본가계급이라는 적대적 성격의 생산관계가, 토대로서 자본주의 사회의 일체의 상부구조를 규정한다는 것을 인식하지 못하고 있다. 물질적 생산수단을 장악한 자본가계급이 정신적 생산수단까지 장악하게 되는데, 그들 지배계급의 이데올로기에 깊숙이 침윤되어 근본적 해결에의 전망이 부재한 채, 온갖 사민주의적·개량주의적 논리를 펴고 있다.

인종, 여성, 환경, 탈핵, 생태 등 노자간의 적대적 모순의 규정성에 의해 현상화되는 수많은 현실과 노자간의 계급 문제를 수평적 반열에 두어 결국 해결 방식도 따로이, 체제 순응적으로 모색하는 것이 그것이다. 자본주의적 생산관계에 의해 벌어지는 온갖 현상들은 그 생산관계의 해소를 통해서만 해결될 수 있을 따름이다. 예컨대, 자본주의 생산관계 하에서는 자본주의적 분배관계가 만들어질 수밖에 없고, 그것이 임금이고, 이윤, 이자, 지대 등 일 텐데, 그러한 생산관계가 엄연히 유지되고 있는 상태에서, 소위 '기본소득'이라는 것이 그 정책의 현실화는 차치하고라도, 그것을 수단으로 노동자 인민의 착취의 현실을 해결할 수는 없는 것이다.

또한 자본주의 세계체제로서의 제국주의에 대한 잘못된 이해로 인해 '적'과 '아'를 구분 못하고 오히려 그들을 위해 봉사하는 역할을 하는 경우가 있는데, 이미 제국주의 국가로서의 활약을 충분히 하고 있는 중국과 러시아에 대한 인식부재와 레닌의 '한 줌도 되지 않는'이라는 표현에 집착하여 한국도 일원일 수밖에 없는 '시스템으로서의 제국주의'에 대한 몰이해가 그것이다.

쏘련 사회주의에 대한 이해

1991년 쏘련의 몰락은 자국의 노동자·인민뿐만 아니라 전 세계 노동자·인민들에게 커다란 좌절을 안겼다. 자신들이 지향하는 체제로서 현실에 존재했던 사회가 눈앞에서 무너지는 것을 목도한 것이다. 패배주의가 만연하고, 그 틈을 타, 혁명 후 쏘련이 이룬 찬란한 성과가 은폐되거나 왜곡되었다. 물론 자본가들과 그 하수인들이 주도하고 그것에 편승한 부르주아 학자들이 이전부터 저질러 온 일이지만, 더욱 기승을 부리게 되었다. 전망은 멀어지고 온갖 거짓과 개량주의가 난무하여 여전히 갈 길을 어지럽히고 있다.

그러나, 자본주의는 자신이 그렇게 등장했듯이, 궁극에 달한 자신 내부의 모순으로 인해 다음 사회를 위해 사라질 수밖에 없는 운명에 처해 있다. 객관적 조건은 무르익을 대로 무르익었지만, 주체적 역량은 거대한 자본의 힘에 눌려 아직 이렇다 할 힘을 쓰지 못하는 것이 현실이다. 쏘련 사회주의에 대한 거짓과 왜곡을 걷어내고 그 성과를 되찾는 것은 운동의 전망을 밝히고 (독점)자본과의 싸움에 승리하기 위해 꼭 필요한 일이다.

내전에서의 승리

혁명의 감격이 사라지기도 전에 러시아는 반혁명 세력과 백군과의 내전, 그리고 제국주의 국가들의 침략과 개입에 맞서야 했다. 당시 군대가 거의 없었던 러시아는 주로 노동자계급과 농민 중에서 병사를 선발하여 적들과 맞섰는데, 당은 열성 공산당원을 군대에 동원했고 공산주의 청년동맹, 노동조합은 선진 노동자를 군대로 조직하는 데 앞장섰다.

5년에 걸친 내전에서 승리할 수 있었던 것은, 러시아 혁명 후 지주들로부터 토지를 획득한 농민들과 노동자계급의 동맹이 공고했기 때문이다. 이 강고한 노농동맹은, 내전에서뿐만 아니라 뜨로츠끼와 그 일파들, 그리고 좌익공산주의자들의 집요한 분파주의적 공세에도 불구하고 쏘련 경제와 역사 전체에 걸쳐 관철되었다.

쏘비에트 연방이 구성되기 전이었지만, 각 민족들은 내전이 일어나자 그들 지역으로 진군하는 적들을 무력화시키는 역할을 톡톡히 하였고, 제국주의 국가들의 노동자계급과 인민들은 쏘련에 대한 공격을 반대하는 투쟁을 광범위하게 전개했다. 이러한 연대투쟁과 지지를 받을 수 있었던 이유는, 민족 자결권의 옹호로 프롤레타리아 국제주의를 실천했기에 가능한 것이었다.

신경제 정책(NEP)을 통한 생산력의 발전과 사회주의 생산관계의 확립

혁명에 성공한 러시아는 유럽에서 가장 뒤처진 자본주의 국가였다. 낮은 생산력 수준 하에 벌어진 5년간의 내전은 러시아의 경제를 참혹하게 만들었다. 토지개혁 이후 농촌에서는 광범위한 소농민 층이 형성되었고 내전 시기 식량 거래의 국가독점과 가혹한 징발이 반발을 사기도 했다.

이러한 상황에서 신경제 정책이 실시되었다. 쏘련 경제는 국유화된 사회주의 경제 부문, 소농민의 소부르주아 경제 부문, 사적 자본주의 경제 부문, 국가자본주의 경제 부문, 전(前) 자본주의적인 자연경제로 구성되게 되었다. 그러나 이 관계는 사회주의 경제 부문이 주도적 위치를 차지하고, 계획이 시장을 주도하고 활용하는 방식을 관철해 나가는 관계였다. 피폐한 경제를 살리고 노농동맹의 원칙 아래 농민에게 일정하게 양보하는 방식을 택하면서, 사회주의 건설의 현실적이고 유일한 길은 '상품-화폐 관계를 전제로 하는 계획 경제의 길'로서의 신경제 정책이라는 것이다.

해를 거듭할수록 생산력은 늘어나고 공업에서의 사회주의적 부문이 압도적 위치를 차지하게 된다. 공업이 계획성의 원칙에 따라 생산력을 높여 가는 반면, 소농 경영 방식이 더 이상 생산력을 높이지 못하게 되자, 농업의 기계화와 함께 대규모의 집단적 생산 체제 과정에 들어서게 된다. '성공에 도취되어' 무리한 농업집단화 과정이 있었으나, 농민의 자발성을 회복하여 1937년에는 전체 농가의 93%, 경작 면적의 99.1%가 집단화 되었다. 살인과 방화까지 동원해 집단화에 저항하고, 소농 생산에 기생해 곡물투기와 곡물파업까지 자행했으며, 빈농을 착취해 부를 축적하고 전체 농업생산력의 발전을 가로막았던 부농(꿀락)도 동시에 몰락해갔다.

1920년대를 규정했던 계획과 시장의 모순이 계획의 주도성으로 결말지어지고 본격적으로 계획경제의 시기에 들어선 것이다. 생산수단의 전인민적 소유를 통한 사회주의 생산관계의 완성, 생산력의 거대한 발전과 인민의 소비수준과 교육·문화 수준의 향상, 농업국에서 공업국으로의 전환 등, 쏘련은 스딸린과 볼셰비키 당의 신경제 정책과 1·2차 5개년계획의 실시를 통해 비약적 발전을 이루게 된다. 특히 자본주의가 1930년대 세계 대공황으로 신음할 때 이룬 비약적 성과는 전 세계 노동자와 인민들에게 현실 사회주의의 우월성을 여실히 증명하며, 계급운동과 민족해방운동을 세계적으로 고양시켰다.

제2차 세계대전 승리와 사회주의의 확장

1930년대 내내 대공황의 늪에서 벗어나지 못한 자본주의는 그 해결을 전쟁에서 찾을 수밖에 없었고, 결국 나찌 히틀러의 도발로 제2차 세계대전이 발발하게 된다. 영국, 프랑스의 방관 하에 쏘련을 침공한 독일군은 쏘련 병사와 인민들의 영웅적인 투쟁에 의해 패퇴하고, 6천만명 이상의 사망자를 비롯한 수많은 인명피해와 기반 산업시설과 농업의 파괴를 남긴 전쟁은 연합국의 승리로 끝나게 된다. 가장 큰 피해를 입은 쏘련은, 전쟁 사망 인구의 절반을 헤아리는 2,600만명 이상의 사망이라는 희생에도 불구하고, 신속히 전후 복구에 돌입하여 4차 5개년 계획이 끝나는 1950년에 공업 생산은 전전(戰前)에 비해 73%를 초과하고 농업 생산은 1940년의 99%에 이르게 된다.

그리고 이 기간은 동유럽 각국의 인민들이 파시즘 세력을 제거하고 토지개혁 등 사회주의를 향한 개혁이 진행되는 시기이기도 했다. 이 과정에서 쏘련은 그들에 대한 제국주의 세력의 방해와 국내 반동세력의 준동을 저지하는 역할을 했고 경제적 지원을 통해 사회주의적 발전을 적극 지원하였다. 당시의 정세에서 프롤레타리아 국제주의가 훌륭히 수행되었던 것이다.

스딸린 사망과 후르쇼프 수정주의 그리고 쏘련의 붕괴

쏘련의 눈부신 발전과 동유럽을 비롯한 세계 각국의 사회주의적 발전은 스딸린 집권 시기에 이루어진 것이다. 그리고 이 시기 쏘련은 국내 관료주의 척결에 매진하는 한편, 전쟁 이후 제국주의의 공격에 맞서 사회주의를 수호하는 '체제 대립'을 주도하게 된다.

그러나 스딸린의 돌연한 사망 이후, 일개 중앙당 서기에 불과했던 후루쇼프는 쿠데타와 20차 당대회에서의 '비밀연설'이라는 음모적인 방식으로 권력을 장악하게 된다. 그는 스딸린이 권력욕에 사로잡혀 정적과 무고한 인민들을 박해하고 처형했다는 음해와 거짓으로 점철된 연설을 했고, 또한 스딸린의 혁명적 레닌주의적 노선을 탄핵하고 개량주의적 노선을 천명하게 된다. 흐루쇼프의 집권은 쏘련에서의 관료주의의 발흥을 의미했다. 흐루쇼프의 수정주의 이후 계속된 개량주의 정책으로 인해, 레닌과 스탈린이 이룩한 사회주의적 성과는 서서히 잠식되어 갔다. 계획 경제하에 통제되고 관리되어야 할 '상품-화폐 관계'는 역전되어 자본주의적 상품-화폐 관계가 득세하게 되고, 전 인민적 소유의 생산수단인 기관과 시설은 그것을 관리하는 자들의 소유하에 들어가게 되었다. 인민은 생산수단으로부터 '자유'로워지고 새롭게 자본주의 '본원적 축적'이 이루어지게 되었다. 안으로부터 허물어진 동구권과 쏘련의 사회주의 체제는 끊임없는 제국주의의 압박과 그들의 지원을 받은 반동세력에 의해 마침내 1989-91년 동안 몰락하게 된다.

쏘련 사회주의와 스탈린에 대한 음해

러시아혁명 이후 나날이 현실화되는 사회주의 체제의 우월성은 전세계 노동자 인민에게 희망을 주었고, 동시에 착취를 본질로 하는 자본주의에 대한 인민의 분노와 저항을 고조시켜 자본가계급과 제국주의 세력의 위기감은 날로 커져갔다. 제국주의 세력들은 직접적인 무력 침공과 더불어 끊임없이 국내외 반혁명 세력을 추동하여 쏘련의 전복을 시도하였다. 동시에 쏘련 사회에 대한 비방과 왜곡이 벌어지고 특히 집권 시기 동안 엄청난 경제

성장과 사회발전을 이룬, 스딸린에 대한 거짓과 비방이 조직적이고 광범위하게 벌어지게 된다. 스딸린 사후 더욱 극심해진 '스딸린 악마화'는 사회주의 쏘련에 대한 몰이해와 근거 없는 비방으로 이어져 지금껏 운동의 전망을 가로막고 있다. 대표적인 몇가지 사례를 보자.

쏘련은 국가자본주의 사회라는 왜곡

쏘련이 국가가 거대한 자본가집단이 되어 인민을 착취하는 체제라고 뜨로쯔키주의자 토니 클리프가 악선동했다. 어떤 사회구성체를 성격 지으려면 그 사회의 생산관계를 보아야 하고 생산관계의 핵심은 생산수단의 소유관계이다. 쏘련 관료들이 국가의 생산수단을 장악했다는 주장은 아무런 근거가 없고, 그것의 관리자로서의 관료는 국가가 존재하는 한 존재할 수밖에 없다. 국가기관과 생산시설인 생산수단이 관료들의 소유로 넘어간 것은 쏘련이 몰락하는 시기에 이루어졌다. 전 인민적 소유인 그것을 빼앗으려 '바우처 방식'이라는 기만책을 동원하면서. 생산수단에 대한 소유권이 있는 노동자의 노동력은 상품이 될 수 없어 계획적 배치가 있었을 뿐이고, 실제 노동시장은 존재하지 않았고 해고된 실업자도 없었다. 지배-착취관계는 사라졌지만 상품-화폐관계는 존재했는데, 이것은 계획경제하에 관리되고 통제되는 그것이었지 상품-화폐관계를 바탕으로 한 자본주의적 착취는 없었다. 사회주의가 발전해 감에 따라 상품-화폐관계는 서서히 소멸해가고 관료 역시 국가가 그 기능이 불필요해짐에 따라 같이 소멸해가는 것이다. 그러나 보다 발전한 사회에 이르기까지 철저히 관리되고 통제되지 않으면 체제 붕괴로까지 이어진다는 것을 우리는 역사적으로 경험하게 되었다.

스딸린 시기의 '숙청'

스딸린의 '대숙청'으로 수백만이 처형되었다고 날조한 대표적 흑색 선전가 로버트 콘퀘스트는 영국 비밀정보부(BSS)의 정보공작 부서인 IRD의 요원으로, 주 임무가 거짓 정보를 퍼뜨리는 것이었다. 대표적인 예의 하나로, 그는 1937-39년 사이에 노동수용소에서 3백만이 죽었다고 했는데, 실제는 16만명이었다. 이것은 고르바초프가 집권 시기 개방한 문서고의 자료를 통해 밝혀졌는데, ≪미국 역사평론≫이 제시한 "1934-53년 쏘련의 수형자 통계"를 보면 알 수 있다.[2)] 1996년 미국 감옥에 수감된 인원은 550만 명으로 60년 전 쏘련 수감자보다 300만명이나 더 많다. 자료 분석에 따르면, 1937-38년 실제로 사형선고를 받은 사람은 10만명 수준이고, 그들의 대부분은 노동수용소에서의 유기징역형으로 감형되었다. 그리고 사형선고를 받은 사람 가운데 다수는 살인이나 강간 같은 난폭한 범죄를 저지른 자들이었다. 또한 스딸린 시기 감옥에 간 사람의 압도적 다수는 실제로는 최고 5년형에 처해졌다.

이렇게 스딸린과 쏘련 사회주의의 진실을 알려주는 스몰렌스끄 문서[3)]와 1990년대 대량으로 개방된 문서들의 연구 결과가 나오

---

2) 마리오 소사, ≪진실이 밝혀지다 - 쏘련 역사에 대한 거짓말≫, 채만수 역, 노사과연, 2010, p. 46.

3) 2차대전 시기 독일군이 가져간 쏘련의 스몰렌스끄시의 문서로, 독일

게 되자, 부르주아 선전매체들은 이에 대해 침묵으로 일관하고 대부분의 대중들은 여전히 흑색선전의 울타리에 둘러싸인 채 있다. '숙청'은 직위에서 끌어내리는 것을 의미하며, 그것도 반혁명자나 살인, 성폭행과 같은 파렴치한 외의 사람은 교화나 자기비판 과정을 거쳐 복귀하는 경우가 많았다. 신경제 정책이 실시됨에 따라 상품-화폐관계는 계획경제의 관리와 통제 하에 운영되었고, 부르주아적 관료를 차단하기 위한 '숙청'이 필요했던 것이다. 제국주의와 결탁한 반혁명 세력의 척결도 중요한 한 부분인데, 이것은 반혁명 분자들에 대한 1936-38년 '모스끄바 재판' 과정에서 진행되었다.

반혁명 세력들에 대한 1936-38년 재판

1927년 당의 정치노선과 관련한 당원 총투표가 있었다. 분파주의자 뜨로쯔키를 비롯한 '반대파'는 1%도 얻지 못한 채 패했는데, 이들은 이내 당의 결정에 불복해 폭력조직으로 변했다. 국가산업의 파괴, 절도와 부정부패를 저지르고 나찌와 결탁해 요인 암살 및 반혁명 쿠데타를 계획했다는 사실이 1936-38년 사이 4차례의 재판을 통해 밝혀졌다. 수백만의 무고한 사람들이 '스딸린의 복수'인 재판을 통해 처형되었다는 것은 새빨간 거짓으로 밝혀졌다. 재판은 국제 기자단뿐만이 아니라 모스끄바 주재 외교관들이 지켜보는 가운데 공개적으로 진행되었다. 계급적으로

내의 미군 점령지에 있었는데, 미군은 이 문서를 쏘련에 돌려주지 않고 미국으로 이송하였다. 쏘련 서부 지역 공산당의 주요 활동들이 집대성되어 있다. (같은 책, pp 78-80.)

'진성' 부르주아인 외교관들조차 재판의 공평성과 공정성을 조금도 의심하지 않았다.[4)]

맺으며

근래에 보다 빈번히 그리고 보다 강도높게 벌어지는 미·중 간의 경제적·군사적 대립과 우크라이나에서의 전쟁, 그리고 세계적인 '블록화'는 바로 제국주의(자본주의)의 불균등 발전에 의해 벌어지는 경쟁과 그 정치적·군사적 귀결일 따름이다.

북의 우크라이나 참전과 중국과 평양에서의 전에 없던 북·중·러 수뇌부 회동을 볼 때, 제국주의 강대국들 사이의 갈등이 이처럼 첨예하지 않았다면, 삼국이 서로 '혈맹' 운운하며 밀착했겠는가라는 생각을 하게 된다. '자본주의 그 최후의 단계'인 제국주의에서, 그들 세력 간의 대립은, 중 러의 입장에서는 (물론 북의 사정도 있겠지만) 체제를 달리하여 손잡는 것쯤은 아무것도 아닌 사활을 건 현실이다.

자본주의(제국주의) 내부모순이 이전과는 비교할 수 없을 정도의 (핵)군사력 하에서 진행되고, 그 대립이 갈수록 빈번하고 첨예해지고 있다, 언제나 자본주의는 전쟁을 통해 공황과 모순을

4) 당시 국제적으로 저명한 법률가이자 영국의회 의원이었던 재판관 데니스 노웰 프리트가 쓴 소책자 ≪모스끄바 재판은 공정했다≫의 내용과 당시 모스끄바 주재 스웨덴 대사 에릭 윌렌스티에르나가 본국 외무부에 보낸 보고서의 일부 내용은 ≪진실이 밝혀지다 - 쏘련 역사에 대한 거짓말≫ p. 124-131에, 미국 국무장관에게 보낸 당시 모스끄바 주재 미국 대사 조셉 데이비스의 극비 문서와 양심적인 글들은 역시 같은 책, p. 149와 관련 부분 곳곳에 등장한다.

일시 극복해 왔다는 역사적 경험을 돌이켜볼 때, 그리고 그 참상이 모두 노동자 인민에게 전가될 수밖에 없다는 것을 생각할 때, 세계 노동자 · 인민의 생존권 사수와 노동자계급의 역사적 과제의 엄중함을 직시하고, '프롤레타리아 국제주의'의 원칙을 굳건히 실행해야 한다는 선배들의 충고를 잊어서는 안 될 것이다. **노사과연**

민주주의와 부르주아 민주주의*

채만수 | 편집위원(전 소장)

대통령 윤석열 탄핵 · 파면 · 처단 투쟁

구랍 3일 대통령 윤석열과 그 일당의 '비상계엄령' 선포를 계기로 전국적으로 '윤석열 퇴진 · 처단 투쟁'이 전개되어 왔는데, 모두가 알고 있는 바와 같이, 이 투쟁은 크게 보아 그 비상계엄 발포가 내란이라는, 그리고 민주주의 파괴라는 두 개의 주요 문제의식을 축으로 해서 벌어져 왔다. 그리고 시간이 흐를수록 '내란'이라는 문제의식이 제도 정치권이나 사법권, 제도 언론은 물론 인민대중 일반의 의식까지도 두루 지배하고 있다.

그런데, **피착취 · 피억압자인 노동자 · 인민의 입장에서**, 저 12 · 3 비상계엄을 가리켜, '그것은 내란이기 때문에 …'라는 관점에서 투쟁하는 것이 과연 옳을까?

우선, 어떤 정치적(· 군사적) 투쟁이 벌어질 때 그것을 가리켜 "내란" 운운하는 것은 누구의 관점이고, 누구의 언어인가? 그것은 분명 지배계급의 관점 · 언어이고, 지배자 · 지배집단의 관점 · 언어이다.

예컨대, 갑오농민전쟁(갑오농민혁명, 갑오동학혁명)에 대한 각

* 이 글은 지난 2월 23일에 연구소 부산지회의 강좌에서, 그리고 같은 달 28일에 서울 사무소의 토론회에서 발표했던 내용을, 시차를 반영한 다소의 보완 외에는, 사실상 그대로 정리한 것이다.

계급의 관점 · 언어를 보라! —— 피착취 · 피억압자인 농민의 입장 · 관점에서는 그것은 착취와 억압에 대한 절실한 저항이자 그것을 뒤엎으려는 처절한 투쟁이었다. 그리고 그에 반해서 지배계급의 입장 · 관점에서는 그것은, 청나라 군대와 일본 군대를 끌어들여서라도 진압하지 않으면 안 되는 '동학란', 즉 내란이었다!

더구나 저 '12 · 3 비상계엄령'은 최고 권력자 자신과 그 일당이 — 자신들이 저질러왔고 계속 저지를 특히 재산상의 파렴치한 범죄행위들의 면책도 꾀할 겸 — 자신들의 권력을 절대적으로 강화하고, 어쩌면 항구화하기 위해서 발동한 것이었다. 최고 지배자 자신과 그 일당이! 그런데 그것이 내란? 그러니까, 자기 자신에 대한 반란?

사태가 이러함에도 불구하고, 소부르주아들의 세칭 이른바 '시민단체들'은 물론, 심지어 사회주의자들임을 자처하는 일부 단체들조차 "내란수괴 윤석열 처단"이니, "내란옹호 국민의힘 해체" 등을 기치로 내걸고 있다. 그리고 민주노총 역시 "내란 사태 최악의 내란범을 뽑는 내란뉴스 101"이니, "최악의 내란범 을사오적"이니, 운운하고 있다. 사회주의자임을 자처하는 이들조차 과연 '국가'의 본질과 기능 · 역할을 이해하고 있는 것일까?

피착취 · 피억압자인 노동자 · 인민 대중의 입장에서는, 윤석열 일당의 12 · 3 비상계엄 소동을 그러한 관점에서, 즉 그것은 내란이었기 때문에 용납할 수 없다는 지배계급의 관점에서 보아서는 안 된다. 12 · 3 비상계엄 그것은, 지배계급 내 분파 사이에서는 비상한 권력투쟁이었지만, 다른 한편에서 노동자 · 인민대중에게는 비상한 폭압이 예정된 폭거, 즉 반노동 · 반민중 · 반동 폭거였다. 따라서 피착취 · 피억압자인 노동자 · 인민 대중은 그것을 반노동 · 반민중 · 반동 폭거라는 관점에서, 즉, 유보적 · 제한적인 의미에서이긴 하지만, 민주주의 파괴라는 관점에서 파악하고 투쟁해야 할 것이다.

주지하는 것처럼, 집권 이래 윤석열과 그 일당의 정책들은 일관해서 사실상 노골적으로 반노동자적이지 않았던가? 그런 마당에 '12·3 비상계엄령'이 저들의 계획대로 실행되었다면, 노동자·인민은 과연 어떤 처지가 되었을까?

무엇보다도 우선, 저들의 "계엄포고령", 그리고 자신들에게 비판적인 사람들을 "수거"하겠다는 '노상원 수첩'의 내용에서 충분히 짐작하고도 남을 수 있는 것처럼, 노동자·민중운동의 지도자들, 선진노동자들은, 저 '수거' 대상 명단에 있었든 없었든, 그 상당 부분이 저들에게 '수거'되어, 비무장 지대 내에서 폭사·사살당하고, 연평도 앞바다에서 폭사·수장당하게 되었을 것이다.[1]

뿐만 아니라, 저 '계몽령'[2]이 성공했다면, 윤 일당은 더욱 가혹한 반노동자적·반인민적 정책들을 당장 들고나왔을 뿐 아니라, 계엄에 수반하곤 하는 이른바 '비상 입법 기구' 등을 통해서 그것들을 제도화했을 것이다. ― 이 점은 명확하다. 왜냐하면, 저 '계몽령'은, 권력을 이용하여 자신들이 저질러온 범죄에 대한 형

---

1) 주지하는 것처럼, 저들은 '수거'하는 데에 그치지 않고 그 '수거'된 사람들을 비무장 지대 내에서 폭사·사살하고, 연평도 앞바다에서 폭사·수장하겠다는 아주 구체적이고 결연한 계획을 가지고 있었음이 수사와 언론의 취재에 의해서 밝혀지지 않았는가!

2) "이것은 모든 국민들에게 정치의 중요성이 얼마나 중요한지 깨우쳐주고 법과 질서가 무너지면 모든 국가도 무너진다는 것을, 우리 윤석열 대통령께서 국민들에게 알리기 위해서 선포한 그 비상계엄이 모든 국민들을 일깨우는 '계몽령'입니다!"(**전한길** 前 한국사 강사, 세이브코리아 국가비상기도회 부산역 집회 당시 발언 中); "담화문을 천천히 읽어보았습니다. ... 저는 계몽되었습니다."(**김계리 변호사**, 윤석열 대통령 탄핵 심판 최종변론 당시 발언 中), <https://namu.wiki/w/계몽령>(2025. 10. 19. 검색.)

사처벌을 면하려는 목적 외에, 과거 리승만, 박정희, 전두환 등이 구축했던, 혹은 그 이상의 장기적·절대적 파쑈 권력을 구축하려는 목적을 가지고 있었기 때문에, 즉 지배계급 내부의 권력투쟁이기도 했기 때문에, 무언가를 통해서 지배계급 내부의 비(非)우호세력의 환심을 사야 하는데, 가혹한 반노동자적·반인민적 정책들과 그 제도화만큼 그 효과가 명확한 그 '무언가'도 없을 것이기 때문이다.

한편, 계엄령이란 부르주아 민주주의 국가의 헌법에 '보장'되어 있는 인민의 권리들을, 군대를 동원하여 제한하고 박탈·압살하는[3] 것이기 때문에, 이번 '계몽령' 사태와 관련하여, 예컨대, "이런 계엄령 사태는 1987년 6월 항쟁에 의한 민주화 이후 근 40년만"이라거나, "민주주의는 민중이 지킨다" 등등, '민주주의'의 문제가 크게 거론되는 것은 극히 당연하다.

그런데, 이렇게 거론되고 있는 **민주화** 혹은 **민주주의의 실체·성격**은 과연 무엇일까?

---

3) "근대 국가들의 기본법들을 보라. 그 통치 방식을 보라. 집회의 자유 혹은 출판의 자유, '법 앞에서의 시민의 평등'을 보라. — 그러면, 도처에서 정직하고 계급의식 있는 모든 노동자에게 익히 알려져 있는, 부르주아 민주주의의 위선을 볼 것이다. '공공질서 위반'의 경우, 그러나 실제로는 피착취 계급이 자신의 노예적 지위를 '위반하여' 더 이상 노예답게 행동하려 하지 않을 경우, 노동자들에게 군대를 투입할, 즉 계엄령을 선포할 등등의 가능성을 부르주아지에게 보장하는 뒷구멍이나 단서를 헌법에 두고 있지 않은 국가는, 아무리 아무리 민주주의적인 국가일지라도, 하나도 없다.(V. I. 레닌, ≪프롤레타리아 혁명과 배신자 카우츠키≫(1918), *Lenin Werke*, Bd. 28, p. 243.; *Lenin Collected Works*, Vol. 28, p. 244.; 허교진 역, ≪프롤레타리아 혁명과 배신자 카우츠키≫(1988, 소나무). p. 31.) (강조는 인용자.)

민주주의에 대한 일반적 이해와 부르주아 국가의 헌법

우리 사회, 나아가 자본주의 사회 일반에서 민주주의는, 대략, 국가의 주권이 국민에게 있으므로 투표권을 가진 인민대중이 주기적으로 선거를 통해 자신들의 대표를 선출하며, 그 대표들이 정부를 구성하여 국가와 사회를 유지, 발전시키는 데에 필요한 제반 사항을 결정하고 처리하는 정치제도, 그리하여 주권자인 국민의 인간으로서의 제반 권리들이 보장되는 정치제도 정도로 이해되고 있을 것이다.

혹은, 주지하는 것처럼, 민주주의를, 미국의 남북전쟁 당시 A. 링컨의 저 유명한 게티스버그(Gettysburg) 연설의 한 대목으로 알려진, "**인민의, 인민에 의한, 인민을 위한 정부**",[4] 혹은 그러한 정치제도로 요약하는 사람도 적지 않다.

사실, 우리 말 '민주주의'는 서양 말, 예컨대, 영어 'democracy'의 번역어이고, 그 서양 말은 그리스어 'demos'(민중 · 인민)와 'kratos'(권력 · 지배)의 합성어인 'demokratia'(민중의 권력, 민

4) "Government of the people, by the people, for the people shall not perish from the earth. (인민의, 인민에 의한, 인민을 위한 정부는 이 땅에서 소멸되지 않을 것입니다.") 다만, 우리 사회에서는 이 "of the people, by the people, for the people"이 종래 "국민의, 국민에 의한, 국민을 위한"으로 번역되어 왔고, 아직도 대개는 그렇게 번역되고 있는데, 이는 다름 아니라 바로 '민주공화국' 대한미국이 국민의 자유와 권리를 참으로 황홀하게 보장하고 있기 때문이다. 즉, '인민'이라는 어휘가, '조선민주주의인민공화국'이나 '인민군' 등처럼 북쪽의 조선에서 널리 쓰이고 있어서, 사실상 '금지어'가 되었기 때문이고, '민주화' 되었다는 오늘날에도 아직 이 어휘가 완전히는 시민권을 획득하지 못했기 때문이다. 마찬가지로 '계층'이라는 어휘로 대치(代置)되던 '**계급**'이라는 어휘가 1980년대 중 · 후반에 이르러서야 그 완전한 시민권을 획득하기까지의 과정도 상기해 보라.

중의 지배)에서 유래한 말로서, 부르주아 사회·국가에서는 통상 그것이 소위 '대의(代議) 민주주의'와 동의어로 통하고 있기 때문에, 민주주의에 대한 저러한 일반적 이해를 그 자체로서 크게 잘못된 것이라고 할 수는 없을 것이다.

아무튼 그리하여 부르주아 국가들의 '기본법', 즉 헌법은 정부가 그렇게 대의제적으로 구성되어야 하며, 정치가 그렇게 이루어져야 한다고 규정한다. 대한미국의 헌법도 제1조 1항은 "대한민국은 **민주공화국**이다", 그 2항은 "대한민국의 주권은 국민에게 있고, 모든 권력은 국민으로부터 나온다"라고 규정하고 있으며, 제10조에서 제30조까지는 "모든 국민은 인간으로서의 존엄과 가치를 가지며, 행복을 추구할 권리를 가진다", "국가는 개인이 가지는 불가침의 기본적 인권을 확인하고 이를 보장할 의무를 진다"며, 국민의 온갖 자유와 권리 등을 황홀할 만큼 화려하고 자세하게 열거·규정하고 있지 않은가? ― 참으로 훌륭하다! 형식적·법률적 혹은 기만적으로가 아니라, 현실적으로 국가에 의해 그렇게 온갖 자유와 권리를 보장받는 그 '국민' 혹은 '모든 국민'이 실제로 누구를 의미하는가는 물론 문제이지만 말이다!

그러면, 부르주아 민주공화국들에서 주권은 정말 '국민', 즉 인민에게 있고, 모든 권력은 '국민', 즉 인민으로부터 나오며, '국민' 즉 인민들은 저렇게 황홀할 만큼 화려하고 자세하게 열거·규정되어 있는 자유와 권리를 누리고 있는 것일까? 국가는 정말이 "불가침의 기본적 인권을 확인하고 이를 보장"하고 있는 것일까?

천하의 민주주의 절대 수호법 국가보안법이 절대 위력을 발휘하고 있는 대한미국에 대해서는, ― 본래적 의미에서의 국가(!)의 편에 서 있는 사람들과 그들의 얼간이들을 제외하고는 ― 적어도 사상 · 학문 · 언론 · 출판 · 결사 등의 자유 · 권리와 관련해서는, 그리고 특히 사회적 · 경제적으로 "인간으로서의 존엄과 가치를 가지"고 살 권리에 대해서는, 어느 누구나 "그렇다! 참으로 절대로 그렇다!"라고 대답할 것이다.

그러면 가장 민주주의적인, 혹은 가장 민주주의적이라는 부르주아 국가들은 어떨까? — 이들 국가에는 우리의 국가보안법과 같은 민주주의 절대 수호법이 존재하지 않기 때문에, 본래적 의미에서의 국가(!)의 편에 서 있는 사람들이나 바보들이 아니더라도 필시 대부분의 사람들이 "그렇다"고 대답할 것이다.

그런데 정말 그럴까? 즉, 그들 부르주아 민주주의 국가에서 인민은 과연 정말로 그 국가의 명실상부한 주권자이며, 주권자로서의 권리와 자유를 누리며 살고 있는 것일까? — 결코 아니다! 부르주아 민주주의 국가에서는 어느 나라에서나 인민대중은 헌법상으로만, 즉 선언적으로만 주권자이고, 선언적으로만 주권자로서의 권리와 자유를 누리며 살고 있을 뿐이다.

부르주아 국가에서는 어느 나라에서나 주권은 지배 자본가계급, 오늘날에는 그 중에서도 특히 지배 독점자본가들에게 있고, 모든 권력은 그들에게서 나오는 것이 현실이다.

그러한 데도 불구하고 부르주아 국가 · 사회의 대다수 인민대중이, 자신들이 국가의 주권자이며, 그러한 주권자로서의 자유와 권리를 누리고 있다고, 그릇 판단하고 믿는 이유는 무엇일까?

맑스와 엥엘스는, "어느 시대에나 지배적 사상은 언제나 지배계급의 사상이었을 뿐이다."[5]라고 언명한다. 그리고 보다 더 상세하게는 다음과 같이 말한다.

---

5) *MEW*, Bd. 4, p. 480. (채만수 역, ≪공산당 선언≫, 노사과연, 2022, pp. 8-81.)

> 지배계급의 사상이 어느 시대에나 지배적인 사상이다. 즉, 사회의 지배적인 **물질적** 권력인 바의 계급이 동시에 그 사회의 지배적인 **정신적** 권력이다. 물질적 생산을 위한 수단들을 마음대로 하는 계급은 그로써 동시에 정신적 생산을 위한 수단들을 마음대로 하며, 그 때문에 또한 정신적 생산을 위한 수단을 갖지 못한 사람들의 사상은 대개 지배계급의 사상에 종속된다. 지배적 사상이란 지배적인 물질적 관계의 관념적 표현, 즉 사상의 형태로 표현된 지배적인 물질적 관계 이외의 그 어떤 것도 아니며, 따라서 그것은 실로 하나의 계급을 지배계급이게 하는 관계의 관념적 표현, 따라서 이 계급의 지배의 사상 이외의 그 어떤 것도 아니다.[6] (강조는 원문.)

부르주아 국가 · 사회의 대다수 인민대중이, 자신들이 국가의 주권자이며, 그러한 주권자로서의 자유와 권리를 누리고 있다고, 그릇 판단하고 있는 이유는, 다름 아니라, 그들 대중의 사상이 지배계급인 부르주아지의 사상에 종속되어 있기 때문이다. 즉, 그들이 그렇게 믿고 있는 것은, 자본이 장악하고 있는 고도로 발달하고 강력한 대중매체 즉 대중 조작 수단들에 의해서 그들 대중이 세뇌된 결과일 뿐이다.

물론, 오늘날 부르주아 사회 · 국가의 근로 인민대중, 임금노동자는, 고대의 노예나 중세의 봉건 농민에 비하면 자유롭다. 고대 · 중세에서와 같은 신분적 예속이 더 이상 존재하지 않기 때문이다. 그러나 그렇다고 해서, 거듭 말하지만, 그들이 국가의 주권자로서 자유와 권리를 누리고 있는 것은 아니다.

---

6) *Die deitsche Ideologie, Kritik der neuesten deutschen Philosophie ...*, *MEW*, Bd. 3, p. 46. (김대웅 역, ≪독일 이데올로기≫ I, 두레, 1989, pp. 91-92.)

부르주아 사회 역시 계급사회이고, 부르주아 국가 역시 국가이기 때문이다.

부르주아 국가의 지배체제로서의 (부르주아) 민주주의

여기에서 우리는 국가란 과연 무엇인가? 그것은 언제, 왜 무엇 때문에, 무엇을 위해서 발생했으며, 그 본질적 기능은 무엇인가를 새삼 생각하지 않을 수 없다. 그리고 민주주의란 정말 무엇인가를 생각해 보지 않을 수 없다.[7)]

우리가 학교에서 배운 대로라면, '지금부터 4,358년 전에 단군 할아버지께서 이 땅에 처음으로 나라를 세우시기 전'의 시대, 그러니까 부르주아 국가의 교육에서 말하는 '<u>선사시대</u>'(?)를 생각해 보자.

그 '선사시대'에는 이 땅에 분명히 '국가'가 없었다! 사실은 이 땅에만이 아니라, 수만 년, 아니 수십만 년에 이르는 현생 인류의 역사에서 국가가 등장한 것은 지금부터 불과 수천 년 전, '4대 문명의 발상지'라는 나일강 유역이나 티그리스·유프라테스강 유역, 인더스·갠지스강 유역, 황하 유역 등에서도 빨라 보았자 기껏 4·5천여 년 전에야 국가가 발생했으며, 그 이전에는 <u>국가가 없는 사회</u>였다. 다름 아니라, <u>**원시공산사회**</u>였다!

그러면, 그 원시공산사회에는 과연 '민주주의'라는 게 있었을까,

---

7) 이하, 국가의 발생이나 그 본질, 기능 등에 관한 논의는 사실상 전적으로 맑스-레닌주의의 국가론, 그 중에서도 특히 F. 엥엘스의 ≪가족·사유재산, 그리고 국가의 기원≫(1884) 및 V. I. 레닌의 ≪국가와 혁명≫(1917) 등에서의 논의를 간략하게 차용한 것이다.

없었을까?

앞에서 본 것처럼, '민주주의'라는 게 본래 '민중의 지배' 혹은 '민중의 권력'을 의미해서 사회의 어떤 계급적 분열을 전제하는 것이기 때문에, 그리고 주지하는 것처럼, 민주주의의 기원은 고대 그리스 사회로, 즉 지금부터 기껏 2천 4 · 5백 년 전으로 거슬러 올라가기 때문에, 원시공산사회에 '민주주의' 따위는 분명 없었을 것이다.

아니? 그렇다면, 개인의 자유와 권리를 보장할 국가도, 민주주의도 없었기 때문에, 그 원시공산사회의 인간들에게는 그 어떤 자유도, 그 어떤 권리도 분명 없었겠네?

결코 그렇지 않았다. 그들은 분명 무슨 말이든 할 수 있었을 것이고, 할 수만 있다면, 그리고 타인을 해치는 일만 아니라면, 자신이 하고자 하는 무슨 일이든 할 수 있었을 것이다. 다름 아니라 국가가, 즉 인간을 억압하고, 감옥에 보내고, 처형하는 국가가 없었으니까!

그러면, '선사시대', 즉 원시공산사회에는 왜 국가가 없었을까?

한 마디로 대답하자면, 국가라는 게 발생할 근거가, 국가라는 게 있을 필요가 없었으니까!

누구나 다 짐작할 수 있는 바이지만, 당시에는 인간의 노동생산력이 극히 낮았고, 즉 일정한 시간 노동하여 획득하는 생산물의 량이 극히 적었고, 그 때문에 여러 사람이 집단적으로 노동하지 않으면 생물학적인 생명을 유지할 만큼의 생활자료조차 획득할 수 없었다. 그리고 바로 그 때문에, 당시 인류는 크고 작은 부족을 형성하여 본원적 생산수단인 토지를 공유하고, 그 위에서 집단적으로 노동하고, 그 생산물을 그 부족 공동체 성원들이 사실상 공평하게 소비했다.

그리하여 당시에는 당연히 인간에 의한 인간의 착취가 (있을 수) 없었고, 따라서 착취와 그 착취관계를 유지하기 위한 억압도 없었다!

하지만, 장구한 세월이 흐르는 동안, 물론 엄청나게 느린 속도로이긴 하지만, 노동하면서 획득되는 숙련이 후대로 후대로 전수되고, 생산도구들도 발명·개선되면서, 그리고 사실은 노동하면서 인간 자신의 지능도 발달하고 신체 구조도 변화되면서, 어느 시점에 이르자 이제 노동을 하면 잉여가 발생하기 시작했다. 그리고 이렇게 잉여가 발생하자, 누군가는 노동능력이 있으면서도 스스로 노동하지 않고 타인의 노동 생산물로 살아가는 사람들이 발생했다. ― 물론 초기에는 이는 개별적, 산발적, 산재적(散在的) 현상으로서였고, 스스로 노동하지 않고 그 잉여를 취득하는 방법도 대체로 억압이 아니라 무언가 달콤한 회유와 종교적 기만[8] 등이었으며, 설령 어떤 억압에 의한 경우라도 그 억압은 당연히 개별적인 그것이었다.

그러나 이 또한 장구한 세월이지만, 다시 시간이 지나면서 인간의 노동생산력은 당연히 더욱더 발전했다. 그리하여 어느 시점, 역사학이 밝히는 바에 의하면, 이른 곳에서는 지금으로부터 대략 4·5천 년 전이 되면, (그리고 이 땅에서는 4,358년 전이 되면!) 이제 인간에 의한 인간의 착취가, 개별적·산발적·산재적 현상과 규모로서가 아니라, 거대한 사회적 현상·규모로서 이루어졌다.

그리고 이렇게 되자, 그 착취에 대한 저항이 발생·강화되고, 그것도 당연히, 더 이상 개별적·산발적·산재적인 현상·규모가

8) 당시의 '종교적 기만'은 물론 그 거의 전부가 선의의 기만, 즉 무지에 의한 기만이어서 종교 지도자들 자신도 기만하는 그것이었겠지만, 아무튼 기만은 기만이다.

아니라, 사회적인 거대한 현상·규모로, 나아가 어떤 회유나 종교적 기만 등만으로는 감당할 수 없는 것으로 되지 않을 수 없었다. 그리고 이 때문에 착취자들은 그 착취관계를 유지하고, 나아가 강화하기 위해서 이 저항을 억압할 사회적 규모의 어떤 수단, 장치가 필요하게 되었다. ― 다름 아니라, 국가, 바로 그것의 탄생!

결국 국가란, 이렇게 착취계급과 피착취계급으로의 사회의 분열과 그에 따른 "계급 적대의 화해 불가능성의 산물"이며, 억압을 통해서 인간에 의한 인간의 착취를 계속하고 강화하기 위해서 사회적으로 조직된 폭력이다!

"계급 적대의 화해 불가능성의 산물"! ― 그런데도 이 사회에서는 "국민화합"을, 즉 착취자와 피착취자의 '화합'을 주장하고 강조하는 것이, 그러한 대중 기만이 '진보적인' 언설로 통한다!

한편, "계급 적대의 화해 불가능성의 산물"로서의 국가가 존재하지 않던 원시공산사회에는, 앞에서 말한 것처럼, 민주주의도 없었던바, 그렇다면 민주주의는, 그것이 어떤 민주주의이든, 분명 계급국가에서의 계급지배의 형태이다. 그리하여, 부르주아 민주주의란, 그 최선·최량의 형태에서조차 바로 착취계급인 부르주아지가 프롤레타리아트에 대한 착취를 유지·강화하기 위한, 사회적으로 조직된 폭력으로서의 부르주아 국가의 계급지배 형태인 것이다.

최근에 세계적으로 무서운 기세로 다시 발흥하고 있는 파씨즘과 관련해서 보자면, 부르주아 국가의 한 지배 형태로서의 파씨즘도 사실은 부르주아 민주주의의 한 형태이다. 즉, 파씨즘은 자본주의에, 그리하여 부르주아 민주주의에 내재(內在)해 있다. 자본주의가, 따라서 부르주아 민주주의가 고도로 발달한 소위 '선진국들'에서조차 오늘날 극우 정치세력들이, 즉 파쑈 세력들이 융성하면서 속속 집권하고[9] 있는 것도 결코 우연이 아닌 것이다.

사실, 민주주의의 원형으로 칭송되는 고대 아테네의 민주주의도 사실은 자유민들, 즉 노예 소유자 계급의 지배 권력이었으며, 그것이 '민주주의', 즉 '민중의 권력'으로 호칭된 것은 단지 그것이 왕정(王政)이나 귀족정(貴族政)과 대비된, 소위 '평민'으로서의 민중의 권력이었기 때문이었다.

민주주의란 이렇게 계급 지배의 도구로서의 국가의 한 형태, 결국 계급 지배의 한 형태인데도 불구하고, 부르주아 · 소부르주아 속물들은, 그 계급성을 몰각(沒覺) 혹은 은폐한 채, '순수한 민주주의'가 어떻고, '자유민주주의'가 어떻고 하며 떠들어댄다.

그리하여, 예컨대, ≪프롤레타리아 독재≫(1918)라는 소책자를 통해서, 10월 혁명 후 러시아의 지배체제로서의 프롤레타리아 독재를 '민주주의적'이지 않다고 비난하는 K. 카우츠키에 대해서 레닌은 다음과 같이 응수하고 있다.

> 건강한 상식과 역사를 무시하려 하지 않는다면, 상이한 계급들이 존재하는 한, "순수한 민주주의"에 대해서 말할 수 없다는 것, 그 경우에는 오직 **계급적** 민주주의에 대해서만 말할 수 있다는 것은 명백하다. (덧붙여 말하자면, "순수한 민주주의"란,

9) 유럽과 관련해서만 보자면, ― "반이민, 반유럽통합, 자국 중심주의를 표방하는 극우 세력이 유럽 전역에서 기승을 부리고 있다. 독일에서는 극우 정당 '독일을 위한 대안'(AfD)이 집권 연합인 기민당이나 사민당보다 더 대중적 지지를 얻고 있다. 이미 폴란드, 헝가리, 이탈리아, 슬로바키아 등지에서는 극우 정당이 집권당으로 등극했고 최근에는 체코에서 극우 세력이 집권했다."(문정인, "전환기 유럽과 한반도, 동병상련의 딜레마", ≪한겨레≫, 2025. 10. 20. (<https://www.hani.co.kr/arti/opinion/column/1224243.html>)

계급투쟁도 국가의 본질도 이해하지 못함을 드러내는 **무지한** 상투어일 뿐 아니라, 철저하게 공허한 상투어인바, 왜냐하면 공산주의 사회에서는 민주주의는 변화하고 관습으로 되면서 **서서히 사멸할 것이며**, 결코 "순수한" 민주주의가 되지는 않을 것이기 때문이다.) (강조는 레닌.)

"순수한 민주주의"란 노동자들을 우롱하는 자유주의자의 거짓 상투어다. 역사가 알고 있는 것은, 봉건제를 대체하는 부르주아 민주주의와 부르주아 민주주의를 대체하는 프롤레타리아 민주주의다.[10] (강조는 인용자.)

거듭 말하지만, 민주주의란 이렇게 국가의 한 형태, 즉 계급 지배의 한 형태이기 때문에, 레닌으로부터의 위 인용문 속의 "부르주아 민주주의를 대체하는 프롤레타리아 민주주의" 역시 국가의 한 형태, 즉 계급 지배의 한 형태이다. 낮은 단계의 공산주의로서의 사회주의가 '프롤레타리아 독재'인 것, '프롤레타리아 독재'일 수밖에 없는 것도 바로 그 때문이다.

다만, 부르주아 독재와 프롤레타리아 독재 사이에는 그 기능과 역사적 역할에 본질적인 차이가 있다. 다름 아니라, 부르주아 독재가 한 자밤도 안 되는 소수 자본가계급에 의한, 사회의 절대 다수 구성원인 프롤레타리아트의 착취 체제를 유지·강화하기 위한 독재임에 반해서, 프롤레타리아 독재는 절대 다수인 프롤레타리아트가 소수 착취자계급을 억압·근절함으로써 인간에 의한 인간의 착취와 억압을 폐지하는 독재인 점이 바로 그 본질적 차이이다.

---

10) V. I. 레닌, ≪프롤레타리아 혁명과 배신자 카우츠키≫(1918), *Lenin Werke*, Bd. 28, pp. 240-241.; *Lenin Collected Works*, Vol. 28, p. 242.; 허교진 역, ≪프롤레타리아 혁명과 배신자 카우츠키≫, 소나무, 1988, p. 28.

"민주주의와 부르주아 민주주의"라는 주제 하에 오늘 여기에서 강조하고 싶은 것도 바로 민주주의의 이 계급성, 즉 민주주의란 계급 지배의 한 형태라는 점이다.

이 점이 명확히 되지 않으면, 선진노동자들이야 물론 그렇지 않겠지만, 통칭 '진보적'인 지식인들의 거의 대부분을 포함하여 노동자·인민 대중은 저들 부르주아지가 민주주의를 기만적 의미로 절대화하여 선전하는 것에 매몰되어, 그 부르주아 민주주의의 성격과 한계를 보지 못할 것이기 때문이고, 그리하여 전진해야 할 방향을 몰각할 것이기 때문이다. 그리고 선진노동자들 자신은 부르주아 민주주의의 이러한 제한성·기만성을 노동자 대중에게 선전하고 강조해야 한다는 것을 자칫 망각할 것이기 때문이다.

참고로, 저들 부르주아지가, 그리고 그에 따라서 소부르주아 지식인들이 부르주아 민주주의를 절대화하여 선전하는 위력이 얼마나 무서운가를, ≪한겨레≫의 최근 호에 실린 한 교수님의 글을 한 실례로서 각주11)에 제시해 둔다. 저 글이 민주주의를

---

11) "지금 세계 곳곳에서 **극우 정치가 민주주의**를 위협하고 있다. 미국에서는 도널드 트럼프가 재선에 성공하며 백악관을 다시 장악했다. 프랑스에서는 마린 르펜이 이끄는 국민연합(RN)이 정치적 영향력을 확대하며 유럽 민주주의의 기반을 흔들고 있다. 독일에서는 극우 정당 '독일을 위한 대안'(AfD)이 반이민·반유럽연합 정서를 이용해 독일 사회를 극단적 이념으로 몰아가고 있다.
세계화가 민주주의를 성숙시킬 것이라는 기대는 무너졌다. 오히려 극우 정치의 영향력은 더욱 커졌다. 경제적 불평등, 정체성 위기, 허위 정보와 역사 왜곡, **민주주의 시스템에 대한 불신이 극우 세력을 키우는 원동력**이 되었다. 그러나 **이 모든 것을 관통하는 핵심은 하나다. 극우 정치 세력은 체계적인 역사 왜곡을 통해 국민의 역사 인식을 조작하고 독재와 권위주의를 정당화하는 전략을 구사한다. 역사 인식이 흔들리는 순간 민주주의는 무너질 것이다.**

특히 한국에서 극우 정치와 역사 왜곡은 친일 뉴라이트 세력과 결합하며 더욱 조직적으로 진행되고 있다. 윤석열 정권은 뉴라이트 세력을 전면에 내세워 역사교육을 왜곡하고 독립운동 정신을 훼손하는 데 앞장섰다. …
역사 왜곡 세력과 극우 정치가 결합하면 그 결과는 명확하다. **독일과 일본의 사례**에서 보듯, 역사적 책임을 회피하는 국가는 민주주의를 유지하지 못하고 결국 권위주의와 군국주의로 회귀한다. **독일은** 나치의 만행을 철저히 반성하고 민주주의와 인권교육을 강화했지만, **일본은** 여전히 전쟁 범죄를 부정하거나 희석하는 **극우 세력이 정치권에서 영향력을 행사**하고 있다. **한국에서도 친일 극우 세력이 독립운동의 가치를 폄훼하고 민주주의를 약화시키려는 시도가 점점 더 노골화**하고 있다.
12·3 내란사태는 친일 잔재를 청산하지 못한 역사적 과오가 어떻게 극우 정치와 결합해 민주주의를 위협하는지 보여주는 결정적 사례다. … 이는 단순히 정치적 논란이 아니라 헌정질서를 정면으로 위협하는 **국가 반역 행위**였다. 극우 세력과 국민의힘 지도부는 **내란 기도를 조장**했고 국회의 탄핵 가결 뒤 벌어진 극우 폭동을 방관하거나 부추겼다. 서부지법 난입 사건은 **법치주의 자체를 부정**하는 극우 세력의 실체를 그대로 드러냈다. 이는 2021년 1월6일 트럼프 지지자들의 국회의사당 점거 사태와 본질적으로 동일하다. **한국에서도 극우 포퓰리즘과 권위주의적 통치의 위험이 현실이 되고 있다**.
이제 극우 정치와 역사 왜곡에 맞서 행동해야 한다. 첫째, 역사 교육을 강화하고 체계적으로 개혁해야 한다. 식민지배와 독재정권을 미화하는 교과서 서술을 바로잡고, 독립운동과 민주화운동의 가치를 강조하는 교육을 확대해야 한다. **독일처럼 역사적 책임 교육을 강화하고, 기념관과 박물관을 통한 체험형 교육을 확대하여 역사적 진실을 올바르게 전달해야 한다**. [그런디, 극우 AfD는 어떻게 저토록?: 인용자]
둘째, 민주시민교육을 강화하고 필수 과목으로 지정해야 한다. …
셋째, 허위 정보와 역사 왜곡에 대한 대응을 강화해야 한다. …
넷째, **법적 대응을 강화해야** 한다. 독일은 나치 범죄와 홀로코스트를 부정하는 행위를 범죄로 규정하는 '국민선동죄'를 통해 역사 왜곡을 법적으로 처벌한다. 한국도 역사적 사실을 부정하고 친일·독재 미화를 조장하는 행위에 대해 강력한 법적 대응이 필요하다. 역사 왜곡을 조장하는 단체와 인사에 대한 법적 처벌을 강화해야 한다. 특히 공공기관과 교육기관에서 역사 왜곡 세력이 자리 잡지 못하도록 사전 예방과 강력한 감

절대화하는 부르주아지의 선전의 위력을 보여주는 실례인 이유는, ≪한겨레≫는, 주지하는 것처럼, 1980년대, 더 절실하게는 1987년 민주화 대투쟁의 성과로서 태어난 이 사회의 대표적인 '진보 언론'이어서 거기에 글이 실리는 교수님은 분명 '진보적'인 교수님이실 터인데도, 그 글에서 민주주의의, 그리고 국가의 계급성에 대한 그야말로 일말의 인식도 발견할 수 없기 때문이다.

한편, 윤석열 탄핵과 관련하여, 국회나 헌재 등에 대한, 윤 지지자들, 그리고 특히 윤 자신이나 국민의힘의 높으신 분들(대개가 판·검사 출신)의 이런저런 비난·언사는, 사실은 부르주아 민주주의의 찬양자들이 금지옥엽처럼 떠받들어온 '자유민주주의'의 실체를, 특히 국민의 대의기관이라는 국회의 결정들, 그리고 법률의 최후의 심판자라는 사법부의 판단들조차 사실은 계급적 이해와 편의에 따라서는 물론이요 지배계급 내의 정파적 이해와 편의에 따라서 움직인다는 것을 본의 아니게 자백·폭로하고 있다.[12] 그런데 부르주아 민주주의의 실체에 대한 비판적 문제의

시 체계를 구축해야 한다.

다섯째, 시민사회의 연대를 더욱 강화해야 한다. 반혐오·반역사 왜곡 캠페인을 활성화하고, 공론장을 확대해 시민들이 직접 민주주의를 실천할 기회를 만들어야 한다. 역사 왜곡에 맞서 싸우는 것은 시민사회의 몫이며, 이를 위해 적극적인 시민운동이 필요하다."(김갑년 조국혁신당 대한민국역사바로세우기 특별위원회 위원장[고려대 교수], "극우 정치·역사 왜곡에 세계 민주주의가 위험하다", ≪한겨레≫, 2025. 02. 18. <https://www.hani.co.kr/arti/opinion/because/1182913.html>(인터넷 판은 2025. 02. 17.) 강조는 모두 인용자.); ― 보다시피, 생략을 최소화하면서 무척 길게 인용했지만, 계급 지배 도구로서의 국가의 계급성이나 민주주의의 계급성에 대한 인식은 눈을 씻고 보려야 볼 수가 없고, **민주주의, 그리고 국가는 몰계급적인 그것으로서 절대화되어 있다**. 이것이 필시 우리 사회뿐 아니라 자본주의 사회 일반의 '진보적' 지식인들의 민주주의에 대한 인식일 것이다.

식이 없는 경우, 그 자백 · 폭로의 의의를 몰각할 것이다. 그리고는 "어휴~ 저 비열한 놈들! 저 뻔뻔한 놈들!" 하며 분개할 뿐일 것이다. 리성(理性) 부재의 감정!

그러나, 저들 '진보적' 부르주아 · 소부르주아 지식인들과 달리 맑스는, 예컨대, "프랑스에서의 내전"과 그 초고에서 부르주아 민주주의의 기능, 그 계급적 성격을 다음과 같이 명확히 하고 있다.

> **보통선거권은**, 지금[빠리 꼬뮌 전: 인용자]까지는 **의회가 신성한 국가권력을 승인하기 위해서, 혹은 의회제적 계급지배를 단지 수년에 한번 승인하기 위해서만 (그 의회제적 계급지배의 도구들을 선출하기 위해서만) 이용될 수 있는, 지배계급의 수중의 장난감으로서 악용되어 왔다.**[13] (강조는 인용자.)
>
> [부르주아 국가에서: 인용자] **국민의 대표를 선출하는 투표권은 전능한 정부의 술책**[14] (강조는 인용자.)

> [빠리 꼬뮌에서는: 인용자] **보통선거권은**, [부르주아 국가의 선거에서처럼: 인용자] **지배계급의 어떤 구성원이 의회에서 인민을 대표하며 짓밟을 것인가를 3년이나 6년에 한번 결정하는 대신에**, 꼬뮌을 구성하는 인민에게 봉사해야 했다.[15] (강조는 인용자.)

---

12) 또한 대자본의 언론도, 예컨대, 헌법 재판관 문형배 · 이미선이 퇴임(2025. 4. 18.)했을 때 이렇게 폭로 · 자백한다. ― "퇴임한 헌법재판관들 '헌재 결정 존중돼야 한다'는데, 상황 따라 판단 달라지는 헌재, 국민이 존중할 수 있겠나." (≪조선일보≫, 2025. 04. 19. 八面鋒).

13) 맑스, "'프랑스에서의 내전', 제1 초고", *MEW*, Bd. 17, p. 544; *MECW*, Vol. 22, p. 488; 안효상 역, ≪칼 맑스 프리드리히 엥겔스 저작 선집≫, 제4권, p. 19.

14) 같은 글, *MEW*, Bd. 17, p. 545; *MECW*, Vol. 22, p. 490; 안효상 역, ≪칼 맑스 프리드리히 엥겔스 저작 선집≫, 제4권, p. 20.

15) K. 맑스, "프랑스에서의 내전", *MEW*, Bd. 17, p. 340; *MECW*, Vol. 22,

그리고, 다시 레닌을 인용하자면, 그도 역시 이렇게 강조하고 있다.

> ... 오로지 자유주의자만이 부르주아 의회주의의 <u>역사적 한계와 제약</u>을 망각할 수 있다.[16] (강조는 레닌.)

> 피억압 대중은 가장 민주주의적인 부르주아 국가에서도 역시 도처에서 자본가들의 "민주주의"에 의해서 선언된 **<u>형식적</u>** 평등과, 프롤레타리아를 임금노예로 전락시키는 수천의 실제적 제약 및 속임수 사이의 엄청난 모순과 마주친다.[17] (강조는 레닌.)

> **<u>피착취자와 착취자 사이에 평등이 있을 수 있는가?</u>**[18] (강조는 인용자.)

> 착취자들은 불가피하게 국가(여기에서는 민주주의, 즉 국가의 형태들 중 하나에 대해서 논하고 있다)를 피착취자들에 대한 그들 계급의, 즉 착취자들의 지배 도구로 전화시킨다. 그 때문에 피착취 다수자를 지배하는 착취자가 있는 한, 민주주의 국가는 불가피하게 착취자들을 위한 민주주의가 아닐 수 없을 것이다. 피착취자들의 국가는 이러한 국가와는 근본적으로 다르지 않을 수 없으며, 그것은 피착취자들을 위한 민주주의이자 **<u>착취자들에</u>**

---

p. 333; 안효상 역, ≪칼 맑스 프리드리히 엥겔스 저작 선집≫, 제4권, pp. 65-66.

16) V. I. 레닌, ≪프롤레타리아 혁명과 배신자 카우츠키≫(1918), *Lenin Werke*, Bd. 28, p. 244.; *Lenin Collected Works*, Vol. 28, p. 246.; 허교진 역, ≪프롤레타리아 혁명과 배신자 카우츠키≫, 소나무, 1988, p. 34.

17) 같은 곳.

18) V. I. 레닌, ≪프롤레타리아 혁명과 배신자 카우츠키≫(1918), *Lenin Werke*, Bd. 28, p. 248.; *Lenin Collected Works*, Vol. 28, pp. 249, 250.; 허교진 역, ≪프롤레타리아 혁명과 배신자 카우츠키≫, 소나무, 1988, pp. 38, 40.

대한 억압이 아닐 수 없는데, 한 계급에 대한 억압은 이 계급에게는 평등한 권리가 없다는 것, 즉 그들은 "민주주의"로부터 배제된다는 것을 의미한다.[19] (강조는 레닌.)

(자본주의에서는 철저히 거짓이고 속임수일 뿐인) 형식적 평등[20]

착취자와 피착취자는 평등할 수 없다.

이 진리는 … 사회주의의 본질적 내용을 이루고 있다.

또 다른 진리: 한 계급이 어떤 다른 계급에 의해 착취당할 **모든 가능성이 완전히 제거되지 않은 한**, 현실적인(wirklich), 실제의(tatsächlich) 평등은 있을 수 없다.[21] (강조: 인용자.)

"피착취자와 착취자 사이에 평등이 있을 수 있는가?" "착취자와 피착취자는 평등할 수 없다." — 다시 말하지만, 그러한 데도 불구하고 우리 사회에서는 "국민화합"이라는 주장이, 즉 착취자들과 피착취자들 간의 화합(和合)이라는 기만적 주장이 진보적인 것으로 통한다!

그건 그렇고, 다시 레닌에게 돌아가면,

19) V. I. 레닌, ≪프롤레타리아 혁명과 배신자 카우츠키≫(1918), *Lenin Werke*, Bd. 28, p. 249.; *Lenin Collected Works*, Vol. 28, p. 250.; 허교진 역, ≪프롤레타리아 혁명과 배신자 카우츠키≫, 소나무, 1988, pp. 40-41.

20) V. I. 레닌, ≪프롤레타리아 혁명과 배신자 카우츠키≫(1918), *Lenin Werke*, Bd. 28, p. 251.; *Lenin Collected Works*, Vol. 28, p. 252.; 허교진 역, ≪프롤레타리아 혁명과 배신자 카우츠키≫, 소나무, 1988, p. 43.

21) V. I. 레닌, ≪프롤레타리아 혁명과 배신자 카우츠키≫(1918), *Lenin Werke*, Bd. 28, p. 251.; *Lenin Collected Works*, Vol. 28, p. 252.; 허교진 역, ≪프롤레타리아 혁명과 배신자 카우츠키≫, 소나무, 1988, p. 44.

> 민주주의가 고도로 발달할수록, 부르주아 의회는 [그리고 사실은 행정부와 사법부도: 인용자] 증권거래소와 은행가들에게 [즉, 금융자본에: 인용자] 종속된다.[22)]

그리하여 "민주주의가 고도로 발달할수록", 부르주아 정치는 더욱더 고도의 금권정치로 되어, 각종 선거는, 유창하고 매혹적인 구라로 인민대중을 기만하여 표를 거두는 기구일 뿐 아니라, 돈을 뿌려 표를 매수하는 기구로 된다. 그리고 그 때문에 그 자신 노동자·인민의 일원으로서 정말로 노동자·인민의 의사와 이익을 대표하는 사람들은 그만큼 더 후보로 등록하기도 어렵게 되고, 당선되기는 더더욱 어렵게 된다. 아니, 그렇게 되어 있다!

이는 물론 이 나라를 포함한 현대 자본주의 모든 국가에서의 상황인데, 미국(역시 세계에서 가장 자본주의가, 따라서 부르주아 민주주의가 발달한 그 미국)에서의 지난 대통령 선거, 부동산 거부 D. 트럼프를 재차 대통령으로 뽑은 그 선거는 그러한 진실을 정말 극적으로 보여주었지 않은가! 그리고 그러한 선거에서 당선된 <u>트럼프의 대통령 취임식의 '하객들'은 어떤 자들이었고, 그 취임식에서의 그들의 좌석은 어떤 기준에 의해서 배정되었던가!</u>[23)]

한편, 레닌이 명문으로 지적하는 것처럼, 부르주아 국가에서는 "민주주의가 발달하면 할수록, 부르주아지에게 위험한 심각한 정치적 충돌이 벌어질 때마다 집단학살 혹은 내전이 더욱 급박해진다."[24)]

---

22) V. I. 레닌, ≪프롤레타리아 혁명과 배신자 카우츠키≫(1918), *Lenin Werke*, Bd. 28, p. 244.; *Lenin Collected Works*, Vol. 28, p. 246.; 허교진 역, ≪프롤레타리아 혁명과 배신자 카우츠키≫, 소나무, 1988, p. 34.

23) 뿐만 아니라, 제2기 트럼프 정권 초기인 지난 봄에, 세계 최고의 부자라는 엘론 머스크(Elon Musk)가, "엘론 머스크는 선출되지 않은 대통령"이라는 평가·항의가 나올 정도로 강한 정치적 지배력을 행사했다는 사실도 자못 흥미롭다.

1871년 '피의 학살'에 의한 빠리 꼬뮌의 압살을 비롯하여, 노동자들의 혁명투쟁들에 대한, 상비군을 동원한 압살이 그 전형이다. 그리고 제2차 대전 후 구(舊) 식민지 민족들이 독립하면서 그 지역들의 노동자 · 인민 대중이 사회주의를 지향하자, 그들 노동자 · 인민 대중의 의사에 반해서 '자유민주주의' 국가들, 신식민지 자본주의 국가들을 건설하는 과정에서 자행된, 수십만 · 수백만 노동자 · 인민의 학살들! 그 학살들도 모두 그 예들이다. 결코 남의 얘기만이 아니지 않은가!

부르주아 민주주의 선거, 의회와 노동자계급 운동

아무튼, 부르주아 민주주의의 저러한 계급성, 따라서 그 선거의 계급성과 기만성 때문에 사회주의 조직들은 부르주아 선거를 보이콧하기도 한다. 예컨대, 권력을 둘러싼 부르주아지 계파 간의 갈등으로 지난해 말에 사민당을 중심으로 한 연립정부가 불신임 · 붕괴되어 지난 2월 23일에 총선을 치른 독일에서 한 공산주의 청년조직인 '자유 독일 청년(Freie Deutsche Jugend; FDJ)'은 그 중앙위원회의 성명(2023. 2. 2.)을 통해, "오로지 어리석기 그지없는 송아지들만이 자신을 도살할 자들을 스스로 선택한다.(Nur die dümmsten Kälber wählen ihre Schlächter selber.)"는 B. 브레히트(Bertolt Brecht)의 말을 맨 앞에 내세우면서, "선거투쟁 대신에 계급투쟁을!"[25]이라고 외치고 있다.

---

24) V. I. 레닌, ≪프롤레타리아 혁명과 배신자 카우츠키≫(1918), *Lenin Werke*, Bd. 28, p. 244.; *Lenin Collected Works*, Vol. 28, p. 245.; 허교진 역, ≪프롤레타리아 혁명과 배신자 카우츠키≫, 소나무, 1988, pp. 32-33.

그런데, 부르주아 민주주의는 그 성격상 "제한적이고, 불완전하고, 거짓되고, 위선적이며, 부자들에게는 천국이고, 피착취자들, 즉 가난한 사람들에게는 함정이자 기만"이지만, 그리고 이것은 "맑스의 가르침 가운데 대단히 본질적인 부분을 이루는 … 진리"이지만, 그럼에도 불구하고 "부르주아 민주주의는, 중세에 비해서는 거대한 역사적 진보"이다.[26)]

따라서, 주지하는 바일 터이지만, 부르주아 국가에서 선거는, 즉 "보통선거권은, 지배계급의 어떤 구성원이 의회에서 인민을 대표하며 짓밟을 것인가를 3년이나 6년에 한번 결정하는" 것이라고 해서, 그때그때의 구체적인 정세와 주체적 조건을 고려하지 않고 무조건 선거를 보이콧한다면, 그것은, 레닌이 어딘가에서 지적했던 것처럼, 결코 옳지 않다.

노동자계급은, 보통선거권을 포함하여, 저 "제한적이고, 불완전하고, 거짓되고, 위선적이며, 부자들에게는 천국이고, 피착취자들, 즉 가난한 사람들에게는 함정이자 기만"인 부르주아 민주주의를 이용할 줄 알아야 하고, 또한 이용할 수 있는 주체적 조건 ·

---

25) https://fdj.de/files/fdj-website-2015/website-inhalte/Nachrichten/2025/ 2025_02%20Wahl/Flugblatt%20Klassenkampf%20statt%20Wahlkampf%20 eng.pdf; 영역본은, <https://www.idcommunism.com/2025/02/ree-german- youth-fdj-on-german-election-2025-class-struggle-instead-of-election- campaigns.html>에서 볼 수 있다.

26) "부르주아 민주주의는, 중세에 비해서는 거대한 역사적 진보이지만, 여전히 언제나, 그리고 자본주의 하에서는 그럴 수밖에 없는, 제한적이고, 불완전하고, 거짓되고, 위선적이며, 부자들에게는 천국이고, 피착취자들, 즉 가난한 사람들에게는 함정이자 기만이다. 맑스의 가르침 가운데 대단히 본질적인 부분을 이루는 바로 이 진리 …"(V. I. 레닌, ≪프롤레타리아 혁명과 배신자 카우츠키≫(1918), *Lenin Werke*, Bd. 28, p. 241.; *Lenin Collected Works*, Vol. 28, p. 243.; 허교진 역, ≪프롤레타리아 혁명과 배신자 카우츠키≫, 소나무, 1988, p. 29.

능력을 갖추어야 하는 것이다. 즉, 극히 제한적이고 기만적인 민주주의, 그러한 선거이지만, 노동자계급은 그것을 이용하여 자신의 정치적 · 조직적 · 혁명적 역량을 키우고, 강화할 줄 알아야 한다.

부르주아 민주주의 선거의 이용 혹은 그 보이콧과 관련한 이러한 지적은 물론 부르주아 의회 연단의 이용까지를 포함한 그것이다.

그러면, 현재 우리의 상황은 어떤가?

선거에 참여하고, 부르주아 의회의 연단을 이용하는 것이든, 선거를 보이콧하는 것이든, 그러한 작업을 조직하고 선도 · 지도하는 것은 당연히 과학적 사상과 이론으로 무장된 선진노동자들, 절실하게는 그들의 혁명적 전위조직이다. 그런데 현재 우리 사회에는, 그러한 '혁명적 전위조직'을 자임하는 골방 조직(들)은 있을지 모르지만, 명실상부한 그러한 조직은 유감스럽게도 아직 존재하지 않는 것으로 보인다. 무엇보다도, 민주주의를 절대 수호하는 국가보안법 덕택이다! ― 현 조건에서 우리 사회의 노동자계급이 자신의 혁명적 전위조직을 획득하기 위해서 필수적으로 해내야 할 사업의 하나가 무엇인지가 저절로 명확할 것이다.

한편, 우리 노동자 사회 · 운동에는, 물론 그 전체에는 아니지만, 선거와 관련하여 이렇게 긍정적인 선거 참여도, 의회 연단의 활용도 사실상 불가능한 상황에서 비롯된, 일종의 암묵의 '관행' 비슷한 게 있다. 다름 아니라, "어쩔 수 없이 차악이라도!", 혹은 "차선이라도!"라고 하는, 저 유명한 이른바 '차악론' 혹은 '차악'의 선택, 혹은 '차선론' 혹은 '차선'의 선택이 바로 그것인데, 이 '차악론' · '차선론'은 명확히 지적되고, 폐기되지 않으면 안 된다. 그리고 아무리 아무리 어렵더라도 노동자계급의 정치적 독자성을 추구 · 확립하지 않으면 안 된다.

'차악론' 혹은 '차악'의 선택, 혹은 '차선론' 혹은 '차선'의 선택 그것은 노동자 대중의 정치의식을 사실상 이 사회의 부르주아 양대 지배정당들 가운데 자유주의 분파의 정당에 종속시키는 것이고, 그만큼 반동적이기 때문이다.

실제로, 양대 지배정당 가운데 '차악' 혹은 '차선'으로 선택되었던 김대중 · 노무현 · 문재인 정권 등이 얼마나 반노동자적 · 반인민적이었으며, 얼마나 충실한 미제의 앞잡이들이었던가를 상기해 보라! 김영삼 정권 말기에 대대적인 저항에 부딪혀 주춤했던 비정규직의 제도화 ― 오늘날 수많은 노동자들의 삶을 옥죄고 있는 비정규직이 현실적으로 제도화되고 일반화된 것도 김대중 · 노무현 정권 하에서가 아니었던가! 노무현 정권 초기는 "(노동자) 열사 정국"이라고까지 불리지 않았던가! (그런데도, '차악론' · '차선론'은 2004년 민주노총까지도 '노무현 탄핵 반대' 투쟁으로 몰고 갔다!)

마지막으로, 자본주의 사회에서 학교 교육과 언론을 통해서 '국민'이면 누구나 의당 갖추어야 할 최고의 덕목으로 배우고, 사람들도 그렇게 받아들이는 덕목, 그 덕목의 정체를 보자.

맑스는 이렇게 얘기한다. 노동자 국제주의와 관련해서도 마땅히 그 의미를 곰곰이 되새겨 보아야 할 것이다.

> 부르주아지의 **<u>쇼비니즘(Chauvinismus)</u>**은, 그들 자신의 모든 주장에 국민적(national) 외투를 걸치게 하는 순전히 무가치한 것(eine bloße Eitelkeit)이다. 그것은, 상비군에 의해서 국제적 투쟁을 영구화하고, 각국의 생산자들을 다른 나라의 형제들과 대립하도록 부추김으로써 각국에서 생산자들을 예속시키는 수단이며, 노동자계급의 해방의 제1 조건인 노동자계급의 국제적 협력을 저지하는 수단이다.[27] (강조는, 맑스.)

27) K. 맑스, "'프랑스에서의 내전', 제1 초고", *MEW*, Bd. 17, p. 558;

그러고는, 그는 이어서 이렇게 얘기한다. 노동자 국제주의와 관련하여 역시 마땅히 그 의미를 곰곰이 되새겨 보아야 할 것이다.

> 프랑스의 부르주아 국수주의자들은 프랑스를 잘게 분할했고, 정복자[=프로이센: 인용자]의 명령에 따라 행동하고 있는 데에 반해서, **빠리의 노동자들은, 자기 자신의 계급적 지배자들을 후려침으로써 외적을 쳤으며, 만국의 노동자의 전위의 지위를 전취함으로써 국경을 제거했다**.[28] (강조는, 인용자.)

사실 부르주아 국가들 간의 대립 · 갈등 · 분쟁 · 전쟁은, 한편에서는 상품의 시장과 판로, 원료 자원을 둘러싼 그것이기도 하지만, 다른 한편에서는 "각국의 생산자들을 다른 나라의 형제들과 대립하도록 부추김으로써 각국에서 생산자들을" 자본에 "예속시키는 수단이며, 노동자계급의 해방의 제1 조건인 노동자계급의 국제적 협력을 저지하는 수단"인 것이다!

그러면, "빠리의 노동자들은, 자기 자신의 계급적 지배자들을 후려침으로써 외적을 쳤으며, 만국의 노동자의 전위의 지위를 전취함으로써 국경을 제거했다"는 사실에서 오늘날 우리는 특히 무엇을 배워야 할까?

이승만 정권에서부터 박정희, 전두환 등의 정권에까지 장기간

MECW, Vol. 22, p. 501; 안효상 역, ≪칼 맑스 프리드리히 엥겔스 저작 선집≫, 제4권, p. 34.; — 여기에서 말하는 "쇼비니즘(Chauvinismus)"은, 국수주의라고도 번역되지만, 사실은 오늘날 우리 사회에서도 일반적으로 부추겨지는 것과 같은 맹목적인 애국심 · 애국주의 바로 그것이다. 예컨대, 미국 대통령 D. 트럼프의 저 유명한 "MAGA", 즉 "미국을 다시 위대하게(Make America Great Again)"도 그 전형적인 예이다.

28) 같은 글, *MEW*, Bd. 17, p. 559; *MECW*, Vol. 22, p. 501; 안효상 역, ≪칼 맑스 프리드리히 엥겔스 저작 선집≫, 제4권, p. 35.

의 날것 그대로의 신식민지 파쑈 지배 하에서 압살되었던 반제국주의 의식, 신식민지적 지위·현실의 극복이라는 문제의식이, 역시 장기간의, 그리고 특히 1980년대 이래의 지극히 고난한 투쟁을 통해서 이제는 선진노동자들 사이에만이 아니라 진보적인 청년·학생들 및 지식인들 사이에까지 일반화되어 있지만, 아직 많은 경우 그 반제의식, 신식민지 극복이라는 문제의식에 일종의 쇼비니즘의 짙은 그늘이 드리워져 있다는 사실을 직시하고, 그 쇼비니즘과 싸워야 하지 않겠는가?

미제에 의한 지배, 그 신식민지 지배는 애초부터 미제의 오로지 일방적 강압에 의해서가 아니라 이 사회 내부의 적과의, 즉 이 땅의 노동자·인민에 대한 내부의 계급적 지배자들과의 합작에 의한 것이며, 지금도 역시 그 합작에 의해서(만) 유지되고 있다는 사실을 못 보거나 경시하는 경향, 혹은 심지어 — 이 사회 내부의 계급적 지배자들의 미제와의 합작은 결코 수동적인 것이 아니고 그 계급적 이해 때문에 극히 능동적·적극적인 것인데도 불구하고 — 보지 않으려는 경향조차 사실은 강하다는 사실을 직시하고, 그러한 경향과 싸워야 하지 않겠는가?

불모의 그러한 몰계급적 민족주의, 맹목적 애국주의를 반드시 극복·불식해야만, 그리고 노동자 국제주의를 견지하며 반제투쟁을 벌일 때에, 해방의 날이 온다는 사실을 깨닫고, 널리 선전하고 조직해야 하지 않겠는가? **노사과연**

환경문제와 노동자계급

천연옥 | 부산지회장

1. 글을 시작하며

현재의 환경문제는 지구라는 행성의 생태위기가 얼마나 심각한 지, 그리고 그 지구의 주민인 인류가 얼마나 심각한 위기에 처해 있는지를 보여주고 있다. 이러한 위기의 현황과 원인, 그리고 해결방안은 무엇인가를 살펴보는 것이 이 글의 주제이다. 또한 이 위기의 해결의 주체로서 노동자계급의 역할과 현재 진행되고 있는 노동운동 내에서의 움직임에 대해 비판적으로 살펴보는 것도 이 글의 주제이다. 쉽지 않은 주제이고, 아래의 정리가 매우 부족한 것임을 미리 고백한다.

2. 위기의 현황과 원인, 해결방안

1) 위기의 현황

미국의 진보적 언론 ≪먼슬리 리뷰≫ 편집장 프레드 맥도프가 타계한 뒤에 편집장이 된 존 벨라미 포스터가 2011년에 출판한 ≪환경주의자가 알아야 할 자본주의의 모든 것≫ 제1장 "지구의 생태위기"에는 현재의 위기의 현황을 잘 설명하고 있다. 그 내용을 자세히 살펴보면 아래와 같다[1].

존 벨라미 포스트는 '행성경계'가 최근 지구시스템과학에서 과학자들이 가장 중요하게 발전시킨 것으로, 지구적 규모에서 인간이 야기한 환경변화를 정말로 피하고자 한다면 넘지 말아야 할, 인류를 위한 행성의 터전을 지칭하는 개념이라고 설명한다. 그리고 9가지 중요한 경계로서 ① 기후변화[2] ② 해양 산성화 ③ 성층권 오존의 소진 ④ 생물지구화학적 흐름의 경계(질소와 인의 순환) ⑤ 전 지구적인 담수 이용 ⑥ 토지 이용의 변화 ⑦ 생물 다양성의 손실 ⑧ 에어로졸의 대기 누적 ⑨ 화학적 오염으로 정리한다. 행성경계들에서 발생하는 이러한 각각의 균열들은 지구에 사는 생명에 중대한 위협을 주고 있지만, 가장 크고 즉각적인 위협은 기후변화이며, 그것은 다른 모든 것들과 중첩되기 때문에 특히 중심적인 위치를 점하고 있다고 본다.

기후변화와 직접적으로 연결된 문제들이 악화일로에 있다는 징후는 이미 분명히 드러나기 시작하고 있는데, 그 중에는 다음의 것들이 있다.

하절기 북극해 얼음의 해빙은 햇빛의 반사를 감소시켜서 지구온난화를 강화한다. 해수면의 상승은 10년에 1인치 이상씩 상승하고 있다. 전 세계 산악빙하의 급격한 감소 문제가 있는데, 만약 온실가스 배출이 현행유지 상태를 지속한다면 대체로 이번 세기 안에 산악빙하 자체가 사라지게 될 것이다. 빙하는 물의 저장고로서 기능하기 때문에 빙하의 소실은 물부족을 야기한다.

---

1) 존 벨라미 포스터 · 프레드 맥도프, ≪환경주의자가 알아야 할 자본주의의 모든 것≫, 황정규 옮김, 도서출판 삼화, 2011. pp. 11-33 요약.

2) 위 책의 출판년도가 2011년이라 기후변화라고 표현한 것인데, 2019년 영국의 ≪가디언≫지가 기후변화가 아니라 기후위기, 지구온난화가 아니라 지구가열화라고 표현할 것을 선언한 이후, 기후변화는 기후위기로, 지구온난화는 지구가열화라는 표현이 일반적으로 사용되고 있다.

다음으로 해양의 온난화 문제가 있다. 해양은 지구에 부가되는 열의 약 90%를 축적해 왔다. 악화되는 가뭄의 경우, 현행유지 하에서 가뭄은 수십 년 내에 육지의 70%로 확대될 것이다. 또한, 겨울과 여름 기온의 상승은 이미 지역 생태계를 뒤집어 놓고 있고, 전 세계 평균기온의 상승은 곡물 산출에 부정적 효과를 야기한다. 종의 멸종 역시 기후대 혹은 등온선의 급격한 변동으로 인해 야기되고 있다.

또 다른 지구의 균열들로써 해양산성화, 성층권 오존 고갈, 종의 멸종이 있는데, 1만 7000종 이상의 식물과 동물이 멸종위기에 놓여있고 100만종 당 연간 100종 이상이 멸종되고 있다. 비료로부터 질소와 인이 유출되어 환경에 과적되고, 그러한 질소 과잉은 생태를 악화시킨다. 해양으로 흘러들어간 인의 양이 연간 100만톤이며, 이것으로 인해 식물성 플랑크톤이 폭발적으로 증가하고, 이 플랑크톤이 죽게 되면 쌓여서 데드존을 형성하고 물고기는 살 수 없게 된다. 담수이용도 경계를 넘어서 바다로 이르기 전에 25%의 하천이 고갈 상태에 있다. 인간의 생산과 결합된 토지 이용의 변화는 숲과 여러 생태계들이 농경지로 전환되면서 생물 다양성을 위협하고 있다. 매연과 황산염 및 여러 입자들로 인해 지구적 규모로 일어나는 대기 중 에어로졸 누적도 심각하다.

이러한 환경위기의 결과는 이번 여름이 가장 시원하다는 말로 표현되는, 갈수록 그 정도가 심각해지는 폭염과 수많은 생명을 희생시키는 홍수와 가뭄, 산불 등으로 가시화 되고 있다.

2) 위기의 원인

존 벨라미 포스터는 ≪환경주의자가 알아야 할 자본주의의 모든 것≫에서, 인간 및 모든 다른 생명종이 의존하는 생명부양체계를 포함하는 지구의 생태가, 인간의 활동으로 지속적이고 가혹하게 공격받고 있다는 것은 논쟁의 여지가 없고, 우리가 가는 길을 급진적으로 변화시키지 않는다면 결과는 처참하리라는 점 역시 명백하다고 주장한다. 지구의 환경위기가 보이고 있는 다면적이고, 복합적이며, 급격히 가속되는 특징은 단 하나의 체제적 원인에서 찾을 수 있는데, 바로 우리가 살고 있는 경제적, 사회적 질서 즉 자본주의 자체라고 설명한다. 올바른 지적이다.

또한, 민주노총 기후위기대응특별위원회[3]가 펴낸 ≪기후위기와 정의로운 전환≫에서도 다음과 같은 결론을 '정의로운 전환을 위한 노동자의 과제'로 내리고 있다.

> 우리는 이 교재를 통해 기후위기의 현실과 원인을 살펴보면서 기후위기가 사회 불평등 체제와 맞물리면서 차별적으로 영향을 미친다는 사실을 여러 사례를 통해 확인했습니다. 또한 '더 많은 이윤을 위해 비용을 최소화'하고 '더 많은 생산과 소비를 취해 더 많이 착취하고 파괴하는' 자본주의 체제를 지속하는 한 기후위기 대응은 실패할 수밖에 없다는 것을 확인했지요.[4]

맑스는 ≪자본론≫에서 노동을 다음과 같이 규정한다.

> 노동은 우선 인간과 자연 사이의 과정, 즉 인간이 자기 자신의 행위에 의해서 자신과 자연 사이의 물질대사를 매개하고, 규제하며, 통제하는 과정이다. 인간은 자연소재 자체에 대해서 하나의 자연력으로 상대한다. 인간은 자연소재를 자신의 삶을 위

3) 2021년 산별과 지역에 설치. 2022년 녹색단협운동을 선포함.
4) 김선철 · 류승민 · 이창근, ≪기후위기와 정의로운 전환, 노동자 기후정의 실천 안내서≫, 민주노총 부설 민주노동연구원, 2024, p. 228.

해서 사용할 수 있는 어떤 형태로 획득하기 위해서 자신의 육체에 속하는 자연력들인 팔과 다리, 머리와 손을 운동시킨다. 인간은 이 운동을 통해서 자신의 외부의 자연에 작용을 가하여 그것을 변화시키면서, 동시에 그는 자기 자신의 자연을 변화시킨다. 그는 자신의 자연 속에 잠자고 있는 능력들을 발전시키고, 그들 힘과 운동을 통제한다.[5)]

맑스는 ≪고타강령 비판≫에서도 부의 원천이 노동이라고 한 고타강령을 비판하면서 노동과 자연을 부의 원천이라고 설명하기도 했다. 맑스는 인간이 자연의 일부이며, 노동을 인간과 자연의 물질대사로 이해한다. 즉 환경위기는 자본주의 체제가 인간과 자연의 물질대사를 교란하면서 생긴 위기이다. 자본주의의 이윤을 위한 생산은 인간과 자연의 물질대사를 교란시킬 수밖에 없는 체제인 것이다.

맑스는 ≪자본론≫의 한 탁월한 문장에서 다음과 같이 기술했다.

더 고차원적인 사회·경제 체제의 관점에서 본다면, 지구를 특정 개인이 사적으로 소유하는 것은 어떤 사람을 다른 사람이 사적으로 소유하는 것과 마찬가지로 불합리하게 보일 것이다. 심지어 사회 전체나 국가, 모든 사회를 합쳐서 생각한다고 해도 이들은 단지 점유자이자 수혜자일 뿐 소유자일 수 없다. 그리고 훌륭한 가장들이 그렇듯, 후손들에게 좀 더 나은 상태로 물려줘야 한다.[6)]

---

5) 칼 맑스, ≪자본론≫ 제1권, 제2분책, 채만수 역, 노사과연, 2018, p. 298.
6) *MEW*, BD. 25, S. 784.; ≪자본론≫ 제3권(하), 김수행 역, 2015. p. 984.; 존 벨라미 포스터, ≪마르크스의 생태학≫, 김민정·황정규 옮김, 인간사랑, p. 353에서 재인용.

존 벨라미 포스터는 2000년에 쓴 ≪마르크스의 생태학≫에서 맑스주의 생태학이 쏘련에서 스탈린의 생산력주의에 의해 사라졌다가 1970년대 서구에서 재등장했다고 주장한다. 그러나 1977년에 쏘련에서 초판 인쇄된 책, ≪사회와 환경, 쏘비에트적 관점≫은 그러한 주장이 틀렸음을 말해주고 있다. 이 책은 환경문제에 대한 쏘련 학자들의 짧은 글 10개와 부록으로 '1972년 9월 20일, 쏘련 최고 쏘비에트 결정'이 실려있는데, 이 부록에는 자연보호 및 자연 자원의 활용을 더욱 개선하기 위한 조치, 쏘련공산당 중앙위원회 각료회의, 쏘비에트 법령이 실려 있다. 이러한 글들을 통해서 확인할 수 있는 것은 존 벨라미 포스터가 아주 오랜 연구를 통해서 정리한 "마르크스의 생태학"은 이미 쏘련에서 체화된 이념을 넘어서서 정책으로 전환되고 있었다는 점이다.

이 책의 세 번째 글 "인간, 사회 그리고 기후변화"를 쓴 이노켄티 게라시모프(1905~1985)는 쏘련의 유명한 지리학자, 지형학자이자 환경사상가로 자연보호와 생태적 사고의 기반을 구축하는데 기여한 쏘련 과학아카데미 소속의 학자이며 지리학 연구소 소장이다. 주요 저서로 ≪자연과 인간의 상호작용≫(1956), ≪지형의 진화와 인간활동≫(1960) 등이 있다.

그는 이렇게 쓰고 있다.

> 마르크스-레닌주의 이론과 과학적 분석방법론만이 인류의 일반적인 진화와 기본 사회 형성의 변화에서 자연과 사회 간의 다양한 상호작용의 객관적 법칙을 밝힐 수 있었습니다.
>
> 자연 환경과 그 자원은 오늘날 개별 국가와 인류 전체의 번영된 미래를 보장하는데 필요한 특별한 고려와 목적의식적이고 조정된 조치의 체계적 이행이 필요한 귀중한 공공재로 간주되어야 합니다. 자본주의 세계에서 천연자원이 개인 소유가 될 수 있다

는 사실은 환경과 관련하여 현대의 상황과 상반되며 과거에 속해야 합니다.

생산수단의 사적 소유와 지배 계급의 이익을 위한 천연자원의 착취(그리고 전 세계 국가와 지역을 제국주의 국가의 원자재 부속물로 전환)를 특징으로 하는 자본주의 시스템은 전 세계 환경 악화에 직접적인 책임을 지고 있습니다. 기업과 독점 조직이 노동 인구와 종속 및 착취 국가의 국민을 희생시키면서 경제적 이익을 위해 서로 경쟁한다는 사실 자체가 자본주의 전체가 인류와 미래 세대의 이익을 위해 환경을 보호하고 개선하는 문제에 대한 근본적인 해결책을 찾을 수 없게 만듭니다. 하지만 그렇다고 해서 자본주의 국가에서 환경 보전과 개선을 위한 진보적인 사람들의 투쟁의 결과로 취해진 특정 국가 조치의 가치나 그곳에서 수행된 연구의 가치가 훼손되는 것은 아닙니다.

미래 세대의 필요를 염두에 두고 모든 사회 구성원의 물질적, 문화적 요구사항을 완전히 충족시키는 사회주의 및 공산주의 사회를 만드는 최고의 목표는 이 사회에서 자연 환경에 대한 완전히 다른 태도를 만들어 냅니다. 사회주의 체제의 확립은 모든 종류의 천연 자원을 포함한 주요 생산 수단에 대한 사적 소유권을 제거합니다. 토지, 지각, 숲, 초목, 동물 세계 및 기타 자연 자원은 모두 전체적으로 공동의 재산이 됩니다. 이러한 자원은 다음을 기준으로 계획적이고 목적에 맞게 사용됩니다. 사회 전체의 이익을 위해 과학적으로 근거한 국가 경제 계획을 수립합니다. 모든 것이 천연 자원의 사용과 자연 환경의 보존 및 개선에 관한 내부적으로 조정된 단일 국가 정책의 실행을 위한 근본적이고 새로운 사회적 전제조건을 만듭니다.[7)]

---

7) *Society and the Environment: a Soviet View*, Progress Publishers, 1977.

현재 인류를 위협하고 있는 환경과 생태 위기의 원인은 생산수단을 소유한 지배계급인 자본가계급의 이윤을 위한 무한 탐욕의 결과라는 점을 다시 한 번 강조하면서 해결방안을 살펴보자.

3) 해결방안

자본주의가 원인이라면 그 해결방안은 자본주의의 극복, 즉 새로운 사회로의 변혁만이 정답이다. 자본주의는 노동자의 잉여노동을 착취해서 유지되는 착취체제이다. 이 착취체제를 극복하기 위해 노동자계급이 주체가 되어 투쟁해야한다. 아래에서는 환경과 생태위기를 극복하기 위한 투쟁에서 노동자계급의 역할과 현재 진행 중인 투쟁의 양상과 한계를 살펴보고자 한다.

3. 위기 극복의 주체로서의 노동자계급의 역할과 투쟁의 양상과 한계

1) 노동자계급의 역할

인류를 위협하고 있는 환경과 생태 위기의 원인이 자본주의체제이고, 그 위기의 해결방안이 새로운 사회로의 변혁이라면 노동자계급은 이 투쟁에서 가장 강력한 주체임이 분명하다. 자본주의는 인류의 여러 경과적 사회구성체의 하나이면서 최후의 계급사회이다. 노동자계급은 인간에 의한 인간의 착취라는 계급사회를 끝장내고 착취와 억압이 없는 사회를 만들어갈 역사적 임무를 가진 계급이다. 그러나 현재 대부분의 노동(조합)운동은 경제주의와 조합주의에 머물러 있으면서 환경문제는 부차적인 문제로 인식하고 있다. 그러나 현재 생태위기의 심각함은 노동자계급이 노동력의 판매조건을 둘러싼 투쟁에만 매몰되어서는 안 되는 상황임을 보여주고 있다. 지금은 석탄화력발전소의 폐쇄에 따른 발전소 비정규직 노동자들의 투쟁이나 활동가들 수준에서 기후정의운동에 결합하고 있는 실정이지만, 민주노총과 산별, 지역, 사업장 차원에서 환경문제에 대한 교육과 실천을 조직해 나가야 한다.

2) 투쟁의 양상, 기후정의운동과 '정의로운 전환'

지구라는 행성의 환경과 생태의 위기는 산업화가 상대적으로 일찍 진행된 부유한 북반구 국가들이 더 많은 책임이 있지만, 실제로 그 피해는 산업화가 늦고 가난한 나라들인 남반구 국가들에게 집중된다. 또한 북반구든 남반구든 그 국가 내의 가난한 계층, 특히 노동자계급에게 그 피해가 집중되고 있다.

기후위기 책임의 불평등을 보여주는 또 하나의 지표는 1인당 탄소 배출량인데, 국제구호개발기구인 옥스팜의 분석에 의하면 전 세계 소득 상위 1%의 부유층은 하위 50%의 빈곤층보다 두 배 이상 많은 탄소를 배출하고 있다. 세계불평등연구소가 2023년에 펴낸 기후불평등보고서에 의하면 전 세계 1인당 연간 탄소 배출량 평균은 6톤인데 반해서, 소득 하위 50%의 1인당 평균 배출량은 1.4톤, 상위 10%는 28.7톤, 상위 1%는 101톤으로 각각 21배, 73배 더 많다. 지구 인구의 절반을 차지하는 하위 50%의 인구가 전 세계 탄소의 11.5%를 배출하는 반면 상위 10%는 64.9%를 배출한다. 이러한 불평등과 부정의를 바로 잡자는 의미에서 기후정의란 개념이 생겼고, 이 운동을 기후정의운동으로 명명하고 있다.

유엔을 비롯한 국제사회는 1990년대 초 유엔기후변화협약을 비롯해서 기후위기에 대응해 왔지만, 탄소배출량 증가와 지구 온도 상승은 여전히 심각하게 진행되고 있다. 자본주의 국가들의 해결방안은 자본주의를 유지하면서 위기를 해결하는 것이므로 근본적으로 해결할 수 없는 것이고, 녹색성장이니 녹색자본주의이니 하면서 요란하게 그린워싱[8]을 일삼는 것에 불과하다.

그 중에서도 가장 기만적인 것이 '배출권거래제'라는 것이다. 배출권이란 온실가스 배출 상한선을 정해놓고 이 정도의 온실가스는 배출해도 된다는 '쿠폰'이다. 취지는 당장 온실가스 배출을 없앨 수는 없으니 일정 기준을 정해 그 기준까지만 배출하면서 조금씩 줄인다는 것이다. 허용된 기준보다 적게 배출한 기업은 남는 배출 허용량을 판매할 수 있고, 상한선 이상 온실가스를 배출하는 기업은 배출권을 구매할 수도 있다. 온실가스를 많이 배출하면 그 만큼 배출권 구매 비용이 드는 만큼 기업들이 자발적으로 배출을 줄일 것이라는 기대를 담은 제도이다. 그러나 정부가 관리하는 배출권거래제는 언뜻 보면 좋은 거 같지만, 실제로 온실가스 배출을 줄이기는커녕 오히려 기업들의 돈벌이 및 환경파괴 수단이 되었다. 기업 활동과 배출권 시장을 활성화 한다는 명목으로 정부가 배출 상한선, 즉 무상 배출권 할당량을 턱없이 느슨하게 잡았기 때문이다. 기업이 실제 배출하는 양보다 배출 허용량이 더 높은 경우도 많았다. 이런 경우 기업은 온실가스 배출을 줄이지 않고도 남은 배출량을 팔아서 돈을 벌 수 있다. 2021~2022년 2년간 이처럼 느슨한 배출권거래제를 통해 상위 10개 기업이 총 3,021억원의 수익을 얻었다는 보도도 나왔

8) 그린워싱(Greenwashing)은 기업이나 조직이 실제로는 환경에 해로운 활동을 하면서도, 마치 친환경적인 것처럼 홍보하거나 포장하는 행위를 말한다. 녹색분칠이라고도 한다.

다. 한국 최대의 온실가스 배출기업인 포스코는 2020년까지 245억 원, 삼성전자는 446억 원을 벌었다고 한다. 한국만이 아니라 국제적으로도 이런 꼼수가 횡행하고 있다.

기후위기에 대응하는 기후정의운동은 기후위기가 노동자계급에게 미치는 영향이 커짐에 따라 '정의로운 전환'이라는 개념으로 발전했다. '정의로운 전환'은 1970~1980년대 미국에서 발생한 일자리 위협에 대한 노동운동의 대응으로 탄생했다. 미국의 석유·화학·원자력노조(OCAW)의 지도자였던 토니 마조치는 '정의로운 전환'이라는 아이디어를 첫 번째로 고안한 활동가였다. 그는 일자리 문제와 환경 문제가 대립한다는 통념을 거부했고, 이 프레임을 변화시킬 전략으로 정의로운 전환을 고민했다. 노동자 산업재해 문제에 관심이 많았던 마조치는 1973년 환경운동가들과 함께 셸(Shell)사의 석유정제공장에서 노동자의 건강과 안전에 관한 최초의 환경파업을 벌이기도 했다.

영국의 루카스 항공사는 군수용 항공 부품을 주로 생산하는 회사였는데, 대규모 구조조정이 예정되자 노동자들은 연합위원회를 구성하여 노동자들의 전문적 역량과 회사 설비를 이용해 군수품 대신 생산할 제품들을 고민하기 시작했다. 이들은 150여 개 제품 생산을 제안하고 이를 천 여 쪽에 달하는 책자로 정리했는데 이것이 루카스 플랜이다. 이들의 시도는 성공하지 못했지만, 노동자가 무엇을 생산할 것인지를, 사회적으로 유용한 생산은 무엇인지를 고민했던 사례로 남아 있다.

한국의 기후정의운동은 2000년대 중반부터 주요 개념이 소개되었고, 소수의 전문가 중심으로 논의되기 시작했다. 2011년에 21개 단체가 참여하는 '기후정의연대'가 출범했으나 별다른 역할을 하지 못한 채 사라졌다. 2019년에 기후위기 비상행동이 조직한 한국 최초의 대중적 기후 집회는 기후위기에 대한 관심을 높이는데 기여하였다. 기후위기 비상행동은 정부와 국회가 기후위기를 인정하고 비상선언을 할 것, 온실가스 배출제로 계획을 수립하고 기후정의에 입각한 대응 방안을 마련할 것, 기후위기 대응을 위한 독립적인 국가기구를 구성할 것을 3대 요구로 내걸고 기후위기의 현실을 알리는 캠페인과 교육을 벌였다. 이런 활동은 2020년 총선을 거치며 정부와 지자체, 국회가 '기후위기 비상'을 선포하고 이후 정부가 '2050 탄소중립'을 선언하는 데 적지 않은 역할을 하였다. 더 급진적이고 대중적인 기후정의운동은 2021년 탄소중립위원회를 비판하며 시작한 '탄소중립위원회 해체와 기후정의 실현을 위한 공동대책위원회' 활동이었다. 공대위는 이후 '체제 전환을 위한 기후정의동맹'이라는 상설연대체로 발전하여, 기후위기 비상행동과 함께 해마다 기후정의행진을 조직하고 있다. '2022년 924 기후정의행진'은 3만명이 모여서 화석연료와 생명파괴 체제 종식, 모든 불평등 끝장내기 및 기후위기 최일선 당사자의 목소리가 커져야 한다는 3대 요구를 중심으로 기후 정의의 원칙과 지향을 더 분명하게 표방했다. 2023년 414 기후정의파업은 평일 세종에서 4,000여 명이 모여서 집회와 행진을 벌이기도 하였다. 그리고, 2023년 923 기후정의행진, 2024년 907 기후정의행진, 2025년 927 기후정의행진으로 이어져 오고 있다. "기후정의로 광장을 잇자"라는 구호로 진행한 2025년 927 기후정의행진은 서울에서만이 아니라 부산, 제주, 대전, 충북, 완주, 구례, 대구, 안동 등 지역 곳곳에서 진행되었다. 6대 요구는 기후정의에 입각한 2035년 온실가스 감축목표(NDC)의 상향, 탈핵·탈화석연료 및 공공 재생에너지 확대, 반도체·AI 산업 육성 재

검토 및 생태계 파괴 사업 중단, 모든 생명의 존엄 및 기본권 보장, 사회 공공성 강화, 농업 · 농민의 지속가능성 보장, 먹거리 기본권 수립, 군수 · 무기산업 성장 중단이었다.

민주노총은 2021년에 기후위기대응특별위원회를 설치하여 노동자 기후정의 실천안내서인 ≪기후위기과 정의로운 전환≫을 2024년에 출판하고, 2025년에는 각 산별과 지역본부를 순회하면서 기후정의학교를 배치하여 교육하고 있다. 금속노조는 2021년 산업전환협약을 체결하고, 2021년에는 정의당과 함께 '정의로운 산업전환 노사공동결정법 발의' 기자회견을 진행하기도 하였다. 2022년에는 프랑스노총, 로자룩셈부르크재단, 민주노총, 기후위기비상행동, 기후정의동맹, 전국민중행동이 공동주최하여 <기후정의를 위한 노동의 지구적 연대와 체제 전환 국제 노조 포럼>을 진행하기도 하였다. 민주노총은 2023년에 '민주노총 녹색단협운동 방침 시행의 건'을 중앙집행위원회 안건으로 다루면서 녹색단협을 예시하기도 하였다.

2022년부터 발전소 비정규직 노동자들은 원하청 공동투쟁을 조직하면서 석탄발전소 노동자 네크워크를 구성하고 공동유인물 제작 및 배포, 태안 화력발전소 내 4개 노동조합 대표자 모임, 924 기후정의행진에 참여, 정의로운 에너지 전환을 위한 태안화력발전소 노동자 공동선언등을 진행하면서 계속 활동하였다. 3월에는 2025년 폐쇄를 앞둔 석탄화력발전소 노동자들의 총고용 보장과 에너지 공공성 확보를 기후위기 시대 '정의로운 전환'의 핵심으로 내걸면서 200여 개 기후운동 단체와 진보정당, 시민단체, 노동조합이 함께 모여 '정의로운 전환 2025 공동행동'을 발족했다. '공공 재생에너지 확대! 발전 노동자 총고용 보장!'을 요구하는

‘531 정의로운 전환을 향한 노동자·시민 대행진’이 5월 31일 오후 2시부터 석탄화력발전소가 밀집한 충남 태안군과 경남 창원시에서 동시에 개최되었다.

외국의 투쟁사례로서는 “계급투쟁 없는 환경운동은 정원 가꾸기에 불과하다!”는 유명한 말을 남긴 브라질의 노동운동가이자 환경운동가인 치코 멘데스(1944~1988)가 있다. 그는 벌목업자의 테러에 의해 암살당했다. 1988년 12월 22일 44세의 나이로 네 살인 딸과 두 살인 아들인 두 자녀와 아내를 두고 집 현관 앞에서 20게이지 산탄총 한방을 맞고 어깨에 18조각, 가슴에 42조각의 파편이 박혀서 죽었다.[9)]

치코 멘데스는 아마존 삼림의 고무 채취 노동자였다. 1970년까지 아마존의 고무 농장에서는 학교 교육이 금지되었다. 9살부터 고무를 채취하는 노동을 시작한 치코 멘데스 역시 대다수의 노동자들처럼 읽고 쓸 줄 모르는 상태로 살았다. 고무 채취 노동자들은 1년 내내 죽도록 일하면서 자신에게도 뭔가 남는 게 있기를 바랐지만 어째서인지 빚에서 헤어 나올 수가 없었다. 그 누구도 숫자를 셀 수 없었기에 주인에게 사기를 당하는 건지 아닌지 알아채지도 못했다. 그러던 어느 날 자신의 집 근처에서 고무 채취노동자로 살아가고 있는 전직 혁명가를 만나서 신문의 칼럼으로 글을 배우게 되었다. 치코 멘데스는 고무 채취 노동자들의 노동조합을 조직하고 그 과정에서 시의회 의원이 되기도 하였다. 노동조합을 조직하는 과정에서 교육을 매우 중요하게 배치하기도 하였다. 아마존의 환경을 보호하면서 노동자들의 생계도 지킬 수 있는 방법으로 ‘채굴보존지역’이란 개념을 만들어 냈다. 채굴

9) 치코 멘데스·토니 그로스, ≪나, 치코 멘데스, 숲을 위해 싸우다≫, 이중근·이푸른 역, 틈새의 시간, 2023, p. 170.

보존지역은 토지의 소유권은 공공에 있을 지라도 그 땅에 사는 고무 채취 노동자와 다른 노동자들은 그곳에서 계속 살고 일할 수 있는 권리를 가진다는 의미이다. 이것을 위해 인디언 토착민들과 관계망을 형성하고 연대하였다. 국제환경단체와 국제 언론을 통해 브라질 국내보다 해외로부터 더 많은 지원을 받았다. 국제 환경단체들이 아마존을 보호하기 위해 브라질 정부에 압력을 행사하기도 하였다. 아마존 지역을 장악한 지주들은 벌목을 통해 농장을 만들어 가축을 사육하려고 하였다. 이들은 우익 지주 운동인 농촌민주연합을 통해 정치적으로 성장했다. 치코 멘데스는 지주들의 편에 서 있는 정부를 믿을 수 없어서 엠파치를 조직하기에 이르렀다. 엠파치는 고무 채취 노동자들이 열대우림 보존을 위해 고안한 평화로운 시위 전술이다. 윌슨 피녜이루와 치코 멘데스가 창안했다고 한다. 우선 사람들이 모여 손을 맞잡아 사슬 형태를 만들어 황폐화 위기에 놓인 지역, 곧 벌목이 예정되거나 진행 중인 지역을 둘러싼다. 그러고는 산림 벌목을 담당한 일꾼들을 끈질기게 설득하여 그곳 책임자가 작업을 중단하겠다는 문서에 서명하도록 압력을 넣는다. 벌목이 이루어지면 고무 채취 노동자들은 그 땅에서 떠나야하기 때문에 이들의 투쟁은 환경을 보호하는 것과 동시에 자신의 삶과 생계를 지키는 투쟁이 되었다. 치코 멘데스가 브라질의 노동운동과 환경운동에서 점점 영향력을 넓혀가는 것과 동시에 벌목업자 지주들에 의한 죽음의 위험도 커져 갔다. 그리고 결국 그는 암살당했다. 그러나 그의 삶과 죽음은 많은 이들에게 영향을 미쳤다. 치코 멘데스의 삶은 노동운동과 환경운동의 일치, 적록동맹이 아니라 적록일치의 모범 사례였다.

3) 투쟁의 한계

민주노총 기후위기대응특별위원회가 펴낸 교재 ≪기후위기와 정의로운 전환, 노동자 기후정의 실천 안내서≫ 마지막 부록 4는 국제적 규모의 노사정위원회인 국제노동기구(ILO)의 '환경적으로 지속 가능한 경제와 사회로의 정의로운 전환에 대한 결의안'이 실려 있다. 그 내용을 제목만 옮겨 확인해보면 다음과 같다.

> 모두를 위한 환경적으로 지속가능한 경제와 사회로의 정의로운 전환에 관한 결론: Ⅰ. 모두를 위한 환경적으로 지속가능한 경제와 사회로의 정의로운 전환의 필요성, Ⅱ. 모두를 위한 정의로운 전환을 위한 기본 원칙, Ⅲ. 정부와 고용주 및 노동자 단체의 역할.
>
> 22. 고용주 및 근로자 단체는 다음을 수행해야 합니다.
>
> a. 단체교섭을 포함한 모든 형태의 사회적 대화에 효과적으로 참여하여 기술적 진보, 녹색 전환, 인구 변화의 혜택을 공유하고 기업, 부문, 국가 차원에서 정의로운 전환과 양질의 일자리를 발전시킵니다.[10]

여기에서 말하는 '모두'는 누구인가? 정부와 고용주(자본가계급)와 근로자 단체(노동자계급)이다. 위에서 살펴본 것처럼 인류를 위협하고 있는 환경과 생태위기의 원인은 자본주의이고 그 해결방안이 이 체제의 극복이라는 측면에서 보면 '모두'를 위한 것은 자본주의 체제의 유지에 불과하다. 이 체제에서 그린워싱이 판치고 배출권거래제와 같은 꼼수가 판치는 것 이상으로 어떤

---

10) 김선철 · 류승민 · 이창근, ≪기후위기와 정의로운 전환, 노동자 기후정의 실천 안내서≫, 민주노총 부설 민주노동연구원, 2024, pp. 267-273.

해결책이 가능하다는 말인가? 어쨌든 부록은 자료이니까, 민주노총이 이 결의안을 지지한다는 섣부른 결론은 내리지 않기로 한다.

2014년에 출간된 ≪정의로운 전환, 21세기 노동해방과 녹색전환을 위한 적록동맹 프로젝트≫의 추천사를 쓴 평등사회노동교육원 이사장이자 전 민주노총 위원장인 단병호는 이렇게 쓰고 있다.

> 국제노총은 '정의로운 전환'을 "지속가능한 사회로의 전환을 원활히 하며, '녹색 경제'가 모두에게 괜찮은 일자리와 생계를 유지하도록 할 수 있게하는 희망"이라고 정의했다. 캐나다노총은 '정의로운 전환'이라는 구체적인 프로그램을 만들어 가동하고 있다. 이제 한국의 노동자, 노동운동도 '정의로운 전환'이라는 과제를 진지하게 고민해야 할 때다.[11]

그런데, 국제노총은 어떠한 조직인가?[12]

제2차 세계대전 직후인 1945년 10월에 유럽, 미국, 쏘련 등 연합국을 중심으로 한 전세계 노동조합 대표자들은 파리에서 세계노동조합회의를 개최하고 제국주의, 식민지주의반대와 사회진보, 민족독립, 평화수호를 슬로건으로 내걸고 세계노동조합연맹(세계노총, WFTU)를 창립했다. 이것은 2차 세계대전 이전에 사상과 이념에 따라 분열을 거듭했던 국제노동조합운동이 통합을 이룬 것이었다. 그러나 전후 냉전체제가 구축되면서 세계노총(WFTU)도 이념에 따라 다시 분열되었다. 미국 정부에 의한 유럽부흥계획인 마샬플랜에 대한 찬반으로 내부 갈등이 첨예해지

---

11) 김현우, ≪정의로운 전환≫, 나름북스, 2014, p. 14.
12) 천연옥, "세계노총과 국제노총", ≪정세와노동≫148호(2019년 2월호)

면서, 영국과 미국 등 서구조직이 세계노총을 탈퇴하였다. 1949년 11월 반공주의를 기치로 한 세계노총 탈퇴조직과 미가입조직이 국제자유노련(ICETU)을 출범시켰다. 이승만이 만든 깡패조직 대한노총도 여기에 가입하였다. 그리고 동구의 몰락과 쏘련의 해체 이후 세계노총에서 속속 탈퇴한 조직들이 늘어났고, 1996년 민주노총도 국제자유노련에 가입하였다. 한편 1920년에 출발한 국제기독노동조합총연맹은 1968년 세계노동총연맹(WCL)으로 명칭을 개칭하였는데, 이 조직과 국제자유노련이 2006년 통합하여 국제노총(ITUC)을 출범시켰다. 국제노총에서 가장 영향력있는 조직은 미국노총(미국노동총연맹-산별노조협의회, AFL-CIO)이다. 1886년 만들어진 미국노동총연맹(AFL)은 계급투쟁으로 권리를 쟁취하는 것이 아니라, 협상과 타협으로 자본가를 설득해야 한다고 주장하였고, 헬렌 켈러와 같은 진보적인 사회운동가들은 별도의 조직을 만들었다. 1955년 AFL은 산별노조협의회(CIO)와 통합하여 AFL-CIO를 설립하였다. 그들의 주요간부들과 미국의 보수정치권과의 결탁은 종종 그들을 AFL-CIA라고 불리기도 하였다.

위에서 확인되듯이 냉전시기에 반공주의를 기치로 한 조직이 현재 국제노총의 출발지이다. 이 조직에서 주장하는 '정의로운 전환'은 국제적 노사정위원회인 국제노동기구(ILO)가 주장하는 '모두'를 위한 '정의로운 전환'과 얼마만큼 다른 것일까?

금속노조가 주장하는 독일의 노사공동결정법안은 어떠한가?

독일은 직원 수 5명 이상인 사업장은 노동자들로 구성된 사업장평의회를 조직할 수 있으며, 이 기구를 통해 작업장 수준의 공동결정을 하는데 협의 또는 동의권을 가진다. 사업장평의회는 한국의 노사협의회와 유사한데, 노동조합과 달리 자본가들을 압박할 수 있는 단체교섭권과 단체행동권이 없다. 독일의 경우 파업을 할 수 있는 쟁의권도 산별노조위원장에게만 주어진다. 산별파업만 가능하고 개별기업 차원의 파업은 불가능하다. 파업은 재적조합원의 75% 이상의 동의를 거쳐야 가능하며, 산별노조 위원장만이 쟁의행위권이 있기 때문에 중앙교섭에서 무파업을 선언하면 파업은 원천적으로 불가능하다.

독일의 많은 기업인들은 노사공동결정제도가 합의를 통한 구조조정, 고양된 기업 내 평화, 노사 간 협력 및 신뢰관계 등을 통해 노동자들의 계급투쟁정신을 해체했다며 긍정적으로 평가한다. 노사동수로 위원회를 구성하되 의장은 사측의 위원이 맡아서, 어떤 사안에 대해 노사가 동수로 대립하는 경우 의장에게 결정권이 있는 구조가 독일의 공동결정법이다. 2021년 금속노조와 정의당이 발의한 '정의로운 산업전환 노사공동결정 법안'은 이러한 독일의 약점을 제대로 파악하고 있는지 의문이다.

2022년 말 서울의 도심 대형 전광판에 녹아버린 빙하 위에 있는 펭귄을 배경으로 한 광고가 등장했다. 광고주는 포스코였는데, 산업자원부 산하 한국표준협회가 주관하는 2022년 '대한민국지속가능성대회'에서 수상한 것을 기념해서 '기후위기 극복 정의로운 전환'이라는 대형 문구와 함께 이에 앞장서겠다는 다짐을 전했다. 기후악당기업의 대표자인 포스코가 이런 광고를 하면서 정의로운 전환에 앞장서겠다고 했다. 그리고 충청남도 도의회는 '정의로운 전환 조례'를 제정하기도 하였고, 경기도 홈페이지에 가면 '경기도 정의로운 전환 플랫폼의 거버넌스 구조'라는 그림도 보인다. 더불어민주당 기후위기대응환경특별위원회(위원장 김주영)가 10일 오전 국회의원회관에서 '정의로운 산업 · 노동전환

대책 마련을 위한 간담회'를 개최했다. 이번 간담회는 한국노총과 함께 기후위기 대응 과정에서 노동자의 참여를 보장하고, 정의로운 전환의 실현 방안을 모색하기 위해 마련됐다[13]는 언론 보도가 뜨겁다.

즉, '정의로운 전환'은 이제 정부도 기업도 사용하는 개념이 되었다.

4. 글을 마치며

환경문제의 본질은 환경파괴의 근본 원인으로서의 자본주의 착취체제이다. 자본주의 하에서 생산과정과 생산물에 대한 통제를 산업전환위원회가 할 수 있다는 것은 환상이다. 전기차로의 자동차 전환은 과잉생산에 내몰린 자동차 자본의 탈출구이지 환경문제의 해결책이 아니라는 것은 이제 상식이 되었다. 석유를 생산하기 위한 환경파괴와 전기를 생산하기 위한 환경파괴의 차이에 불과하다. 현재의 환경과 생태위기는 하루빨리 자본주의를 극복하고 노동자국가를 수립하여 계획경제 · 계획생산으로 나아가야 한다는 절박함을 노동자계급에게 요구하고 있다. 노동자국가만이 계획경제를 통해 생산과정과 생산물을 통제할 수 있고 현재의 위기에서 인류를 구할 수 있다. 이제 우리의 구호가 '정의로운 산업전환'이 아니라 '노동자국가의 수립'과 '계획경제의 실

---

13) 정소현 기자, "민주당 기후대응특위-한국노총, '정의로운 산업 · 노동전환 대책 마련 위한' 간담회 개최", ≪시사위크≫, 2025. 10. 10,

시'라는 근본적인 것으로 바뀌어야 하지 않나하는 제안을 하면서 글을 마친다. **노사과연**

<참고 자료>

존 벨라미 포스터 · 프레드 맥도프, ≪환경주의자가 알아야 할 자본주의의 모든 것≫, 황정규 옮김, 도서출판 삼화, 2012.

존 벨라미 포스터, ≪마르크스의 생태학≫, 김민정 · 황정규 옮김, 인간사랑, 2016.

김현우 ≪정의로운 전환≫, 나름북스, 2014

김선철 · 류승민 · 이창근, ≪기후위기와 정의로운 전환≫, 민주노동연구원, 2024.

치코 멘데스, ≪나, 치코 멘데스≫, 이중근/이푸른 옮김, 틈새의 시간, 2023.

이송희일, ≪기후위기 시대에 춤을 추어라≫, 삼인, 2024.

≪소년이 온다≫: 강조되는 보편적 휴머니즘과 흐려지는 계급적 적대성, 은폐되는 구조적 폭력

제일호 | 회원

들어가며

1. 전체 줄거리
2. ≪소년이 온다≫[1)]의 동사의 현재형이 주는 효과
3. 2인칭 서술이 가지는 효과(서사의 '낯설게 하기 효과')
4. 다성적 · 다층적 서사구조의 효과와 한계(다이 호우잉의 ≪사람아 아 사람아≫와 비교)
5. 언어의 절제
6. 기억의 윤리
7. 폭력과 아름다움, 그리고 사랑(소부르주아적 보편적 휴머니즘의 허구성 – 계급성의 부재와 혁명의 가능성 제거)
8. 국가와 폭력(국가의 성격과 폭력에 대하여)
9. 존재와 무의 경계에서 열리는 가능성(문학과 실 잇기)
10. 살아남은 자의 슬픔과 문학의 과제(슬픔은 살아있는 자의 것 – 끌로드 모르강(Claude Morgan)의 '꽃도 십자가도 없는 무덤과의 교차)

---

1) 영역본의 제목도 *Human Acts*로 동사가 현재형이다. 영문 번역가는 데보라 스미스(Deborah Smith). 그녀는 한강의 다른 작품인 ≪채식주의자(*The Vegetarian*)≫의 영어 번역도 담당했으며, 이 번역으로 한강은 2016년 맨부커 국제 문학상을 수상한 바 있다.

11. 광주항쟁(1980)과 파리 꼬뮌(1871)(패배의 기억, 윤리적 요청과 미래의 씨앗)
12. 한강의 ≪소년이 온다≫와 막심 고리끼(Maxim Gorky)의 ≪어머니≫(모성의 두 얼굴 – 침묵과 목소리)

마치며

들어가며

2025년 9월 23일 이재명 대통령이 UN 총회에서 행한 연설에서, 노벨 문학상을 받은 한강의 ≪소년이 온다≫의 한 구절을 인용했다.

> "당신이 나를 밝은 빛이 비치는 쪽으로, 꽃이 핀 쪽으로 끌고 가기를 바랍니다."2)

국제평화를 빙자한 제국주의의 재편과 동맹인 UN의 총회에서, 자본주의의 영구화를 위해 계급지배의 모순과 착취를 은폐하는데 공헌을 하는, 소부르주아적인 인본(人本)의 이데올로기에 충실한 작품들에게 선사하는 노벨문학상 수상작 내용의 인용은, 지배계급에게는 멋진 앙상블(ensemble)이 될지는 몰라도, 피지배계급에게는 영구지배의 환상 속에서 뇌까리는 지배계급의 한낱

2) 보도한 언론사마다 조금씩 차이는 있겠지만, 창비의 원문은 "이제 당신이 나를 이끌고 가기를 바랍니다. 당신이 나를 밝은 쪽으로, 빛이 비치는 쪽으로, 꽃이 핀 쪽으로 끌고 가기를 바랍니다." 이다. (한강, ≪소년이 온다≫, 창비, 2014, p. 213)

립싱크에 불과할 것이다.

어쨌든 위의 인용 부분은, 작가가 ≪소년이 온다≫의 에필로그 "눈 덮힌 램프"에서 주인공 동호에게 바라는, 즉 산 자가 죽은 자에게 바라는 바의 묘사 부분이다. 작가는 이 부분에 대해 '노벨 문학상 수상 강연'에서 다음과 같이 말하고 있다.

> 그렇게 자료 작업을 하던 시기에 내가 떠올리곤 했던 두 개의 질문이 있다. ... 현재가 과거를 도울 수 있는가? 산 자가 죽은 자를 구할 수 있는가? ... 두 개의 질문을 이렇게 거꾸로 뒤집어야 한다는 것도 깨닫게 되었다. 과거가 현재를 도울 수 있는가? 죽은 자가 산 자를 구할 수 있는가? 이후 이 소설을 쓰는 동안, 실제로 과거가 현재를 돕고 있다고, 죽은 자들이 산 자를 구하고 있다고 느낀 순간들이 있었다. ...
>
> 열두 살에 그 사진첩을 본 이후 품게 된 나의 의문들은 이런 것이었다. 인간은 어떻게 이토록 폭력적인가? 동시에 인간은 어떻게 그토록 압도적인 폭력의 반대편에 설 수 있는가? 우리가 인간이라는 종에 속한다는 사실은 대체 무엇을 의미하는가? 인간의 참혹과 존엄 사이에서, 두 벼랑 사이를 잇는 불가능한 허공의 길을 건너려면 죽은 자들의 도움이 필요했다. ... 나는 줄곧 다음의 두 질문이 나의 핵심이라고 생각해왔었다. 세계는 왜 이토록 폭력적이고 고통스러운가? 동시에 세계는 어떻게 이렇게 아름다운가? ...
>
> 그러나 어쩌면 내 모든 질문들의 가장 깊은 겹은 언제나 사랑을 향하고 있었던 것 아닐까?[3)]

소설의 주제를 들여다 볼 수 있는 대목이다. 소설 ≪소년이 온다≫와 작가의 '노벨상 수상 강연'에서 드러내고자 하는 주제는 다음과

3) 한강, <노벨문학상 수상 강연문>, ≪경향신문≫, 2024. 12. 08.

같다. 첫째, 과거와 현재, 산 자와 죽은 자, 즉 죽은 자의 부재를 마주한 살아남은 자의 슬픔과 죄책, 기억의 윤리이며, 두번 째는 작가 자신을 글쓰기의 여정으로 이끌어온, "세계는 왜 이토록 폭력적이고 고통스러운가?" "동시에 어떻게 이렇게 아름다운가?" 즉, 가장 근본적인 질문이라 할 수 있는 폭력과 아름다움, 그리고 사랑이다. 그리고 소설에서는 국가와 폭력, 즉 '국가란 무엇인가?'와 국가의 폭력, 폭력에 대한 근본문제를 제기하고 있다.

하지만 이 소설에는 첫째, 국가 폭력과 개인의 상처, 트라우마를 중심에 놓았을 뿐 계급적 관점이 없다. 둘째, 혁명적 잠재력은 희미해지면서 국가폭력에 희생당한 개인들의 이야기만 있을 뿐 구조적 모순에 의한 혁명적 당위가 드러나지 못하고 있다. 셋째, 피해자와 가해자, 산자와 죽은 자 모두의 고통을 이야기하는 보편적 휴머니즘을 강조하면서 계급적 적대성을 흐리고 있다. 넷째, 구조적 폭력을 은폐하면서 경제적 착취와 정치적 억압을 연결시키지 못하고 민주대 독재라는 정치적 구도에 머물러 노동자·민중의 계급적 이해관계는 지하에 가두어버리는 결과를 초래하고 있다. 결국 광주항쟁의 상처를 기억의 윤리로 재생해내는 문학적 성과를 거두고 있지만, 보편적인 고통과 소부르주아적인 윤리적 성찰에 머무는 비계급적 민주주의 담론에 갇혀있다고 말할 수 있다.

형식에서는 주제를 살려줄 수 있는 특별함을 몇 가지 가지고 있다. 첫째, 소설의 제목 "소년이 온다"에서 동사를 현재형으로 사용함으로써 죽은 자의 귀환과 기억의 현재성을 강조하고, 특정 시점(광주항쟁)에 갇혀 현재 진행의 상황을 보지 못하는 우를 범하지 않도록 해주고 있으며, 아울러 소설 전체가 망각에 맞서 기억을 요구하는 증언 문학이라는 것을 보여주고 있다. 둘째, 독특한 2인칭의 서술로 독자와 등장인물의 경계를 허물며 몰입감을 동시에 가져다주고, '낯설게 하기 효과'로 예술이 단순한 감정 소비가 아니라 현실과 역사에 대한 윤리적 · 비판적 사유를 강제하는 장치로 작용한다는 것을 보여준다. 셋째, 다성적 표현으로 하나의 목소리가 아닌 여러 목소리가 사건을 증언하여 독자로 하여금 광주항쟁이라는 '한 진실'을 절대화할 수 없고, 다양한 경험을 통해 사건의 깊이를 체감할 수 있도록 해주며, 다층적 서사 구조로 단일한 직선적 시점이 아니라, 서로 다른 인물, 서로 다른 시간, 서로 다른 기억을 교차시켜 하나의 사건인 광주항쟁을 입체적으로 보여준다. 넷째, 샤르트르의 '존재와 무' 같은 철학적 사유를 비껴가는 문학적 상상을 빌려, 잔혹한 상황을 사후의 목소리를 빌려 서술함으로써 차마 표현할 수 없는 잔인함을 죽은 자의 입을 통해 나오도록 하고 있다.

≪소년이 온다≫는 주제를 더욱 부각시킬 수 있는 형식을 차용하여 깊이 있는 사유의 문제의식을 던져주고 있고, 문학의 역할에 있어 긍정적 요소를 가지고 있는 반면에, 고통의 파편을 모으는 데까지는 나아가지만 그 파편의 모음이 가지는 계급사회의 구조적 모순을 멀리함으로써, 폭력의 계급적 성격, 즉 지배계급의 피지배계급에 대한 폭력과 그에 저항하는 피지배계급의 불가피한 혁명적인 폭력의 정당성을 보지 않는, 소부르주아적인 무조건적인 폭력의 반대로 빠지는 한계를 보이고 있다. 그럼으로써 계급적 적대성이 부각되지 못하고 혁명의 잠재성은 지하에 가두어져버리는 결과를 보여준다.

1. 전체 줄거리

소설은 3인칭의 전지적 작가의 시점으로 시간적으로 단순하고 직선적인 전개가 아니라, 여러 인물의 시점을 통해 한 사건을 다른 각도에서 보여주는 '다성적 구조'[4]로 이루어져 있다.

1장 "어린 새": 화자(話者)는 동호이며 2인칭의 서술로 이루어진다. 어린 새처럼 연약한 존재가 잔혹한 폭력의 현장에 홀로 서게 됨을 보여주는 제목의 장이다.

주인공 동호(15세)[5]가 친구 정대의 시신을 찾기 위해 체육관으로 간다. 체육관에는 계엄군에게 희생된 수많은 시신이 안치돼 있다. 소년은 그곳에서 사람들과 함께 시신을 수습하고 정리하는 일을 돕는다. 죽음의 현장 속에서도 동호는 죽음과 폭력의 참혹함을 목격하면서 살아 있는 자와 죽은 자 모두를 지켜야 한다는 마음을 품게 된다.

2장 "검은 숨": 화자는 동호의 친구인 정대의 혼령. 죽은 자의

4)"다성적 구조(多聲的 構造, polyphonic structure)"는 문학이 하나의 단일한 목소리나 관점이 아니라, 여러 인물과 화자의 목소리가 독립적으로 공존하며 상호작용하는 구조를 말한다.'다성적(polyphonic)이라는 말은 원래 음악 용어로, 여러 성부가 동시에 각자의 선율을 가지면서도 전체적으로 조화를 이루는 것을 의미한다. 러시아 문학이론가 미하일 바흐찐(Mikhail Bakhtin)이 도스또예프스키의 소설을 분석하면서 처음 문학 비평 개념으로 사용했다. 바흐찐은 도스또예프스키의 소설이 작가의 일방적 관점이 지배하지 않고, 등장인물들이 각자 독립된 사상과 세계관을 가진 '목소리'로 존재한다는 점에서"다성적(polyphonic)"이라고 말한다.

5) 동호는 역사 속에서 특정한 한 사람을 지칭하지 않고, 집단적으로 존재했던 수많은 청소년 희생자의 상징적 형상이다.

시선에서, 광주의 죽음과 공포가 검은 숨결처럼 가득 퍼져 있음을 보여주는 제목의 장이다.

동호가 시신을 지키던 중 군인들에게 끌려간다. 그는 보안부대에서 모진 고문을 당한 뒤 결국 죽음을 맞이한다. 그의 시신은 제대로 수습되지 못한 채 사라진다. 이 장은 동호가 직접 말하지 않고, 그가 사라진 후의 상황을 죽은 정대의 혼령를 통해 비춰준다. 사후 세계를 빌린 묘사가 이루어지고 있으며 죽은 자의 시선에서 광주의 피와 공포, 살아남은 자들의 죄책감이 교차된다.

3장 "일곱 개의 뺨": 화자는 나중에 인쇄소 여성 노동자로 일하게되는 시민군 김은숙으로 1인칭 시점이다. 제목 "일곱 개의 뺨"은 고문당한 사람들의 얼굴과 고문, 폭력의 흔적을 뜻하며 이름 없는 수 많은 희생자들의 집단적 고통을 보여준다.

여성 화자(김은숙)는 시위에 참여했다가 계엄군에게 체포된다. 구금된 장소에서 두려움과 불안에 휩싸이게 되고 체포된 시민의 공포와 억압을 보게 된다. 구금된 후 군부대 혹은 경찰 시설에서 신체적 폭행과 고문을 당한다. 얼굴과 몸에 남은 상처와 고통을 생생히 회상한다. 자신 외에도 고문당한 동료, 다른 시민들의 고통과 울부짖음을 목격한다. 살아남은 자로서의 책임감과 죄책감을 느끼게 된다. 아울러 그녀는 고문 경험으로 인해 공포·불안·악몽 등 심리적 트라우마를 겪게 되고, 사회적 억압 속에서 자신의 경험을 드러내 말할 수 없는 현실과 외로움을 체감한다. 하지만 그녀는 과거 사건을 떠올리며 기록하고자 하는 욕구를 표출하게 된다.

4장 "쇠와 피"[6]: 화자는 "나"이지만 이름이 없으므로 "나"의

6) 화자는"나"로써 1인칭 시점으로 서술되지만, 그 "나"는 특정 인물의 이름으로 드러나지 않는다. 화자가 이름없는 1인칭 화자로 처리되면서, 그를 통해 김진수의 경험(체포·구금·고문, 그리고 그 후의 삶)이 서술

투영인 김진수로 보면, 김진수는 1980년 당시 시위에 참여했다가 붙잡혀 계엄군에게 구금·고문을 당하고 수감생활을 했던 인물이다. 그는 당시의 체험을 회상하면서, 무기, 고문 도구, 감옥을 상징하는 "쇠"와 시민들의 희생을 상징하는 "피"가 얽힌 기억을 증언한다. 이 장에서는 고문 장면들이 세밀하게 묘사되며, 국가 폭력이 어떻게 인간을 짓밟았는지 드러나고 있다. 신체적·정신적 후유증에 시달리던 김진수는 죽었고 화자인 "나"는 평생 그 기억에서 벗어나지 못하고 신체적·정신적 후유증에 시달리고 있다.

5장 "밤의 눈동자": 화자는 인쇄소 노동자인 김은숙이며 1인칭 시점이다. 제목 "밤의 눈동자"는 밤마다 떠오르는 기억의 눈, 트라우마 속에서 끊임없이 목격하는 죽음과 폭력을 의미하며 동시에 살아남은 자가 겪는 영원한 감시와 증언의 책임을 상징한다.

그녀는 1980년 5월 광주항쟁 당시 체포되어 군부대에서 잔혹한 고문을 당했다(3장에서 묘사). 육체적 상처뿐만 아니라, 악몽과 공포로 인해 정신적 후유증이 심한 상태로 살고 있다. 밤마다 꿈속에서 총격, 피, 고문 장면이 반복되어 잠들 수 없는 밤을 보내고 있지만, 그녀는 당시 자신과 함께 잡혀온 사람들의 고통, 죽음, 부서진 인간성을 떠올리며, 고문당한 얼굴, 울부짖는 목소리, 피 흘리는 동료의 모습을 생생하게 회상하며, 기억과 증언을 위해 "죽지마, 죽지 말아요"라고 말한다. 계엄군의 폭력과, 검열, 억압이 이어지는 사회 현실을 돌아보며, 역사적 진실을 기록하는 일이 왜 중요한지 자문한다. 동호와 같은 이름 없는 희생자들이

되는 구조이다. 소설 속에서 "나는 9년 형을, 김진수는 7년 형을 언도받았다"고 되어 있어, 둘은 다른 사람이지만, "나"가 증언하고 회상하는 인물이 바로 김진수라는 인물이므로, 화자를 "나"로 투영된 김진수로 보면 될 것 같다.

잊히지 않도록 하는 것이 자신이 해야 할 일임을 깨닫게 된다. 살아남았지만, 동시에 진실을 말하기 어렵고 주변 사람들에게도 자신의 경험을 온전히 이해받지 못하고 있는 상황에서 고문 생존자라는 이유로 사회 속에서 외롭게 살아가야 하는 현실을 마주한다.

6장 "꽃 핀 쪽으로": 화자는 동호의 어머니로 1인칭 시점이며 회상과 현재의 모습을 그리고 있다. 제목은 죽음과 고통 속에서도 삶은 계속되고, 기억과 증언을 통해 다시 피어나야 한다는 희망적 의미를 담고 있다.

1980년 5월 광주항쟁 당시 도청에서 마지막까지 남아 시민들을 지키다 계엄군의 총격으로 사망한 아들의 시신을 찾지 못하고, 국가폭력과 아들의 부재 속에서 상실감을 겪고 있다. 어머니는 아들을 잃은 슬픔, 사회적 무관심, 정부의 은폐와 무책임을 마주하고서, 아들 동호의 죽음은 단순한 개인의 상실이 아니라 수많은 희생자와 유가족의 상징적 경험으로 확장됨을 깨닫는다. 그래서 어머니는 아들의 죽음을 잊지 않고 사건을 기록하고 기억하려는 증언자의 역할을 할 것과 아들의 죽음이 단순한 애도의 대상이 아니라, 살아 있는 사람에게 기억과 증언을 이어줄 책임이 있음을 말한다.

에필로그 "눈 덮인 램프": 화자는 작가이며 1인칭의 증언자적 시점으로 그려지고 있다. 제목이 상징하는 바는 차가운 눈 속에서도 꺼지지 않는 증언과 기억의 불빛을 말한다.

이 장에서 작가는 현재와 과거가 교차하는 회상을 보여준다. 작가는 자신이 어린 시절 겪었던 광주 5·18과 동호의 존재를 떠올리며, "죽은 소년들이 산 자들에게 말을 건다"는 형식으로, 과거의 참상을 기억하고 증언하는 책임을 강조하고 있다. 소설 전반의 화자들이 겪은 죽음과 고통이 하나로 이어지며, 산 자는 죽은 자의 경험을 기록하고 전해야 하는 윤리적 책임, 즉 기억의 윤리를 가져야 함을 말한다.

에필로그는 증언자의 시점에서 과거를 회상하고, 죽은 자와 산 자를 연결하는 장치이며 소설 전체를 역사적 사실과 문학적 성찰, 윤리적 책임으로 마무리하는 장이라 할 수 있다.

2. ≪소년이 온다≫의 동사의 현재형이 주는 효과

한강의 ≪소년이 온다≫에서는 제목에서 뿐만 아니라 서술이 과거 사건(1980년 광주항쟁)을 다루고 있음에도 불구하고 동사가 주로 현재형으로 제시되는 특징을 보이고 있다. 이것은 단순한 문체상의 선택이 아니라, 작품의 윤리적·미학적 태도와 밀접히 연결되어 있다. 현재형이 주는 몇 가지 효과는 다음과 같다.

첫째, 시간의 현재화로써 과거 사건을 '지금 여기'로 불러온다. 보통 역사적 사건을 다루는 소설은 과거형을 써서 '지나간 과거의 일'로 묘사한다. 그러나 한강은 ≪소년이 온다≫에서 현재형을 사용함으로써 광주의 학살과 그 고통이 아직 끝나지 않았고, 현재도 계속되고 있다는 점을 강조한다. 소설을 읽는 독자는 사건을 과거 사건의 '기억'이 아니라 눈앞의 '현실'처럼 체험하게 되며, 학살의 참상이 역사 속으로 봉인되지 않고 우리 앞에 살아 움직이는 효과를 가지게 만든다.

둘째, 독자에게 가하는 체험적 압박감이다. 현재형은 서술의 속도와 감각을 즉각적으로 만들어준다. "소년이 온다"와 '소년이 왔다'는 감각의 거리에서 큰 차이를 나게 하는데, 현재형은 독자가 마치 현장에서 목격하는 듯한 몰입감을 주고, 따라서 독자는 단순한 관찰자가 아니라 사건의 증인이 된 듯한 느낌을 던져준다.

셋째, 망각에 저항하는 문학적 장치로써의 작용이다. 현재형은 기억이 과거로 사라지지 않도록 붙잡는 힘을 가지게 한다. 광주를 '그때 일어난 일'이 아니라 '지금도 이어지고 있으며 반복적으로 소환되는 일'로 서술함으로써, 국가폭력이 은폐하거나 왜곡하려는 망각의 서사에 맞서고 있다. 이것은 작품이 추구하는 주제인 '기억의 윤리'와 맞닿아 있다고 할 수 있다.

넷째, 죽은 자와 산 자의 경계를 허무는 것이다. 현재형은 죽은 자의 목소리까지 '살아 있는 현재' 속으로 끌고 들어온다. ≪소년이 온다≫에서 죽은 동호가 직접 독자에게 말을 거는 장면에서, 현재형은 산 자와 죽은 자를 같은 시간성 속에 놓아둠으로써, 학살 이후에도 계속되는 공동체적 연대와 아픔을 드러낸다.

3. 2인칭 서술의, 서사의 낯설게 하기 효과

≪소년이 온다≫에서 2인칭 서술이 특히 두드러지는 장은 동호가 화자인 1장 "어린 새"이다. 이 장에서 한강은 독자에게 "너"라고 직접 말을 던진다.

> 너는 체육관 안으로 들어간다. 시신들 사이로 걸어간다. 그 냄새가 네 콧속에 차오른다. (You step inside the gymnasium. You walk between the rows of bodies.The stench hits you, pushing down into your lungs.)

이 장면에서 2인칭(You)의 효과는 다음과 같다.

첫째, 독자를 강제적으로 몰입하게 만든다. '너는 들어간다'라는 표현은 독자를 체육관이라는 죽음의 공간 안으로 강제로 끌어들인다. 독자는 더 이상 과거 사건을 멀리서 '읽는 사람'이 아니라, 시체 사이를 지나가는 '목격자'가 되도록 만든다.

둘째, 증언의 청자에서 직접적인 증언자가 되게 한다. 동호의 목소리가 "너"를 지칭할 때, "너"는 동호 자신이기도 하고, 동시에 독자이기도 하다. 즉, 독자는 동호의 경험을 간접 체험하며, 학살의 증언을 듣는 동시에 증언자가 되어야 할 의무를 떠안게 만드는 효과를 가지게 한다.

셋째, '낯설게 하기(ostranenie) 효과'이다. 브레히트의 '낯설게 하기 효과(Verfremdungseffekt)'는 관객이 무대에 몰입해 감정적으로만 반응하지 않도록 차단하고, 비판적 거리를 확보하게 만든다. 그럼으로써 "저건 어쩔 수 없는 운명이 아니라, 사회적 조건이 만든 것이며 바꿀 수 있다"는 깨달음을 유도하게 만든다. 이를 바탕으로 ≪소년이 온다≫에서의 2인칭 서술과 '낯설게 하기 효과'를 살펴보면, 1. 몰입을 방해하면서도 강제적 체험을 부여하게 한다. 보통 1인칭, 3인칭에서 독자는 자연스럽게 몰입한다. 하지만 2인칭('너는 들어간다')은 독자에게 낯설고 불편한 시선을 강요한다. 이는 브레히트의 '너는 지금 이 상황을 보아야 한다'라는 인식적 효과를 주는 것이다. 2. 익숙한 서술의 해체이다. 학살을 과거의 역사적 사실로 '거리 두기' 하게 하지 않고, 현재형의 2인칭으로 제시함으로써 익숙한 독서 방식을 깨뜨린다. 이는 브레히트가 장치와 배우의 연기를 일부러 드러내 관객을 깨우는 방식과 유사하다고 할 수 있다. 3. 비판적 증언의 자리로 독자를 호출한다. 2인칭은 독자를 '목격자'이자 '증언자'로 소환한다. 감정적 동정에 머물지 않고, “내가 이 역사적 폭력에 대해 어떻게 응답해야 하는가?”라는 윤리적·정치적 질문을 하게 만든다. 이는 브레히트가 감정의 카타르시스 대신 사회적 변혁 의식을 불러일으키려 한 의도와 겹치는 것이다. ‘낯설게 하기 효과’는 예술이 단순한 감정 소비가 아니라, 현실과 역사에 대한 윤리적·비판적 사유를 강제하는 장치로 작용하게 만드는 것이다. 따라서 ≪소년이 온다≫의 2인칭 서술은 브레히트식 ‘낯설게 하기 효과’와 맞닿아 있으며, 독자로 하여금 단순히 ‘슬픈 역사 소설을 읽는다’에서 멈추지 않고, 광주라는 폭력이 현재 우리에게 어떤 의미로 다가와야 하는지 사유하게 만드는 장치라고 볼 수 있다.

4. 다성적·다층적 서사구조(다이 호우잉(戴厚英)[7]의 ≪사람아 아 사람아≫와 비교)가 주는 효과와 한계

≪소년이 온다≫의 다성적·다층적 서사구조를 바흐찐(Mikhail Bakhtin)의 다성적 소설(polyphonic novel) 이론[8]에 적용해보

7) 다이 호우잉(戴厚英, Dai Houying, 1938~1996): 중국 현대 여류 작가, 사상가. 1938년 중국 장쑤성 출생. 문화대혁명 시기 숙청과 감시를 겪으며, 인간의 양심과 도덕, 사상의 자유에 깊은 문제의식을 품음. 1980년대 중국 ‘사상 해방’(思想解放) 시기의 대표적 작가 중 한 명. 대표작 ≪사람아, 아 사람아≫는 1980년에 발표되어 중국 사회에 큰 충격을 주었고, ‘사상 소설’(思想小說)이라는 새로운 장르를 열었다는 평가를 받음.

8) 바흐친(Mikhail Bakhtin)의 다성적 소설(polyphonic novel) 이론: 바흐친은 도스또예프스키를 분석하며, 그의 소설은 작가의 단일한 목소리가 아니라 다양한 인물들의 독립적이고 동등한 목소리가 공존한다고 보았다. 다성적 소설의 특징은 다양한 주체의 목소리

면 각 장은 서로 다른 인물의 시점으로 전개되며, 이 목소리들은 어느 하나로 환원되지 않는다. '죽은 자(동호), 생존자(정대, 김은숙), 유가족(동호 어머니), 국가 권력에 협력한 자(검열관)까지 모두 말할 권리를 가진다. 이 목소리들은 서로 대립하면서도 공존하고, 최종적 해답이나 단일한 의미로 수렴되지 않는다. 이는 광주의 진실이 단일한 '역사 서술'에 갇히지 않고, 여러 증언과 기억의 대화 속에서 살아남아야 한다는 윤리적 태도를 보여준다.

≪소년이 온다≫(한강)와 ≪사람아, 아 사람아≫(다이 호우잉)는 모두 국가 폭력과 역사적 참극 이후의 인간과 공동체를 다루면서, 다성적(多聲的)이고 다층적(多層的)인 서사 구조를 특징으로 한다. 두 작품을 비교해 정리해보면 다음과 같다.

1) ≪소년이 온다≫의 다성적·다층적 서사

다성성(Polyphony): 각 장마다 화자가 달라진다(동호, 정대, 김은숙, 동호 어머니, 검열관 등). 서로 다른 인물의 목소리가 하나의 사건(광주학살)을 다각도로 진술해준다. 살아 있는 자, 죽은 자, 심지어 가해에 협력한 자의 목소리까지 공존함으로써, 역사의 총체성이 단일한 시선으로 환원되지 않도록 만든다.

다층성(Multilayeredness): 시간적 층위는 1980년 광주의 '현장'에서부터 1990년대, 2000년대까지 이어지는 기억의 파편으로, 목소리의 층위는 개인적 체험, 집단적 기억, 사회적 침묵이 뒤엉킴으로, 존재론적 층위는 산 자와 죽은 자의 경계가 허물어지고, 독자까지 증언 공동체 속으로 편입되게 만든다.

(heteroglossia)가 충돌하고 대화한다. 작가가 인물 위에 권위를 세우지 않고, 인물의 목소리를 자율적으로 존중한다. 진리나 의미가 단일하지 않고, 대화적·개방적 구조로 남는다.

2) ≪사람아, 아 사람아≫의 다성적 · 다층적 서사

다성성: 1976년 '4인방 사건'과 문화대혁명 이후 중국 지식인 사회의 상처를 다루면서, 지식인, 노동자, 피해자, 가해자, 생존자 등 다양한 목소리를 교차시킨다. 특히 각 인물이 서로 다른 방식으로 "인간됨(人性)"을 고민하며, 작품 전체가 인간의 존엄성과 윤리에 대한 합창처럼 구성되고 있다.

다층성: 시간적 층위는 문화혁명 시기에서 1980년대 개혁개방기의 전환기까지로, 주제적 층위는 개인적 사랑과 상실, 지식인의 책임, 사회적 트라우마가 중첩되고, 담론적 층위는 서사 속에 철학적 · 윤리적 성찰이 병치되어 소설이 단순한 역사 재현을 넘어서는 깊이를 형성하고 있다.

그러나 다이 호우잉의 ≪사람아, 아 사람아≫와 한강의 ≪소년이 온다≫는 두 작품 모두 긍정적 요소와 함께 한계 또한 드러난다. 핵심은 이 두 작품이 '국가 폭력과 인간성'을 깊이 다루지만, 맑스-레닌주의적 분석이 요구하는 계급적 · 혁명적 지평을 충분히 제시하지 못하고 있다는 것이다.

다이 허우잉의 ≪사람아, 아 사람아≫의 한계를 살펴보자. 이 소설은 다양한 사람들의 입을 통한 다성으로 문화대혁명 과정에서의 중국 사회의 폭력과 억압을 "인간성(人性)"의 문제로 제기하며, 지식인의 자기 성찰, 인간다움의 회복을 강조한다. 그러나 계급 분석은 부재한 가운데 당파성 없이, 계급투쟁의 절실함 없이 이루어진 것이 문제라 할 수 있다. 문화대혁명은 단순히 인간성 상실의 문제가 아니라, 권력 투쟁과 계급 갈등 속에서 발생한 사건인데, 작품은 이를 구조적으로 분석하기보다 다성을 통한 개인적 · 윤리적 문제로 환원하고 있다. 아울러 인간성 회복이 목표로 제시되지만, 중국에서의 사회주의적 변혁이나 계급 해방의 전망은 제시되지 않고 있다. 국가 권력의 폭력성과 이념적 광기를 고발하지만, 혁명적 당위성과 성공을 회피하여 결국 개혁적 · 휴머니즘적 수준에 머무는 한계를 보인다.

한강의 ≪소년이 온다≫의 한계를 살펴보자.

이 소설은 1980년 광주항쟁의 학살과 그 기억을 다층적 목소리(다성)로 복원하면서, "망각에 저항하는 기억의 윤리"를 강조한다. 그러나 다성의 목소리 뒤로 계급은 묻혀져 있다. 광주항쟁은 민주화 운동이자 동시에 민중 항쟁이었지만, 소설은 주로 폭력의 피해와 기억의 윤리에 집중하고 있어 민중이 국가 권력에 맞서 싸운 계급적 · 혁명적 차원은 흐릿하게 다루어지고 있다. 죽은 자와 산 자의 목소리, 기억의 윤리를 소환하지만, 그것이 미래 사회 변혁(민중 권력이나 계급 해방)으로 연결되지 않는 역사 전망의 부재를 보여준다. 서사가 다성적으로 구성되어 있지만, 주로 개인의 상처 · 트라우마 · 증언에 초점이 맞추어져 있어, 광주를 만든 집단적 투쟁의 구조적 의미가 뒷전으로 밀려나는 한계를 보이고 있다.

두 작품 모두 국가 폭력의 폭로와 인간성 회복에 주력하지만, 계급적 대립, 생산관계, 사회구조의 모순이 국가 폭력의 원인이라는 분석은 부족하다. 결과적으로 이 두 작품은 '역사적 교훈'보다는 '윤리적 · 휴머니즘적 감정'에 머무르게 된다. 그래서 이 두 작품은 사회적 비극의 근원을 구조적으로 파헤치지 못하고 휴머니즘적 · 비판적 리얼리즘에 머문, 구조적 변혁의 전망 없이 개인적 · 윤리적 차원에 머문 한계를 보인다고 할 수 있다.

5. 언어의 절제

≪소년이 온다≫의 특징 중 하나는 문체인데, 한강의 문체는 매우 간결하고 절제되어 있으며, 이는 작품의 주제와 감정 전달에 깊이 연결되어 있다.

> 너는 체육관 문을 열고 들어간다. 널브러진 시신들 사이로 걸어간다. 숨이 막히는 냄새가 네 폐 속으로 밀려든다(1장 "어린 새", 동호 시점).

긴 설명은 없고 단문의 반복이 감각 중심으로 과장없는 사실적 서술을 하고 있다. 과장하지 않아도 폭력의 참상과 공포가 독자에게 직접적으로 전달될 수 있음을 보여준다

> 살아남아라. 그리고 기억하라(동호의 마지막 편지).

짧고 단순한 명령형 문장이며 감정 과잉은 배제되고 있다. 독자가 동호의 메시지를 직접 받아들이고, 증언자로서 사건을 체험하도록 유도하고 있다.

> 그가 없다는 사실만이 방 안에 남아 있다(5장 "밤의 눈동자", 김은숙 시점).

불필요한 설명과 수식을 제거하고 단문으로 핵심만 전달하고 있다. 존재의 부재와 상실의 공허함이 극대화되고 있는데. 이는 독자가 감정을 채워 넣게 되어 죽음과 상실의 무게를 체험하게 끔 하는 효과를 주고 있다.

기억해야 한다. 아무도 잊어서는 안 된다(6장 "꽃 핀 쪽으로", 동호 어머니 시점).

간결한 문장이자 반복적 명령형이다. 이를 통해 증언과 기억의 윤리가 더욱 강조되고 있다. 독자는 단순히 읽는 것이 아니라, 역사적 사건을 기억하고 증언하는 책임을 부여받고 있음을 느끼게 만드는 효과를 준다.

한강의 절제된 언어는 단순한 미학적 선택이 아니라, 폭력과 죽음의 참상을 전달하는데 힘을 실어주고 독자의 몰입과 증언, 체험을 강화해준다. 기억의 윤리와 상실의 무게를 강조하고 있는데, 이것은 작품의 주제와 밀접히 연결되어 있다고 할 수 있다. 그래서 과장된 서술 대신 간결함, 반복, 공백으로 감정을 증폭시키는 전략은 ≪소년이 온다≫의 문학적 힘의 핵심이라고 할 수 있다.

이 긍적적 효과에도 불구하고 ≪소년이 온다≫에서 절제된 언어는 역사에 대한 구체적 서사에는 한계를 보이고 있고, 그것은 곧 이 소설의 결정적인 한계를 보이는 결과를 만들어 버린다. 이 소설은 역사적 사실에 대한 설명의 부족으로 말미암아 광주 항쟁의 정치적 배경, 계급 갈등, 한·미 관계의 구조 등 광주 항쟁의 역사적 맥락을 직접적으로 드러내지 못하고 있다. 이는 곧 역사적 구체성을 희미하게 만드는 결과를 초래하여, 고통의 인간적 차원에는 집중하지만, 구체적 정치적 책임의 문제를 희석할 수 있다는 한계를 가지게 된다. 또한 이 소설의 건조하고 절제된 문장은 고통을 직접적으로 공감시키기보다, 오히려 독자에게 차가운 거리감을 남기기도 한다.

광주항쟁을 잘 모르는 독자에게는 광주항쟁의 본질적 접근보다는 '미학적 슬픔'에만 머물 위험을 던져줄 수 있다고 하겠다. 절제는 윤리적일 수 있지만 동시에 혁명성을 차단해버릴 수 있는 위험을 가지고 있기도 하다.

6. 기억의 윤리

≪소년이 온다≫에서 기억의 윤리는 소설의 핵심 주제 중 하나로, 광주 5·18 민주화운동이라는 역사적 사건을 어떻게 기억하고 증언해야 하는가와 깊이 연결되어 있다.

나치의 강제수용소인 아우슈비츠의 경험을 과학 보고서처럼 적은 프리모 레비[9]의 ≪이것이 인간인가≫(1947년)는 살아남은 자로서의 증언과 기록의 의무를 강조하며 죽은 자의 목소리를 대신 전하는 책임을 강조한다. "기억하지 않는 것은 죽은 자를 두 번 죽이는 행위"라는 메시지를 던지며 살아남은 자의 사명은 '말해야 한다'는 것임을 강조한다. 이것이 기억의 윤리이다.

기억의 윤리는 단순히 사건을 떠올리는 것이 아니라, 죽은 자와 산 자의 관계, 폭력의 진실, 증언과 기록의 책임을 포함하는 도덕적 · 윤리적 과제를 의미한다. ≪소년이 온다≫에서는 사실의 기록, 기억의 전달, 기억의 증언이 윤리적 행위로 강조되고 있다.

≪소년이 온다≫에서 나타나는 기억의 윤리는 다음과 같다.

---

9) 프리모 레비(Primo Levi, 1919~1987): 이탈리아의 유대인 작가이자 화학자. 제2차 세계대전 당시 아우슈비츠 강제수용소에 수감되었다가 살아남아, 그 경험을 바탕으로 여러 작품을 남겼다. 생존자로서 단순한 증언을 넘어서, 인간의 존엄 · 기억 · 윤리에 대해 깊이 사유한 문학적 증언자이기도 하다. 대표작: ≪이것이 인간인가(*If This is a Man*)≫, ≪휴전(*The Truce*)≫, ≪가라앉은 자와 구조된 자(*The Drowned and the Saved*)≫

첫째, 산 자의 책임이다. 2장 "검은 숨"에서 죽은 정대가 동호에게 말을 걸듯, 죽은 자의 목소리를 살아 있는 자가 기억하고 전해야 함을 보여준다. 6장 "꽃 핀 쪽으로"에서 동호 어머니가 아들의 죽음을 잊지 않고 증언하려는 행위를 보여준다.

둘째, 기억과 증언의 윤리이다. 3장 "일곱 개의 뺨"과 5장 "밤의 눈동자"의 김은숙 화자의 시점이나 4장 "쇠와 피"의 화자인 "나"의 시점에서 나타나는 고문 경험과 트라우마는 개인의 고통을 넘어서 집단적 기억으로 확장되고 있다. 그러므로 폭력과 죽음을 기록하고 전하는 것은 잊히지 않도록 하는 윤리적 의무이자 역사적 정의와 연결된다.

셋째, 익명과 상징화의 사용이다. 화자의 이름을 드러내지 않거나 익명으로 처리함으로써, 특정 개인을 넘어 집단적 희생자 경험을 대표하도록 하고 있으며 기억을 보편적 윤리적 책임으로 전환시키고 있다.

넷째, 과거와 현재의 연결이다. 에필로그 "눈 덮인 램프"에서 작가적 화자가 등장하며, 과거의 폭력과 죽음을 현재의 독자에게 증언하고 있는 것은 과거와 현재를 연결하여 기억을 잊지 않고 살아 있는 사람들에게 전달해야 한다는 윤리적 메시지를 강조한다.

기억의 윤리가 소설에서 수행하는 기능을 살펴보면, 우선, 광주항쟁의 진실을 은폐하려는 국가 권력에 맞서, 기억 자체가 역사적 정의 실현의 수단이 됨을 밝힌다. 둘째, 살아남은 자는 단순한 피해자가 아니라, 역사와 사회에 증언할 책임을 가져야 한다고 말한다. 셋째, 폭력으로 죽은 자들이 산 자의 기억을 통해 여전히 말할 수 있는 존재로 남게 한다. 마지막으로, 개인적 고통을 단순히 정서적으로 소비하는 것이 아니라, 증언과 기록을 통해 집단적 기억으로 승화시킨다.

≪소년이 온다≫에서 기억의 윤리는 단순한 회상이나 추모가 아니라, 죽음과 폭력을 증언하고 기억을 이어가는 행위이며 산 자와 죽은 자, 과거와 현재를 연결하는 윤리적 책임이기도 하다. 그래서 이 소설은 "잊지 않는 것 자체가 윤리적 행위"임을 보여주고자 노력한다

기억의 윤리를 잘 보여주는 장별 문장의 예시는 다음과 같다.

1장 "어린 새"(동호): "정대가 쓰러진 순간, 나는 아무 말도 할 수 없었다. 시신을 안고 도청 밖으로 나왔을 때, 온몸이 떨렸다." — 15세 소년 동호의 직접 목격과 공포를 드러내며, 폭력과 죽음을 몸으로 느끼는 순간을 보여준다.

2장 "검은 숨"(정대의 영혼): "나는 이미 죽었지만, 동호가 나를 안아 준 순간만이 생생하다. 살아 있는 자에게 나는 이렇게 말을 건넨다." — 죽은 자의 시점에서 살아 있는 자에게 증언과 기억을 요구한다.

3장 "일곱 개의 뺨"(김은숙): "일곱 개의 뺨이 내 앞에 있었다. 각기 다른 얼굴, 각기 다른 고통. 나는 그 모든 것을 기억해야 한다." — 고문과 폭력의 집단적 경험을 상징하며, 산 자로서 잊어서는 안 되는 기억의 책임을 요구한다.

4장 "쇠와 피"(익명 화자의 김진수 사건 묘사): "쇠몽둥이에 맞고 피가 흘렀다. 고문당한 내 몸과 주변 사람들의 몸을 기억 속에 새긴다." — 개인적 고문 경험을 집단적 기억으로 확장하며 증언의 윤리를 강조한다.

5장 "밤의 눈동자"(김은숙): "밤마다 눈을 감으면 그날의 고문이 되살아난다. 나는 악몽 속에서 피 흘리는 얼굴들을 본다." —

고문의 후유증, 트라우마, 살아남은 자의 죄책감과 기억의 유지를 보여준다.

6장 "꽃 핀 쪽으로"(동호 어머니): "아들의 시신을 찾을 수 없었다. 그러나 나는 그의 죽음을 잊지 않고 기억해야 한다. 꽃 핀 쪽으로, 아들은 여전히 내 안에 있다." ― 유족의 상실감과 기억, 산 자의 증언 책임, 희망을 가지고 죽은 자의 존재를 이어가야 하는 책임을 보여준다.

에필로그 "눈 덮인 램프"(작가적 화자): "소년들이 내 앞에 다시 섰다. 눈 덮인 램프처럼 차가운 세상 속에서도, 그들의 이야기는 꺼지지 않는다."― 죽은 자와 산 자의 만남, 과거와 현재의 연결, 그리고 기억과 증언의 윤리적 불씨를 이어가야 하는 책임을 보여준다.

7. 폭력과 아름다움, 그리고 사랑
― 소부르주아적 보편적 휴머니즘의 허구성과 계급성의 부재와 혁명의 가능성 제거

한강은 노벨 문학상 수상 강연에서 '폭력과 아름다움, 사랑'을 언급하며 감정 서사와 폭력 서사를 결합해 "인간은 고통 속에서도 사랑할 수 있다"라는 메시지를 던져주고자 했다. 하지만 이는 개인적 · 윤리적 차원에서만 의미가 있고, 구조적 억압과 계급 투쟁을 다루지 않는다면, 그 조화의 진정한 의미를 다룰 수가 없는 한계를 가지게 될 것이다. 또한 "인간은 모두 본질적으로 사랑하는 존재이다"와 같은 전제는 역사적 현실을 무시하는 것이며, 지극히 소부르주아적인 감성이다. 이러한 소부르주아적 감성 서사는 폭력의 사회적·계급적 원인을 가리고, 지배계급의 폭력에 대항하는 피억압 계급의 폭력의 상대적 성격을 무시하여 혁명적 변혁의 가능성을 제거하는 기능을 하는 것이 사실이다. 그러면 독자는 감정적 몰입과 윤리적 성찰에 머무르게 되어 사회적 행동이나 계급적 대응으로 나아가지 못한다. '폭력, 아름다움, 사랑'은 문학적·정서적 힘을 주지만, 계급 구조와 혁명 가능성을 제거한 소부르주아적 휴머니즘으로 읽혀지게 되면, 서사는 역사적 사건을 윤리적·감정적 체험으로 환원하며, 사회 변혁적 메시지는 약화된다.

"너는 체육관 문을 열고 들어간다. 널브러진 시신들 사이로 걸어간다. 숨이 막히는 냄새가 네 폐 속으로 밀려든다.": 현재형의 2인칭 서술로 독자를 사건 속으로 끌어들여 현장 체험을 강제하며 폭력의 참혹함을 윤리적·체험적 수준에서 극대화하고 있지만, 폭력의 원인(국가 권력, 계급 구조)은 드러나지 않고 있으며, 개인적 체험과 윤리적 증언에 집중하고 있음을 보여준다. 구조적, 혁명적 분석은 당연히 드러나지 않는다.

"살아 남아라": 동호가 친구 정대에게 마지막 편지를 남기며 말하는 장면으로 동호와 정대의 우정을 그리고 있다.

"그 남매는 어디로 사라졌으까이": 아들의 죽음을 기억하며 눈물을 흘리면서, 자식인 동호의 친구인 정대·정미 남매의 죽음을 안타까워 하는 대목이다. 잔인한 그 기억 속에서 아들의 존재와 연대를 지속적으로 느끼는 장면으로 죽음과 폭력 속에서도 인간적 연대와 사랑을 보여주며 감정적 몰입을 유도한다. 그러나 사랑과 연대가 개인적·윤리적 차원에 머물러 어머니가 느낄 수 있는 최소한의 역사적 구조나 계급 문제와 직접 연결되지 않고 있다. 혁명적·사회적 변화의 전망은 제시될 수 조차 없다.

"그들은 서로를 기억한다. 살아남은 자와 죽은 자의 이야기가 서로에게 이어진다.": 5장 "밤의 눈동자"에서 김은숙의 시점이다. 인간성, 연대, 증언, 기억의 윤리를 강조하며 보편적 휴머니즘을 구현하고자 하며 독자에게 감정적 공감과 윤리적 책임감을 환기시킨다. 그러나 죽은 자와 산자로 나눌 뿐 광주항쟁의 민중적·계급적 맥락은 상대적으로 희미하고 계급성은 아예 보이지를 않는다. 이러므로 폭력과 억압 구조를 바꾸는 데 대한 고민과 실천적 전망은 보이지 않는다. 휴머니즘적 감정 집중과 계급성의 부재는 독자로 하여금 윤리적 성찰에는 몰입하게 하게 하지만, 사회 구조적 분석이나 행동으로 이어지게 하는 것을 힘들게 할 뿐만 아니라 폭력과 억압 구조를 바꾸는 실천적 전망을 상실하게 만들어 혁명의 가능성을 제거하는데 까지 나아갈 수도 있음을 알아야 한다.

8. 국가와 폭력 – 국가의 성격과 폭력에 대하여

≪소년이 온다≫는 1980년 5월 광주항쟁을 배경으로, 국가라는 이름 아래 자행된 폭력의 실체를 다성적·다층적으로 드러낸다. 이 작품에서 국가는 더 이상 공동체의 보호자나 중립적 행정기구가 아니다. 국가는 다음과 같이 정리할 수 있다.

> 근대의 국가권력은 부르주아계급 전체의 공동업무들을 관장하는 위원회에 불과하다(맑스·엥엘스, ≪공산당 선언≫).
>
> 국가는 본질적으로 지배계급의 억압기구이며, 착취관계를 영속

> 시키기 위한 폭력의 기관이다(엥엘스, ≪가족 · 사유재산 · 국가의 기원≫).

아래의 표현이 오늘날 자주 인용되는 "국가는 지배계급의 억압도구"라는 문장의 원형이다.

> 국가는 계급대립이 화해될 수 없는 한 존재하며, 지배계급이 피지배계급을 억압하기 위한 폭력의 기구이다(레닌, ≪국가와 혁명≫, 제1장).

한마디로 "국가는 지배계급의 이해를 대변하는 억압적 기구"이다. 그러기에 국가는 질서를 명분으로 내세우지만, 그 질서의 본질은 지배를 위한 폭력이자 침묵의 강요이다.

≪소년이 온다≫의 국가 역시 이런 정의에 정확히 부합한다고 볼 수 있다. 광주항쟁 당시 국가가 내세운 '질서 회복'은 사실상 지배 체제의 유지를 위한 폭력이었다. 소설 속에서 "폭도", "불순분자"라는 단어로 명명된 시민들은 국가 권력의 언어 속에서 인간에서 적으로 전락한다. 이것은 맑스가 분석한 국가의 계급적 기능, 즉 '적대적 계급의 억압'이 어떻게 언어와 제도를 통해 제도화되는가를 보여주는 사례이다. 국가는 물리적 폭력뿐 아니라 언어의 폭력으로서도 존재한다.

엥엘스는 ≪가족, 사유재산, 국가의 기원≫에서 "국가는 계급대립이 화해될 수 없을 때 생겨난 억압의 기구"라고 규정했다. ≪소년이 온다≫의 세계는 바로 이 "화해 불가능한 대립" 위에 놓여 있다. 군인과 시민, 명령과 저항, 침묵과 기억 사이의 간극은 결코 좁혀지지 않는다. 국가는 이 대립을 조정하는 것이 아니라, 일방의 폭력을 제도화하는 지배의 도구로 존재한다. 소년 동호의 시점(視點)에서 묘사되는 시체들의 냄새, 총검으로 짓밟힌 육체의 잔상은 그 억압의 물질적 형태이다. 엥겔스의 분석처럼, 국가는 단지 권력의 상징이 아니라 "살과 피로 유지되는 폭력의 조직체"로 구체화된다.

레닌은 ≪국가와 혁명≫에서 국가를 "지배계급이 피지배계급을 억압하기 위한 폭력의 기관"이라고 정의하면서 '국가는 계급 간 타협의 장이 아니라, 전면적 대립의 공간'이라고 말했다. ≪소년이 온다≫에서 국가는 총과 명령으로만 존재한다. 그 폭력은 개인의 윤리나 감정의 영역을 완전히 지워버린다. 그러나 한강의 시선은 레닌의 '혁명적 파괴'와는 다른 방향에서 저항을 사유한다. 그녀에게 혁명은 무장봉기가 아니라 기억과 증언의 행위로 변형된다. 국가가 말하지 못하게 한 진실을 말하고, 국가가 지우려 한 이름을 다시 부르는 것, 이것이 바로 한강이 ≪소년이 온다≫에서 말하고자 하는 '윤리적 혁명'이다. 한강은 기억과 애도의 언어를 통해, '국가의 폭력 구조'를 해체하는 대신 그 폭력이 남긴 인간의 상처를 통해, 새로운 연대의 가능성을 모색한다. 한강은 이것을 정치적 해방의 문제를 넘어, 보편적 인본의 탐색이라고 생각하는 것 같다.

그러나 '인간 존재의 근원적 윤리의 복원'은 국가가 더 이상 피지배계급에 대한 억압의 기구가 아닐 때 가능하며, 그리하여 '국가의 소멸'이 전제될 때, 즉 계급과 폭력이 사라질 때 비로소 인간이 자유로워질 수 있는 것이다. 그런데 한강은 '인간 존재의 근원적 윤리의 복원'이라는 소부르주아적 사고로 접근하기에, 국가를 해체와 소멸의 대상으로 보지 않고 감정적 · 정서적 비판의 대상으로 보고 있는 것이다. ≪소년이 온다≫는 국가 폭력으로부터 인간의 존엄을 회복하고자 하는 문학으로서는 맑스-레닌주의에 닿아 있을런지 모르지만, 국가의 폭력에 대한 고발과 그 폭력 이후에도 여전히 살아남은 이들이 기억을 통해서만 국가를 넘어서고자 하는 소부르주아적, 비과학적 인식에 머무르고 있다고 하겠다. 혹시, 폭력을 계급 투쟁의 일환·산물로 보지 못했고, 또한 지배계급의 억압적 폭력을 부수는 피지배계급의 저항의 폭력, 계급 해방과 사회 변혁을 위한 조직적 수단으로 재편될 수 있는 폭력(프롤레타리아 독재)에까지는 닿지 않았기에 노벨 문학상을 수상하지 않았을까?

그렇다면 '폭력'은 무엇일까? 폭력에 대하여 맑스는 ≪자본론≫ 제1권 제24장 "이른바 본원적 축적"의 제6절 "산업자본가의 탄생"에서 "폭력은 새로운 사회를 잉태한 낡은 사회의 산파(조산사)"라고 말하며 ≪정치경제학 비판 요강≫, ≪공산당 선언≫, ≪프랑스에서의 내전≫ 등에서도 같은 뜻이 반복된다. 이어 엥엘스는 ≪반뒤링론≫에서 "폭력은 사회 발전을 촉진시키는 도구다"라고 말한다. 이를 이어받은 레닌은 ≪국가와 혁명≫에서 "폭력은 국가의 본질이자, 부르주아 국가를 분쇄하고 프롤레타리아 독재를 세우는 데 필수적인 수단"이라고 말한다.

폭력은 단순한 개인적 범죄나 우발적 사건이 아니라 계급 지배와 사회 변동의 구조적 수단이다. 특히 자본주의의 형성·발전 과정(농민 토지 수탈, 식민지 지배, 노예무역, 국가의 세금·채권 제도 등)에서 폭력은 필수적 요소였다. 따라서 폭력은 "자본의 원시적 축적의 동반자"였으며, 법·재산권·국가 제도의 뒤에는 항상 부르주아의 세상을 지키고자 하는 폭력적 강제력이 작동한다. 그리하여 맑스는 자본주의가 순수한 교환과 계약으로 발전한 것이 아니라, 군대·경찰·법률과 같은 국가 폭력과 식민지·전쟁과 같은 국제적 약탈과 빈민법·강제노동과 같은 내적 강제를 통해 확립되었다고 분석하는 것이다.

부르주아 사회가 폭력으로 수립되었듯, 그것을 무너뜨리고 새로운 사회를 수립하는 과정에서도 폭력은 불가피하다. 맑스가 "폭력은 새로운 사회를 잉태한 낡은 사회의 산파다"라고 말했던 것처럼! 폭력을 바로 단순한 파괴가 아니라, 역사적 필연성을 실현하는 매개로 보았던 것이다.

폭력은 물론 이중성을 지니고 있다. 자본주의적 폭력은 약탈·억압·식민지 지배·노동자 예속화를 낳는 부정적 측면을 가지고 있지만, 혁명적 폭력은 낡은 사회관계를 지양하고, 새로운 사회를 여는 역할을 한다. 따라서 폭력은 무조건 악도, 무조건 선도 아니며, 역사적 맥락 속에서 평가되어야 한다. 1871년 파리코뮌의 봉기와 독일 농민전쟁, 프랑스 혁명 등도 폭력적이었듯이, 그리고 식민지 피억압 민족의 독립투쟁에 폭력이 필수적인 것처럼, 폭력 없이 새로운 사회 질서를 열어젖힐 수는 없다. 폭력은 소부르주아적인 '폭력 반대', '비폭력' 등의 보편을 빙자한 지배계급의 지배 이데올로기에 갇힌 환상이 아니라 '지배계급의 폭력에 대한 저항과 전복으로서의 폭력', 즉 모순의 해소 과정의 필연적 동력이라는 현실을 상기해야 한다.

9. 존재와 무의 경계에서 열리는 가능성
– 문학과 경계의 실 잇기

한강은 ≪소년이 온다≫에서 학살의 참혹한 광경을 주로 산 자의 목소리가 아닌 죽은 자의 목소리를 통해 서술한다. 동호와 같은 희생자는 이미 생물학적 생명을 상실했지만, 서사 속에서는 여전히 말하고, 여전히 "너"로 불려 나온다. 즉, 죽음 이후의 목소리가 산 자의 목소리처럼 생생한 현재적 힘을 지닌다. 이 방식은 독자로 하여금 폭력의 실체를 '직접 목격'하는 대신, 사후적 시선을 통해 경험하게 한다. 살아 있는 자의 언어로는 너무나도 참혹해 표현할 수 없는 폭력이 죽은 자의 자리에서 가능해지는 것이다. 이 점은 샤르트르[10]의 '존재와 무'와 접점을 이룬다. 샤르트르는 인간 실존을 '자신을 넘어서는 존재'(pour-soi)로 설명하며, 죽음은 인간을 궁극적으로 '대자적 존재'에서 '즉자적 존재'로 고정시킨다고 말한다. 즉, 살아 있는 동안 인간은 가능성의 열림 속에 있지만, 죽음은 그 가능성을 봉쇄하여 '사물'로 만든다. 그러나 한강의 소설은 이 철학적 명제를 비틀어 보여준다. 죽음은 여기서 봉쇄가 아니라, 다른 가능성의 열림이 된다. 동호는 죽었으되 여전히 "온다." 죽음 이후의 목소리가 살아남은 자들에게 말을 걸고, 독자를 윤리적 응답의 자리에 불러세운다.

샤르트르가 말하는 '무(無)'는 존재의 균열이자, 우리를 불안과 자유로 내모는 공허다. 한강이 죽은 자의 목소리를 통해 그려내

---

10) 장 폴 샤르트르(Jean-Paul Sartre, 1905-1980): 20세기 프랑스를 대표하는 철학자이자 소설가, 극작가. 그는 실존주의 철학의 중심 인물로, 현상학적 전통을 계승했으며 자신의 선택과 행동을 통해 스스로의 본질을 만들어 간다고 주장했다. 대표 저작: 철학서 ≪존재와 무(*Être et le Néant*)≫(1943), 소설 ≪구토(*La Nausée*)≫(1938), 희곡 ≪닫힌 방(*Huis Clos*)≫(1944). 마르크스주의에 공감했지만, 공산당에는 비판적이었으며, 지식인의 사회적 책임을 강조했다. 실존주의 문학과 현대철학, 정치사상, 예술 전반에 큰 영향을 미쳤다. 1964년 노벨문학상을 수상했지만 수상을 거부했다.

는 폭력의 현장 역시, 바로 이 '무'의 자리에 가장 가까운 서사적 공간이다. 학살은 존재를 소멸시키고, 흔적마저 지우려 한다. 그러나 문학은 그 '무'의 자리를 비워 두지 않는다. 죽은 자가 남긴 목소리는 '무'의 공백을 뚫고 솟아나며, 잔혹한 현실을 오히려 더 선명하게 드러낸다. 그리하여 ≪소년이 온다≫는 존재와 무 사이, 삶과 죽음의 경계에서 발생하는 목소리를 통해 폭력의 진실을 말한다. 이 부분은 한강의 문학적 상상력(literary imagination)이 뛰어나다는 것을 보여주는 대목이다.

문학적 상상력은 단순히 '상상하는 능력'을 뜻하지 않고, 현실을 새롭게 인식하고 재구성하는 능력을 의미한다. 다시 말해, 작가가 현실의 경험, 감정, 사상 등을 새로운 형상과 언어로 재창조하는 능력, 즉 현실을 그대로 모사하지 않고, 보이지 않는 진실·감정·관계를 예술적으로 드러내는 힘이다. 동시에 현실을 넘어서지만 현실과 연결되어야 하며, 완전한 허구가 아니라, 현실 속 진실을 더 깊이 드러내기 위한 변형이 되어야 한다. ≪소년이 온다≫는 실제 사건(광주항쟁)을 바탕으로 하지만, 산 자와 죽은 자, 과거와 현재의 실 잇기라는 문학적 상상력을 통해 보이지 않는 고통과 연대를 표현한다. 일상 언어를 새롭게 사용해, 언어의 한계를 넘어서는 의미를 창출하고 있다. 결국, 한강의 서술 전략은 샤르트르의 존재론적 문제의식과 교차한다. 죽음은 가능성의 종결이 아니라, 문학적·윤리적 차원에서 타자의 호소로 다시 열리는 사건이다. 사후의 목소리를 통해 폭력을 묘사하는 방식은 존재가 '무'로 사라진 자리에서 다시금 말을 건네는 실존적 호명이며, 독자는 그 '무'의 침묵 속에서 불려 나온 언어에 응답할 책임을 지게 된다. ≪소년이 온다≫는 죽음을 통해 열리는 새로운 가능성을 말하고 있다고 하겠다.

≪소년이 온다≫를 '존재와 무'에 비추어볼 때, 우리는 죽음에 대한 두 가지 상이한 태도를 발견한다. 샤르트르에게 죽음은 가능성의 봉쇄이며, 존재의 사물화를 뜻한다. 그러나 한강에게 죽음은 새로운 가능성의 도래다. 그것은 과거의 피해자가 현재에 말을 건네는 방식이며, 독자를 윤리적 응답의 자리에 세우는 장치다. 따라서 ≪소년이 온다≫의 사후적 서술은 죽음을 단순히 종결이 아니라 윤리적 가능성의 열림으로 재해석한다. 죽은 자는 사라지지 않는다. 그들은 여전히 "온다." 샤르트르가 말한 무의 자리를 한강은 문학적 발화의 장으로 바꾸며, '무'를 통해 존재가 다시금 우리 앞에 도착하도록 한다. 이때 문학은 죽음을 넘어서 새로운 관계를 가능케 하는 매개이며, 독자는 그 목소리에 응답해야 할 책임을 짊어진다. 결국 ≪소년이 온다≫는 샤르트르의 존재론을 전복하면서도 동시에 확장한다. 죽음은 가능성의 종결이 아니라, 문학 속에서 새로운 가능성의 시작이다. 문학은 존재와 무의 경계에서만 가능하며, 그 경계의 언어를 통해 우리는 역사적 폭력과 마주한다. 그리고 그 순간, 독자는 더 이상 단순한 독자가 아니라, 목격자이자 증언자로, 윤리적 주체로 다시 태어난다. 한강의 문학이 요구하는 바다. 다만 그녀의 문학적 상상력이 비판적 리얼리즘의 수준에 머무르지 않고 혁명적 낭만을 이야기할 수 있는 사회주의 리얼리즘으로 나아가기를 바란다.

10. 살아남은 자의 슬픔과 문학의 과제
– 저항과 윤리적 기억, 클로드 모르강[11]의 '꽃도 십자가도 없는 무덤'과의 비교

꽃도 없고 이름도 없고 종소리도 없고
눈물도 없고 한숨도 없고 사나이답게~
오직 하나의 기도는 동지여 복수다 복수 너를 위해
오직 하나의 기도는 동지여 투쟁이다 투쟁 너를 위해

이 노래는 1980년대 광주항쟁 이후 만들어진 대표적인 민중가요 중의 하나인 "꽃도 십자가도 없는 무덤"의 후렴구이며, 이 곡은 '노찾사' 1집에 실린 곡으로 이름 없는 희생자들의 넋을 기리고 남은 자들의 연대와 투쟁 의지를 다짐하는 내용이다. 가사는 클로드 모르강의 소설 '꽃도 십자가도 없는 무덤'을 내용으로 한 것이다.

클로드 모르강의 ≪꽃도 십자가도 없는 무덤≫과 한강의 ≪소년이 온다≫는 각각 나찌에 저항한 프랑스의 레지스탕스 투쟁과

11) 클로드 모르강 (Claude Morgan, 1915-1980): 프랑스의 작가이자 저널리스트, 저항운동가. 제2차 세계대전 중 나치 점령기에 프랑스 레지스탕스(저항운동)에 적극적으로 참여했던 인물이다. 본명은 Claude Bourdet, 또는 Claude Morgan은 필명(pseudonyme) 으로 사용되었다. 그는 프랑스 공산당(Parti Communiste Français)과 연관된 지식인으로서, 문학과 정치, 윤리를 결합한 작품 활동을 전개했다. 특히 파시즘과 폭력, 인간의 존엄, 저항의 윤리를 문학적으로 탐구했다. 대표작: ≪꽃도 십자가도 없는 무덤(*La Tombe sans fleurs ni croix*)≫(1946)

1980년 한국의 광주항쟁이라는 역사적 사건을 배경으로, 이름 없이 사라진 이들의 죽음을 다룬다. 두 작품은 시대와 장소는 다르지만, 거대한 폭력 앞에서 말할 수 없는 죽음을 어떻게 기억할 것인가라는 윤리적 질문을 공유한다. 하지만 나찌와 싸운 모르강은 저항과 기억의 공동체를 강조하며, 광주항쟁을 소환하는 한강은 트라우마와 윤리적 기억의 가능성을 탐구하는 차이를 보인다.

모르강의 ≪꽃도 십자가도 없는 무덤≫에서 무덤은 존재하지 않는다. "꽃도 십자가도 없는 무덤"은 기억되지 못한 죽음, 즉 역사의 공백을 상징한다. 그러나 모르강은 그 부재를 절망으로 그리지 않는다. 그는 "그들의 무덤은 우리의 마음 속에 있다"라고 선언하며, 기억을 통한 부활의 가능성을 제시한다. 죽은 자를 기억하는 것은 단순한 추모가 아니라 민족의 윤리적 연대이며, 투쟁의 정신을 계승하는 행위이다. 따라서 그의 작품에서 기억은 곧 행동의 윤리, 즉 저항의 불씨로 전환된다. 반면 한강의 ≪소년이 온다≫는 무덤의 부재를 존재론적 상처로 받아들인다. 광주항쟁의 희생자들은 묻히지도, 잊히지도 못한 채 산 자들의 기억 속을 떠돈다. 책 제목의 "온다"라는 동사는 죽은 자가 현재로 돌아오는 기억의 귀환을 의미하며, 이 소환은 산 자에게 윤리적 책임을 요구한다. 그러나 그 기억은 해방이 아니라 끊임없는 고통의 재현이다. 한강은 영웅적 서사를 거부하고, 대신 피해자와 생존자의 목소리를 절제된 언어로 교차시킴으로써, 기억의 고통이 곧 윤리의 출발점임을 보여준다.

모르강의 언어는 시적이고 숭고하다. 그는 죽음을 숭고화함으로써 독자에게 연대의 감정을 불러일으킨다. 이는 집단적 추모의 문학, 즉 공동체의 회복을 지향하는 문체이다. 반면 한강은 절제된 문체와 다성적 구조를 통해 감정의 과잉을 경계한다. 특히 2

인칭 서술("너는 본다", "너는 듣는다")은 독자에게 폭력의 현장을 직접 목격하게 함으로써 도덕적 참여를 요구한다. 이때 언어는 단순한 묘사가 아니라 기억의 윤리적 행위로 기능한다. 모르강이 '기억하라, 그리고 싸워라'는 외침으로 결론짓는다면, 한강은 '기억하라, 그러나 침묵 속에서 견뎌라'는 방식으로 응답한다. 전자는 집단적 윤리, 후자는 개인적 윤리의 차원을 보여준다.

모르강과 한강의 작품은 모두 "무덤 없는 죽음"이라는 공통된 이미지에서 출발한다. 그러나 그 기억의 방향은 다르다. 모르강은 이름 없는 죽음을 역사적 저항의 서사 속에 위치시키며, 기억을 행동의 윤리로 확장한다. 반면 한강은 폭력의 잔혹함을 미화하지 않고, 기억의 고통 자체를 윤리적 실존의 조건으로 제시한다. 모르강의 무덤이 공동체의 심장 속에 있다면, 한강의 무덤은 산 자의 마음 속 깊은 균열로 남는다. 두 작가는 모두 문학을 통해 망각에 맞서는 인간의 존엄을 증언한다. 결국 ≪꽃도 십자가도 없는 무덤≫이 "기억하라, 다시 싸우기 위해"라고 말한다면, ≪소년이 온다≫는 "기억하라, 인간이기 위해"라고 응답한다. 그들의 문학은 서로 다른 시대의 비극을 넘어, 기억의 윤리를 통한 인간 회복의 가능성을 묻는 하나의 대화로 이어진다. "무덤 없는 죽음"을 바라보며 다 같이 산자의 기억의 의무를 강조하지만, 모르강은 기억을 저항의 행동으로 이어가는 것에 강조점을 두는 반면에 한강은 기억을 윤리로 이어가는 것에 강조점을 둔다. 여기에서 한강의 소부르주아적 인본주의의 성격이 드러난다고 하겠다.

11. 광주항쟁(1980)과 파리 꼬뮌(1871)
— 패배의 기억, 윤리적 요청과 미래의 씨앗

광주항쟁(1980)과 파리 꼬뮌(1871)을 비교하면, 두 사건은 시공간적으로 멀리 떨어져 있으면서도 공통적으로 민중이 국가 권력과 맞선 저항의 역사라는 점에서 중요한 유사성을 갖는다. 동시에 역사적 맥락, 이념적 지향, 조직의 성격, 그리고 기억되는 방식에서 차이도 뚜렷하다.

공통점을 찾아보면 우선 자치의 실험이다. 파리 꼬뮌은 선거로 뽑힌 위원회[12]를 통해 사회적 평등과 공동체적 질서를 실험했다. 광주 시민들은 계엄군이 철수한 후 며칠간, 질서를 유지하고 공동체를 자치적으로 운영했다. 둘째, 국가 폭력에 의한 학살이다. 파리 꼬뮌은 띠에르 정부[13]에 의해 저질러진 '피의 주간' 동안

12) 맑스는 '프랑스 내전'의 '꼬뮌'에서 '타인의 노동으로 생활하지 않는 모든 사회 계급의 대표로서의 꼬민 혁명'(≪맑스엥겔스 저작선집≫ 제6권, 김세균 감수, 박종철 출판사, p. 28)이라고 적고 있다. 의의와 한계를 동시에 드러내는 표현이라 생각된다.

13) "띠에르 정부(Thiers Government)"는 1871년 프랑스 파리꼬뮌(Paris Commune) 당시 형성된 부르주아 임시정부, 즉 국가 권력을 장악한 반혁명 정부를 가리킨다. 정식 명칭은 아돌프 띠에르(Adolphe Thiers, 1797-1877)가 수반으로 있었던 제3공화국 초기의 정부이다. 배경: 1870년 프랑스-프로이센 전쟁에서 나폴레옹 3세가 패배하고 제2제정이 붕괴하자, 프랑스는 급히 국방정부(Gouvernement de la Défense nationale)를 세웠다. 그러나 전쟁 패배 후 1871년 2월 총선에서 보수 세력이 승리하면서, 국민의회는 아돌프 띠에르(Thiers)를 행정수반(Chef du pouvoir exécutif)으로 임명했다. 띠에르 정부의 주요 특징: 보수적·부르주아적 성격. 농민과 부르주아 계층의 지지를 받았으며, 사회주의·노동운동 세력에 적대적이었다. 파리의 민중세력(노동자·장인층)이 요구한 사회개혁을 거부했다. 프, 러 전쟁의 패배 후 프로이센(독일)과 독일과 굴욕적

수만 명의 민중들이 무차별 학살을 당했다. 광주항쟁 역시 무자비한 발포와 진압으로 수백 명의 민간인 희생자가 발생했다. 셋째, 기억의 투쟁이다. 파리 꼬뮌은 프랑스 내에서는 오랫동안 반란으로 낙인찍혔으나, 프롤레타리아 독재의 실험으로 받아들여지고 국제 좌파 운동의 상징으로 기억되었다. 광주항쟁은 한동안 폭도들의 난동으로 왜곡·은폐되었으나, 반독재 민주화 운동의 기폭제로 인정을 받고 있다.

차이점은 먼저 이념적 지향이 다르다. 파리 꼬뮌은 사회주의적 이상, 노동계급의 정치 권력 창출이라는 명확한 이념적 색채를 가졌다. 광주항쟁은 민주화·자유·인권 수호를 중심으로 한 저항으로, 계급적 혁명이라기보다 시민적 민주주의 운동에 가까웠다. 둘째, 국제적 맥락에서 다른 점이다. 꼬뮌은 유럽 전역의 사회주의 운동에 큰 영향을 주었다. 광주항쟁은 냉전기 동아시아에서 미국의 지지 하에 신군부가 권력을 장악하는 국제질서 속에서 일어났다. 셋째, 지속기간과 규모면에서 파리 꼬뮌은 72일간 파리 전체를 지배하여 제도적 실험까지 시도했으나, 광주항쟁은 10일간 이어진 시민의 자치가 급박한 진압으로 제도화까지는 나아가지 못했다.

이렇듯 다른 점도 있지만 파리 꼬뮌과 광주항쟁은 시간과 공간을 넘어서 닮은 목소리를 내고 있다. 1871년의 파리와 1980년

강화조약인 프랑크푸르트 강화조약(1871.5.10.)을 체결했다. 알자스-로렌을 독일에 할양하고 막대한 배상금을 지불하기로 했다. 파리 시민들이 이러한 배신적 정책과 보수적 억압에 저항해 1871년 3월 18일 파리 꼬뮌을 수립하자, 띠에르 정부는 수도를 베르사유(Versailles)로 옮기고 군대를 동원해 코뮌을 무력 진압했다. 이 진압 과정에서 수만 명의 파리 시민이 학살된 "피의 주간(Semaine sanglante)"이 발생했다. 맑스는 띠에르를 "부르주아 반혁명의 화신"으로 묘사하며, 파리꼬뮌을 "프롤레타리아 독재의 최초의 역사적 형태"로 높이 평가했다.

의 광주는 시공간적으로 멀리 떨어져 있다. 그러나 두 사건은 서로를 비추는 거울처럼 닮아 있다. 파리 꼬뮌은 제국의 몰락과 함께 솟아오른 민중의 자치 실험이었고, 광주는 군부 독재의 폭력에 맞서 민주주의를 요구한 시민의 봉기였다. 꼬뮌이 72일, 광주가 10일이라는 짧은 시간 동안 존속했음에도, 두 사건은 국가 폭력에 맞선 민중의 저항이라는 점에서 역사적·윤리적 울림을 공유한다.

지배와 진압의 기계로서 국가 폭력의 얼굴을 적나라하게 보여준다. 맑스는 ≪프랑스 내전≫에서 꼬뮌을 "프롤레타리아 독재의 최초의 실험"이라 불렀다. 그가 본 꼬뮌의 의의는 단순한 도시 봉기가 아니라, 국가라는 기계가 잠시 멈추고 새로운 권력 형태가 가능하다는 가능성의 증거였다. 그러나 베르사유 정부(띠에르 정부)는 곧 군대를 동원하여 꼬뮌을 진압했고, '피의 주간'이라 불리는 학살이 뒤따랐다. 광주에서도 동일한 국가 폭력의 얼굴이 드러났다. 계엄군은 민주화를 요구한 시민들을 '폭도'로 규정했고, 발포와 진압으로 수백 명의 목숨을 앗아갔다. 맑스가 말한 "억압의 도구"로서 국가의 본질은 광주의 거리에서 다시 한 번 적나라하게 드러난 것이다. 꼬뮌과 광주는 모두 국가의 폭력이 민중의 자치 실험을 파괴한 사건이었다. 그러나 동시에 그 파괴가 남긴 상처와 목소리는 역설적으로 국가 폭력의 본질을 드러내는 증언이 되었다.

두 사건은 모두 살아남은 자의 슬픔과 부채로서의 기억을 남겼다. 꼬뮌의 패배 이후, 수만 명의 노동자들이 처형되거나 유배되었다. 살아남은 자들은 망자의 무덤을 애도할 시간조차 빼앗겼다. 기념되지 못한 무덤, 기록되지 못한 죽음은 산 자들의 죄책과 부채를 더욱 날카롭게 각인한다. 광주에서도 마찬가지다. 희생자들의 시신은 군에 의해 은폐되거나 불법적으로 매장되었고, 살아남은 자들은 오랫동안 침묵을 강요당했다. 한강의 ≪소년이 온다≫는 바로 이 침묵의 시간을 뚫고 나온 목소리다. 소설은 죽은 자의 입을 빌려 독자에게 "너"라고 호명한다. 여기서 독자는 단순한 관찰자가 아니라, 증언의 윤리를 짊어져야 하는 증인으로 소환된다.

망각은 단순한 결핍이 아니라 잔인하고 더러운 권력의 산물이다. 실제로 꼬뮌과 광주는 모두 오랫동안 왜곡되거나 지워졌다. 프랑스의 지배 계급은 꼬뮌을 '무질서한 반란'으로, 한국의 신군부는 광주를 '폭도들의 난동'으로 규정했다. 망각은 자연스럽게 일어나는 것이 아니라, 의도적으로 생산되는 정치적 행위였다. 그러나 기억은 언제나 귀환한다. 꼬뮌은 맑스와 국제 사회주의 운동의 상징으로 부활했고, 광주는 한국 민주화의 불꽃으로 새롭게 자리매김했다. 문학은 이 귀환의 과정에서 중요한 역할을 한다. 꼬뮌의 패배를 노래한 랭보[14]는 자신의 시 <파리에서의 손>에서 거리마다 흩어진 주검과 불타는 도시를 목격하며 이렇게 적었다. "그들은 쓰러졌다. 도시의 심장이 불타고, 사람들은 피 속에서 무너졌다." 이 시적 이미지 속의 쓰러진 자들은 단순한 패배자가 아니라, 폭력의 증언자로 남는다. 빅토르 위고[15]는

---

14) 아르튀르 랭보(Arthur Rimbaud)(1854~1891): 프랑스의 상징주의 시인. 10대 후반에 모든 시 창작을 마칠 정도로 천재성을 가졌지만 37세에 요절했다. 문학적 특징으로 기존 문법과 형식을 무너뜨리고 언어를 감각적·상징적으로 해체했다. 논리보다 직관과 이미지의 충돌로 새로운 시적 현실을 창조했다. 사회 규범, 종교, 도덕을 부정하며 절대적 자유를 추구했다. 시인은 자신의 감각을 극도로 혼란시켜 "미지의 세계"를 보려 했다. 대표 작품: ≪지옥에서 보낸 한 철(*Hernani*)≫(1873), ≪일뤼미나시옹(*Illuminations*)≫(1886).

15) 빅토르 위고(Victor Hugo, 1802-1885): 프랑스 문학의 거장. 낭만주

'피의 주간(L'Année terrible, 1872)'에서 비록 꼬뮌을 비판하기는 했지만,16) 정부의 잔혹한 진압을 강하게 규탄했다. 그는 학살을 "국가의 이름으로 자행된 야만"이라 부르며, "피가 돌 위에 흐르고, 불이 하늘을 삼킨다. 파리는 죽었다."라고 썼다. 위고에게 피의 주간은 인간성의 붕괴이자, 프랑스의 도덕적 파산을 상징했다. 광주에서도 계엄군의 발포를 접한 황석영은 '죽음을 넘어 시대의 어둠을 넘어'에서 광주 시민군의 최후를 기록하며 "도시는 마치 거대한 장례식장이었다"고 적는다. 이는 국가 폭력이 도시 전체를 무덤으로 만든 상황을 상징한다. 또한 광주의 학살을 증언하는 한강의 소설은 망각의 장막을 찢고 기억의 윤리적 힘을 독자에게 건넨다.

꼬뮌의 시와 노래는 패배한 자들의 역사 속에서도 새로운 가능성을 노래했다. 광주의 소설과 증언들은 학살의 침묵을 찢고, 살아남은 자들의 죄책을 드러내며, 독자에게 기억의 책임을 묻는다. 문학은 단순한 기록을 넘어, 현재적 체험으로서의 기억을 가능하게 한다. 따라서 꼬뮌과 광주의 문학적 증언은 "살아남은 자의 슬픔"을 개인적 상실에서 공동체적 윤리로 전환한다.

의 문학을 대표하는 작가이자, 시인 · 소설가 · 극작가 · 정치가. 대표작: 소설 ≪레 미제라블≫(1862), ≪노트르담 드 파리≫(1831), 시집 ≪서정시집(*Les Contemplations*)≫(1856), ≪벌(*La Légende des siècles*≫, (1859). 희곡 ≪에르나니(*Hernani*)≫(1830).

16) 빅토르 위고는 공화주의자로서 왕정에 반대하였지만 급진적 혁명이 아닌 점진적 개혁을 지향했다. 폭력적 수단과 파괴 행위에 대한 거부감을 가지고 있었으며 '질서'와 '자유'의 조화를 중시했다. 사회개혁은 필요하되, 폭정과 복수는 부정하고 국가 분열을 우려했다. 그러나 완전한 "반코뮌"은 아니다. 위고는 띠에르 정부의 잔혹한 진압('피의 주간')을 강하게 비판했다. 동시에 꼬뮌 역시 폭력적이라고 비판했다. "살인자들은 두 부류다. 하나는 코뮌의 이름으로, 하나는 국가의 이름으로."

광주항쟁과 파리 꼬뮌은 모두 실패한 봉기로 끝났지만, 그 실패는 역설적으로 더 강력한 기억을 낳았다. 국가의 폭력은 그 순간 승리했을지 몰라도, 망자의 목소리를 지우는 데는 실패했다. 두 사건은 국가가 본질적으로 폭력의 기계임을 증명하고, 두 사건은 망각이 폭력임을 증언한다. 결국 남는 것은 살아남은 자들의 부채, 그리고 그 부채를 기억으로 감당해야 한다는 윤리적 요청이다. 오늘날 꼬뮌과 광주가 여전히 불러내는 질문은 같다. "너는 기억할 것인가, 아니면 외면할 것인가?"

이 질문에 대한 대답은 단순한 역사 해석의 문제가 아니라, 우리의 현재와 미래를 결정하는 윤리적 선택이다. 이러한 점에서 한강의 ≪소년이 온다≫는 문학의 역할을 수행하고 있다고 할 수 있다.

12. 한강의 ≪소년이 온다≫와 막심 고리끼[17]의 ≪어머니≫ – 모성의 두 얼굴, 침묵과 목소리

문학에서 "어머니"는 단순한 가족적 존재가 아니라, 시대의 폭력과 희망, 상실과 저항을 응축하는 상징적 형상으로 자주 호출된다. 동서양을 막론하고 어머니는 그리움과 한으로 표현되고, 동양에서는 효라는 유교의 이데올로기 속에서 안타까운 대상으로 그려지기도 한다. 한강의 ≪소년이 온다≫와 막심 고리끼의 ≪어머니≫는 전혀 다른 시대와 이념을 배경으로 하지만, 두 작품은 공통적으로 "어머니"를 통해 개인적 모성과 역사적 모성의 교

17) 막심 고리끼(Maxim Gorky, 1868~1936): 소설가, 극작가, 사회운동가. 사회주의적 리얼리즘의 선구자이며 휴머니즘과 혁명 의식의 결합을 추구했다. 대표작:≪어머니(*Мать*)≫ (1906), ≪밑바닥에서(*На дне*)≫(1902)

차점을 탐구한다. 그러나 이 두 어머니의 형상은 전혀 다른 지평으로 향한다. 고리끼의 어머니는 혁명의 대열 속으로 나아가는 집단적 주체로 승화되는 반면, 한강의 어머니는 국가 폭력에 의해 침묵을 강요당한 채 상실과 트라우마를 체현하는 존재로 남는다.

고리끼의 ≪어머니≫는 러시아 제정 말기, 사회주의 혁명이 태동하던 격동의 시기를 배경으로 한다. 작품은 아들 파벨을 중심으로 한 혁명운동을 그리면서, 어머니 펠라게야가 혁명에 감화되어 점차 투쟁의 일원으로 변모하는 과정을 보여준다. 이때 어머니의 서사는 낡은 세계에서 새로운 세계로 이행하는 서사의 상징으로 기능한다.

반면, 한강의 ≪소년이 온다≫는 1980년 광주항쟁이라는 비극을 배경으로 한다. 주인공 동호의 어머니는 아들을 잃고, 시신조차 돌려받지 못한 채 살아가야 한다. 그녀의 삶은 진실을 말하지 못하는 억압과 공포 속에서 이어지며, 서사는 미래의 전망이 아니라 현재의 상처와 기억의 지속성에 머문다.

두 작품의 어머니는 모두 아들의 죽음 혹은 투쟁을 통해 존재의 방향을 바꾼다. 그러나 그 변화의 양상은 극명히 갈린다. 고리끼의 펠라게야는 초기에는 남편의 폭력에 순종하는 소극적 여성에 불과하다. 그러나 아들 파벨의 투쟁을 목격하면서 점차 새로운 세계에 눈을 뜨고, 결국 혁명의 대열에 합류한다. 그녀는 더 이상 가족적, 사적 영역에 머무는 어머니가 아니라, "집단적 어머니"로 변모한다. 모성은 혁명적 미래를 잉태하는 에너지로 확장된다. 한강의 어머니는 반대다. 그녀의 변화는 각성이 아니라 상실의 심화다. 아들을 잃은 후 그녀는 "말하지 못하는 사람"으로 남는다. 국가의 폭력은 그녀의 모성을 침묵으로 밀어 넣고, 그녀의 내면은 끊임없이 아들의 부재와 고통으로 각인된다. 하지만 바로 이 말해지지 않는 고통이야말로 광주의 진실을 증언하는 방식이다. 그녀는 역사의 전면에 나서지 못하지만, 그 침묵 자체가 국가 폭력의 무게와 잔혹성을 고발한다.

≪어머니≫에서 모성은 혁명적 윤리와 결합한다. 아들을 통해 접한 새로운 사상은 어머니에게 개인적 모성을 넘어선 민중적 모성으로 나아가게 한다. 그녀는 아들의 투쟁을 계승하며, "혁명의 어머니"라는 상징적 지위를 얻는다. 고리끼의 서사는 이 과정을 통해 낡은 세계에서 새로운 세계로의 이행을 서사적으로 정당화한다. 그러므로 고리끼의 ≪어머니≫는 사회주의 리얼리즘의 전형적 소설이 된다고 하겠다.

반면, ≪소년이 온다≫의 어머니는 시대의 증언자다. 그녀는 아들의 부재와 자신의 침묵을 통해 "말할 수 없는 역사"를 떠안는다. 그녀에게 모성은 미래의 전망을 제시하는 힘이 아니라, 트라우마와 기억을 보존하는 힘으로 작동한다. 그렇기에 한강의 서사에서는 모성이 저항의 직접적 동력이 아니라, 역사적 상처를 후대에 전하는 증언의 매개로 형상화된다. 그러므로 한강의 ≪소년이 온다≫는 비판적 리얼리즘의 그늘에 머무르게 된다.

고리끼의 어머니는 자성을 통해 목소리를 얻는다. 그녀는 처음에는 타인의 목소리에 이끌리지만, 결국 스스로 혁명의 언어를 발화하며 집단의 목소리 속으로 흡수된다. 그녀의 서사는 "목소리를 되찾는 과정"으로 읽힌다.

반대로 한강의 어머니는 철저히 침묵한다. 그녀는 국가의 감시와 공포 속에서 진실을 발화할 수 없는 존재로 남으며, 그 침묵은 곧 광주의 상징이 된다. 여기서 침묵은 무능이나 패배가 아니라, 언어로 담을 수 없는 고통을 드러내는 윤리적 증언이다. 즉, 고리끼의 어머니가 역사의 앞면에서 혁명적 주체가 된다면, 한강의 어머니는 역사의 뒷면에서 상처를 안고 살아남은 자의 표상이 된다.

결국, 고리끼와 한강이 그려낸 두 어머니는 "모성의 사회적 확장"이라는 공통된 궤적을 가지지만, 그 방향은 상반된다. 고리끼의 어머니는 혁명의 집단적 주체로 승화하며, 희망과 낙관의 미래를 상징한다. 한강의 어머니는 상실과 침묵 속에 머무르며, 기억과 증언의 현재성을 드러낸다. 이 대비는 문학이 시대적 조건에 따라 모성을 어떻게 재현하는지를 보여준다. 하나는 낡은 체제를 전복하려는 혁명적 서사 속에서, 다른 하나는 국가 폭력의 잔혹한 기억을 떠안은 트라우마적 서사 속에서 작동한다. 그러나 두 어머니는 모두 개인적 모성을 넘어, 역사적 · 집단적 모성으로 자리매김한다는 점에서 공통점을 가진다. 이 공통점은 어머니라는 존재가 단순히 가정의 보호자가 아니라, 시대와 역사를 매개하는 윤리적·정치적 주체라는 것이다.18)

마치며

한강의 ≪소년이 온다≫(2014)는 1980년 광주항쟁과 그 이후의 상처를 다룬 소설이다. 절제되고 서정적인 언어로, 2인칭의 '낯설게 하기' 효과와 다성적 서사구조로 기억의 윤리를 강조하는 증언문학으로서, 문학적 상상력을 잘 구현한 작품이다. 그러나 기억의 윤리를 혁명적 목소리로 이어가지 못하고 있는 한계를 보이고 있다. 또한 폭력을 소부르주아적인 인본주의의 시점으로 보아

18) 소설이 아닌 현실에서는 전태일 열사의 어머니인 이소선 여사께서 고리끼의 소설 ≪어머니≫ 속 어머니가 아닐까?

계급성이 부재한 사회민주주의의 그늘을 헤맬 수 있는 한계를 보인다. 그래서 간단하게 안타까운 점을 들여다 보면,

첫째, 계급적 관점의 부재이다. ≪소년이 온다≫는 국가 폭력과 개인의 상처, 트라우마를 중심에 놓고 있다. 그러나 광주 항쟁의 사회경제적 배경, 즉 신군부가 노동자 · 농민 · 빈민을 어떻게 억압했는지, 계급 투쟁과 민주화 요구가 어떻게 결합했는지에 대한 분석은 미약하다. 광주항쟁이 단지 "민주주의를 향한 시민의 저항"으로만 묘사되면서, 자본주의 체제와의 모순은 가려지고 있다.

둘째, 혁명적 가능성의 제거이다. 광주항쟁은 단순히 신군부에 의해 진압된 비극이 아니라, 시민군의 자발적 생성, 공동체적 자치 경험 등으로 보아 민중 권력의 잠정적 실현이기도 했다. 그러나 ≪소년이 온다≫는 이를 적극적으로 탐구하기보다 죽음, 상처, 피해자의 목소리에 집중해버린다. 결과적으로 항쟁의 혁명적 잠재력은 희미해지고, 항쟁은 "국가 폭력에 희생당한 개인들의 이야기"로 축소되어 버린다.

셋째, 보편적 휴머니즘의 강조이다. ≪소년이 온다≫는 피해자와 가해자, 생존자와 죽은 자 모두의 고통에 감응하려 한다. 하지만 이러한 서술은 계급적 적대성을 흐릴 위험이 있다. 예컨대, 군인과 민중의 대립이 단순한 인간적 비극으로만 해석될 경우, 국가폭력의 계급적 성격(군부=독점자본 · 지배계급의 정치적 대리인)이 희석된다.

넷째, 구조적 폭력의 은폐이다. 폭력은 단지 물리적인 총칼의 문제가 아니라, 자본주의적 축적 과정과 국가 기구의 구조적 폭력으로 이해해야 한다. 그러나 ≪소년이 온다≫에서는 경제적 착취와 정치적 억압이 어떻게 연결되는지 설명되지 않고 있다. 이로 인해 항쟁이 "민주 대 독재"라는 정치적 구도로만 드러나고,

노동자 · 민중의 계급적 이해관계는 뒷전으로 밀려난다.

≪소년이 온다≫는 광주의 상처를 기억하게 만드는 중요한 문학적 성취를 가진 작품이다. 그러나 계급 투쟁의 맥락을 충분히 드러내지 못하고, 혁명의 잠재력을 상실한 채, 고통과 윤리적 성찰에 머무는 비(非)계급적 민주주의 담론에 갇혀있다고 비판할 수 있다. 어쩌면 '증언의 문학', '상처의 문학'에 머문 작품이라고 할 수 있다. **노사과연**